IWA
ISING
PRODUC ION
NOTES

原一男＋風狂映画舎（編著）

れいわ一揆
製作ノート

はじめに

選挙戦の間、私はカメラを回しながら、立候補者たちの言葉を、一言も聞き逃したくない思いで耳を傾けていた。どの言葉も、訴求力に満ち満ちていて、真実味があり、私の胸に深く染み入った。それらの言葉を聞いていることが、何よりも心地よかったのだ。こんな経験は私の人生の中で初めてだった。

撮影が始まる前、私は不安だった。私のこれまでの方法が通用しない、どう撮ればいいのか？何を撮ればいいのか？　と迷っていたからだ。選挙戦という性質上、十七日間という制限がある。これまで、撮影期間を、最低でも一年、三年、あるいは五年と長時間をかけてきた私にとっては、十七日間という時間は一瞬である。

なぜ、撮影に長い時間をかけるのか？　と言えば、カメラの前の主人公の人生を描くために、撮影にかけた長い時間を、ぎゅっと凝縮することで、その主人公の人生をドラマチックに浮かび上がらせるためだ。

だが今回は、その方法は取れない。ならば、どうする？

迷った時は、ことの出発点に戻るしかない。そもそも今回は、選挙戦に立候補する人が主人公である。選挙戦とは、公約を押し立てて有権者にその是非を問うことである。問うために立候補者は自らの思想信条を、そして自らの生き方を示そうとする。その道具は言葉である。

ここまで考えてくると、もう私が撮るべきものは、明らかだ。言葉を撮るのだ。

言葉に照準を合わせて映像+音声を撮って（録って）、果たしてエンターテイメント性溢れるドキュメンタリーが作れるか。私にとっては、「れいわ一揆」は、かなりの実験的、冒険的な作品なのである。

原一男

目次

れいわ新選組
オリジナルメンバーインタビュー

オリジナルメンバーインタビューについて

映画「れいわ一揆」は、二〇一九年七月の参議院議員選挙における、れいわ新選組十人のオリジナルメンバーの選挙戦の記録です。

選挙期間中の撮影を終えた後、すぐ編集に取り掛かったのですが、私は、メンバーたちから、〝何か大事なことを聞き忘れているようなもどかしさ〟を感じていました。選挙中の候補者達の言葉は、これまでの私の人生の中で、こんな率直な言葉は聞いたことがない、と思うくらいに新鮮でしたし、感動もしていました。ですが、画竜点睛を欠く、と言いますが、何かが足りない、と感じていたのです。その私のモヤモヤの正体はすぐわかりました。直接、メンバーたちから肉声を聞いてなかったのです。

選挙戦後二か月経って、ようやく、個々のメンバーたちに連絡をとって、インタビューを実施しました（山本太郎代表だけは時間を作って頂けませんでした）。とても良いインタビューだった、と応じて頂いたことに感謝しています。もちろん、そのインタビューの中のエッセンスの部分を映画の中に使用させて頂きました。ですが、使用しなかった部分にも、各メンバーたちの思想が色濃く込められている、と感じていました。通常、映画に使用しなかった部分は、そのまま眠ってしまうわけですが、私は、この製作ノートを編集するにあたって、インタビューの全内容を収録することにしました。じっくり、その私を魅了したインタビューの全容を味わって欲しい、と願っています。（原）

「日本一個分の暮らし」をしませんか。

辻村ちひろ（辻村千尋）

2019年9月25日
代々木公園にて収録

1967年東京都杉並区生まれ。東京学芸大学修士課程終了。元環境保護団体職員。自然保護アナリスト。現在、れいわ新選組衆議院東京都8区総支部支部長。

各候補者の肉声を聞いてみたい。直接インタビューをしたい、と考えて、元候補者の中で、最初に受けて頂いたのが、辻村さんだ。環境問題のスペシャリストに相応しい撮影場所はどこか？と悩んだ末に選んだのが、代々木公園だった。

原　選挙が終わって、もう二か月経つかな。まだ身体の中に、選挙の余韻が残ってますか？

辻村　そうですね、生活が一変したので、リズムをつくれないでいます。

原　そうですか。

辻村　はい！

原　二か月経っているわけだから、もう元に戻っても良さそうなものですが……戻らないっていうことは、それだけ強烈だったということでしょうか？

辻村　そうですね。一定の時間に起きて、電車に乗って、会社に行って、帰る……というリズムがまるっきり失われて、今は会社に行っていないので、選挙のときのように出歩くこともなく、家の中で文章書いたりっていう時間が多くなったので、身体がついていってない感じがします。

原　そうですか。選挙が終わってですね、山本代表と会って、サシで総括というようなものはしたんでしょうか？

辻村　はい。それぞれ候補者一人ひとり、代表と会って、今後どうするのかも含めて選挙結果の総括みたいな話し合いはしました。

原　どういう総括をされたんでしょうか？　よかったら聞かせてください。

辻村　僕のときの特出しの話題は、れいわ新選組として各自治体で得票率って出てるんですけれど、れいわの……他の政党との比較ではなく、れいわだけで得票率がトップだったのが、長野県の大鹿村っていうところで、僕が行ったところなんです。だから、その成果が出ましたね……というふうに言って頂いたのが嬉しかったです。

原　大鹿村ですか。相当、山奥ですね。そこで何が起きてるんですか？　環境問題はオプションだと仰ってた、そのオプションだった環境問題の何かが、そこで今、動いてるわけですね？

辻村　はい、東京と名古屋を結ぶリニア中央新幹線のトンネルの出口が出てくるところになります。で、駅ができるわけではないんですが、トンネルからの残土が大量に置かれてるっていう、そういう状況があるところで、自然保護のときから、ずっとそこには通っていたんですね。だから選挙のときにも、その状況を他の地域の人たちに知ってほしいと思って、それで行きました。

原　ほう……こういう政策を、というか、どういうアピールをされたか、具体的に教えてください。

辻村　はい。政策のアピールというよりは、トンネル工事の影響がどういう形で起きてるのかっていうことを生中継しました。それで建設残土が置かれている現場に地元の方に案内して頂いて、そこで「今こういう状態で、前は水田だったんですよ」というお話を頂きながら、これが置かれてしまう状況がずっと続いてるんだというのを、現地から生放送させて頂いたっていうことですね。

原　ネット放送というか、ネットに流すために。へえ、ネットの反響はどうでしたか？

辻村　これも全体の話なんですけれど、僕のTwitterのフォロワー数っていうのが、もともとあんまり動かしてなかったんで、二百ぐらいしかなかったのが、その最初の三日間、大鹿村まで行ったぐらいのときで六千を超えて、今は一万三千を超えたんです。だからそういう状況を知らないって方たちには、かなりアプローチできたんじゃないかなっていうふうには思います。

原　で、山本代表とは、そういうひとつのデータが残ったと。それで今後、それをどういうふうに活かすかという話し合いがなされたんですか？

辻村　まずは次の衆議院選挙に挑戦するのか、そこがポイントになると思うんですね。それで僕自身は環境の仕事というのは六年、参議院の任期は六年なので、六年しっかり仕事をしたいという気持ちがあって参議院選挙に出たんですが、代表とお話していく中で、僕の存在……環境問題を扱ってる人が選挙に出たっていうことを大変喜んでくださる方が全国にいらっしゃることがわかって。そういう方たちの気持ちを考えると、次も衆議院選挙にすぐにチャレンジするのが、責任を果たすことになるのかな……と。ということで、代表に次も挑戦していきましょうという話をしました。

原　じゃあ、今回の選挙が終わったから選挙とは縁のない活動をするっていうんじゃなくって、次の選挙も立候補するという確認をされたということになりますよね？

辻村　そのとおりです。ただまだ選挙区が決まってませんので、そこは参議院のときと一緒で準備がまた後手後手になるかなっていう感じはしますけど（笑）。戦い方もずいぶん変わってしまうので……。でも、心は出るという準備をしていて、今、僕のこれまでの政策の主張をYouTubeチャンネルで定期的に流すっていうことを続けてます。

原　そうですか。私も選挙というものに、今回かなり密着しましたから、あぁ選挙ってこういうもんなんだって初めてわかったような気がするんですが、つまり、選挙の期間中だけが選挙じゃないんだなっていうことが、私の印象の中で強いんですよね。それは同じですよね？

辻村　まったくそのとおりです。選挙は、選挙期間中は結果がほぼ見えていて、実際はその前にどれだけ活動するのかが重要になってきます。

原　そうですよね。それで、質問変えますが、辻村さんが今もっとも気になってる環境問題という観点からの日本の現場って、どこですか？

辻村　ひとつにしぼるのはすごく難しいんですけれど、今一番問題が現われていて、非常に困ってる人たちがいるのは長崎県石木ダムの現場です。これは十三世帯の方たちが今でも住んでらっしゃるんですけれど、土地収用が決まって、つい先日、畑・水田は全部、国のものに書類上はなりました。後は十一月かな……家屋・建物も国のものになります。それ以上占拠していると強制収用になるという差し迫った状態に今なってますので、そこが今もっとも関心がある現場のひとつになります。

原　工事はまだ始まってない？　工事の前の段階？　立ち退き段階？　緊急というか……危機の

状態にあるということですか？

辻村　そうですね。工事は、実際は、付替道路って……ダムなので付替道路の計画はもう工事は進んでいるんですけれど、これから土地収容して立ち退いた後には、ダムの本体の工事が始まるっていう段階になるんですね。なので何とかそれを阻止したいって思っていて、今この問題は全国の人に知って欲しいと思ってるところです。

原　二番目はどこですか？　順位が問題じゃないですけど、もっとお有りでしょう？

辻村　二番目というよりも、もうひとつ大きな関心を持っているのは、やはり辺野古・大浦湾の埋め立て問題です。これは十月の終わりに僕も反対行動に参加して来ようと思ってますけれど、とにかく地域の人たちの意志というか、沖縄県民の民意を無視した埋め立てが行われるということと同時に、やっぱりあそこの生物多様性というか……自然がものすごく豊かなんですね、数少ないジュゴンがそこでしっかり生活することができた生態系がある。そこを埋め立ててしまうっていうのは、北限のジュゴンの絶滅に繋がる話ですので、これも確実に阻止をしたいと思っています。

原　そうですか……。三つ目ぐらいまで聞いていいですか？

辻村　はい！　三つ目はですね、どこっていうふうに特定しないです。再生可能エネルギーという、今も気候サミットが行われていて外国の少女が各国の首脳に怒りをぶつけたって……あの状況はまさに僕も危惧をしていますし、地球温暖化は待ったなしの状態になっていると思うんです。ただその対策がそれを支える自然を壊してしまうものだったら、本末転倒であると考えています。その本末転倒な、山を削ってメガソーラーをつくるとか、山の稜線で鳥の生息域を奪って風車を建てるとか、影響のまだよくわかっていない海に風車を並べるとか、そういう計画があちこちで起きているので、それをひとつひとつ精査して駄目なことには駄目ということを言っていきたいと、今考えています。

特に「どこ」っていうのはなくて、例えば、静岡と愛知の渥美半島のところの表浜の外側、海のところに計画がいっぱいありますし、伊豆半島の外側の海のところにも計画がある。それから、山にいくと伊豆高原ではメガソーラーがありますし、千葉県の鴨川でもありますし、いっぱいあるんですね。言わないと問題を抱えている方たちから怒られそうなんで、全部挙げることを本当はしてあげたいですけれど、それ以外でもたくさんの場所でそういうことが起きてますので、そういう本末転倒なことをひとつひとつ、本末転倒でなくしていく必要があるだろうと考えてます。

原　そうですか。辻村さんは「環境問題はオプションなんです」と仰った。その言葉が私は忘れられないんですよ。本当を言えば、オプションなんかじゃないって、もっと緊急の、なんていいますか……国民という言葉を使えば、国民全部が緊急に考えなきゃいけない問題だろ、ってことでしょう？　本当は。ずいぶん控えめに表現されていたと思いますが、なぜもっと激烈に仰らなかったんでしょうか？

辻村　現実はオプションとして扱われてしまっているということを伝えたかった。だからこそ、「セクシーな対応が必要」みたいなことを平気で言う政治家が、大臣を務めることができてしまうっていうのがあります。個別の政治家の方を否定するつもりはないんですけど、残念ながら環境大臣っていうのは、そういう方が当てはまる場合が多いように思うんです。もちろんそうじゃない方もいらっしゃいましたけど。なので、まずはそういうオプションになってしまっていますよっていうことをいろんな人に知って頂きたかった。

もうひとつ「日本一個分の暮らし」っていうキャッチフレーズに繋げたかったのは、本当はメインの問題であって日本の自然環境がちゃんと守られてこそ僕たちの食べるものだったり、住んでいく空気だったり、それから気候問題も、そういうことがちゃんと日本一個分の暮らしができたときにバランスよくなるんだっていうことを訴えたかったので、スタートはオプションという言い方をし、本来はメインストリームである、皆さんの周りで農業ちゃんとやれてますか？　漁業ちゃんとやれてますか？　っていう、そういうお話の組み立てにしたっていうことですね。

原　その組み立ては選挙の期間中、ちゃんと届いたっていう実感はありますか？

辻村　はい！　あります。というのは、さっきもちょっと申し上げた、Twitterのフォロワー数が一気に激増したということと、それから日本一個分の暮らしというものに「目から鱗です」っていうコメントもいっぱい頂いたんですね。すべてを読みきれないぐらいたくさんコメントを頂いたので、それから恥ずかしながら「環境大臣やって欲しいです！」というコメントもいっぱい頂いたんです。選挙期間中にですね。それは政権交代しないと実現しないですけど（笑）、って思いながらも、僕の伝えたいことが、ある程度の方には伝わったのかなと。まだ少ないですけれど、まったくの無名で出た割には四千票頂いたっていうのは、届いたのかなって実感はしています。

原　選挙の期間中ね、例えば新橋でれいわ祭りとかやりますね、品川駅前とか。そうすると、かなり多くの人たちがじーっと立ち止まって皆さんの、立候補者の演説を聞いて、そこの熱気はすごいなと思います。その中にいるとですよ、あぁ、もしかしたら変わるかなって、このままじゃヤバいということが共有できて、今の政権がもしかしたら倒せるかもしれないって、ふっと思ったりします。ですが……残念ながら、そうはならなかった。そのあたりの葛藤みたいなことはどうでしょうか？

辻村　はい……これはもう選挙の戦い方として、やっぱり知名度が圧倒的になかったたっていうことが、最大の原因だと思います。で、その知名度がない中では健闘したっていうのが、答えなのかなと。で、何人も当選させるためには絶対的な知名度を上げていくことと、やっぱりもっと多くの方に語りかけるっていうことが必要だろうと思ったんですね。それで、これは僕も選挙演説で申し上げたことなんですけれども、心の中にある差別……無関心っていうのは、僕は心の中にある差別だと思うんですよね。で、多くの人たちがやっぱり無関心なんです。今の政治がどう変わろうとも自分の生活が変わらないって思ってる人が、おそらく日本国民の大多数なんだと思うんですね。だから、そういう人たちに「いや！　実はもっとよくなるんですよ！」っていうことをちゃんと伝えていく、その無関心な人たちに無関心でいられなくする言葉を僕たちはもっと選ぶべきだったかな、と。

そういう意味で、割と演説を褒められた候補者が多かったと思うんですけど、まだまだ言葉選びから語りかけていく場所であったりとか、そういうものを反省しなきゃいけないのかなって思ってます。たぶんその反省に立ってるので、今、代表が北は北海道の利尻からスタートして全国津々浦々、ポスターを貼りながら街頭演説とか記者会見をするっていうことをやり始めています。だから、僕たちの知名度と主張を伝えていくっていうことを、もっと津々浦々、広げていくっていうことを今考えてらっしゃるのかな、と。で、その方向性は僕は合ってるかなって思ってます。

原　つまり反省としては、無関心……って圧倒的多数ですよね、今の日本人の中で、その無関心の人たちの心を動かす、人の心を動かす言葉っていうものがまだまだ弱いと言っていいわけですか？

辻村　はい。

原　じゃあ言葉を強くするためには、どうすればいいですか？

辻村　経済政策とかその方面は他の、大西さんとかに聞いて頂きたいと思うんですけれど、こと自然環境に関して言えば、例えば、この自然が失われると、あなたの生活のここに影響しますっていう、そういう象徴的なものを見つけて、それを訴えていくということが必要なのかな、と。余所ごとだっていうことが、実は自分ごとだったんですね、と気づいてもらえる、そういう事例をお話していくっていうことが必要なのかなって思うんですね。で、それは残念ながら僕の得意な、例えば、絶滅危惧種の何とかという植物がここにはいますよって言っても、余所者の言っている他人ごとで自分ごとじゃないんですよね。
そうじゃなくて、もっと良い言葉があると思いますけど、選挙のときに気がついたのは地球一個分の暮らしだと他の国から奪っていて、他の国で貧困にあえいでいる人たちの生活の上に僕たちの幸せが乗っかってますよって。そんな幸せ、本当に幸せでしょうか？　って問いかけたことは割と伝わったんですね。同じように、日本の中でダムに沈められてしまう人たち、そこではこういう作物つくってましたとか、そういうものがどんどんなくなっていって、自分たちの身近な作物も身近じゃないところから持って来られてしまうっていう社会にどんどん変わっていきますよ、と。そうすると、首をしめられたら日本は一気に貧困国になりますよっていう、このロジックを今ちょっと難しいんで、これをもう少し僕も言葉を学んで勉強して、わかりやすく、こういう繋がりっていうんですかね、そういうのを伝えていけるようなのを選びたいっていう……。

原　そうですか。

辻村　はい、勉強中です。

原　辻村さんは……今、具体的な場所を聞きました……で、そこに行きます。行って、やっぱり言葉でもって今の日本の抱えている危機を伝えようと？　言葉でもって皆さんの心を動かそうとする？　それにすべてが尽きますか？　それとも他の何かをしますか？

辻村　僕は言葉には魂があると思ってますので、言葉で伝えることが主軸だと思っています。ただ同時に映像で伝えるってこともすごく重要だと思っていて、なので今回、選挙期間中もYouTube

とかTwitterを使って生中継するってことをしたんですね。これからも生中継をしながら、そこで起きている問題を僕の心で捉えた問題として、僕の言葉で伝えていくっていう、このスタイルはたぶん有効だと思っているので、それを続けたい。

新しいというよりは、僕が感じたことを、僕の表情も含めて言葉に乗っている映像として、みんなに見てもらうっていうのが効果的なのかなって思ってはいます。

原　言葉の力って、つまり言霊っていう言葉がありますもんね。その言霊っていうことを今仰ってるんでしょうが、その言霊っていうものがご自分の自己評価として、どのぐらい活かせたかなって思ってらっしゃいますか？

辻村　えっと、半分は十分に活かせたっていう気持ちはあります。で、残りの半分は足りなかったっていう気持ちがあります。それを行ったり来たりしてるんです。だから僕も選挙中に自分が喋った映像をもう一度見返してみると、そのときの聴衆の反応がよかったり、それが動画サイトに載ってたりすると、「いいね」がいっぱい付いているっていうところからすると、今の言葉の選び方とか、僕の言霊の乗せ方というか、僕の魂の叫びというのはある程度伝わったような気がするんですけれども。

それからYouTubeを見に来てくれない人にまでは届いていないのが現実なので、だから半分届いた、半分届いてないっていう気持ちだという……。

原　はぁはぁ……。

辻村　ちょっと変な表現で申し訳ないんですけれど。

原　もっと細かく言いますと、届く言葉と届かない言葉って、辻村さんの中でありますか？　こういう言葉を使うと届く、こういう言葉を使うと届かないなっていう、より具体的に考えていくと、どうなんでしょう？

辻村　はい（笑）。これも環境問題の話で申し訳ないんですけれど、少なくとも自然環境に関する専門的な言葉は一切伝わりません。

原　駄目ですか？

辻村　だから「生物多様性が重要です」って言葉は通じないです。

原　ほう……。

辻村　この分野にいると、生物多様性って言葉が国際用語にもなってるので、biodiversity って言葉で、みんなが知っているものだと思うんですけれど、でも、この国の多くの人たちは生物多様性って言葉すら知らないです。だから、そういう知らない人に「生物多様性が大事ですよ」って言っても、まったく伝わらないです。だからもっと違う言葉で伝えてかなきゃいけない、これは自然保護団体にいるときから痛感してました。それで置き換えてったのが「農業と漁業と林業を元気よくさせる」。僕はこれを生物多様性のセミイコールって言葉で捉えて言い換えたんです。そうすると地方の方にも伝わりました。

原　ただ、「元気で」っていう言葉も、まだちょっと観念的っていうか一般的な言い方なんで、もっとリアルに具体的な言い方をした方がいいっていうことになりませんか？

辻村　そうですね。伊豆の方に行って、伊東市でお話をさせて頂いたときに、「私は漁業者です」って方が声を掛けてくれて、そのときにすごく「言っていることがわかりました」って言ってくれたのは、「漁業を元気に」っていうのは、今まで一人のお父さんが子どもたちと一緒に家族経営みたいな小さなスケールで、地先の海で魚を捕って、それを地元で売って……っていうスタイルの漁業が今廃れてしまっている、と。企業が入ってきたり、大規模に遠洋まで出ていって、ごっそり持ってくるっていう漁業になってしまっている、と。で、その漁業は元気にする必要はなくて、地先の海から捕れる恵みを家族経営的な小さなスケール感で、きちっと経営できる状態っていうのが、元気になるってことだって僕は伝えたんですね。だから漁業にしても、農業にしても、林業にしても、家族経営的な小さなライフサイクルの中でしっかりとその人たちが誇りを持って食べていける、そういう元気さを取り戻したいっていうお話をしたんです。

原　そしたら相手に通じた？

辻村　はい。

原　この間の田原総一朗さんの朝生だったかな、今、日本は中小企業ばっかりだ、と。大企業をもっと増やさないと日本は国力として負ける、という論理の方向で話が進んでたんです。今の辻村さんの話と真逆です。それはどうします？

辻村　えっと、大企業が儲かるようにしてきて、そういう政策を政府は進めてきて、今どうなってますか？　って逆に問いかけたいですね。そうではなくて中小企業は……あ、中小企業とか大企業とか、僕は分けるの嫌いなんですけど、中小企業って大企業に比べれば資本力も弱くて、どちらかというと技術力で対抗しなければいけない人たちが、実はこれまでもずっとこの社会を支えてくれてきていた。その上に大企業が乗っかっていた。その下支えをしてくれていた中小企業のことよりも、もっと大企業を増やしていくんだって言ったら、じゃあ誰が下支えしてくれるんですか、と。技術立国っていうところを放棄するんですか？　っていうことを、僕は逆に問いかけたいんですね。

そっちの方面の経済のことはあんまり詳しくはないですけれど、例えば、漁業にしても大企業を入れやすくしました、漁業法を改正して。そういうところに企業が入ってくる。養殖をします。収益が上がらなくなったら、いなくなります。で、その後に残るものはなんでしょう……って言ったら、何も残らないわけです。

だから、そうではなくて、そこで暮らし続けてる一人ひとりの人たちがにこにこ働ける状態っていうのが、より小さく経済をまとめていく、僕はこの日本が逆に幸福度であったり経済を上げていくには重要なことだろうと思ってます。だから、大きくするのは日本の国土も小さいですから、あんまり意味がなくて、さらに外国から収奪するようになるだけだと思うので、僕は真逆で結構って思ってます。

原　そうですか（笑）。日本一個分の暮らし……というフレーズを辻村さんは仰います。今、聞いてると、しかし、日本一個分でも、実は広すぎるっていうか、もっと小さい方がいいんじゃないかっていうことを、仰りたいんじゃなかろうかって聞こえてきますが、どうでしょう？

辻村　今、国という単位が厳然としてある以上、日本一個という言い方をしてますけれど、まぁ、その時代に戻りたいとはこれっぽっちも思わないですけれど、昔、幕藩体制の頃って三百ぐらい藩があって、で、その藩はひとつひとつで自給自足の生活をして成り立ってたわけです。だからそれくらいの単位で経済が回るようにした方がこの国の経済は、僕はベースがしっかりすると思っています。

で、物事を大きく捉えて配る……みたいな発想は、電力と同じで無理が祟ります。なので、小さくつくって小さくシェアしていくっていう、そういう考え方に国のあり方っていうのを、僕は大転換するべきじゃないかなって思ってます。そのためには、実は小さな政府ではなくって大きな政府が必要だろう、と思っているところもあります。

所得補償とか最低保証とか、それから自治体ごとに格差をなくしていく作業も同時にしていかなきゃいけないので、民営化にいく……今の小さな政府を求めていく流れよりは国がしっかりとした下支えをしていきますよっていう意味での大きな政府と共に小さな経済圏をたくさんつくっていく、そういう流れなのかなって僕は思ってます。

原　地産地消っていう言葉がかつてありました。今も生きてるのかな。地産地消って言ったら本当に、空間としては非常に、まぁ歩いていけるよりちょっと大きいぐらいのスケールじゃないですか。そういうイメージの言葉の方がもっとふさわしいように聞こえてきますが。

辻村　そうですね。基本は地産地消だと思っています。地産地消で地方が独立できるぐらいの力を持つべきだと思っていて、そうするとどうやっても地産地消できない場所ができてくるんです。例えば、東京ですね。千三百万っていう人がいて、千三百万の人の食べる食料を確保するための畑は何もないわけです。だから僕は東京をぶっ壊せって思ってますけれど。僕、東京人です、東京生まれ東京育ちですけど……。東京をぶっ壊して、東京でもかつては周辺の地域では農業をやっていて、そこと東京で出た肥料と農産物を交換するっていうひとつの大きな経済圏ができていたので、それをモデルに現代版の経済圏を東京でも僕はつくれるんじゃないか、と。そのためには千三百万が多すぎると思います。

原　ですよね。なんか、もっと過激な言葉で言って欲しい、と私は思えてきますが。非常にソフィストケートされた言葉じゃ、届かないんじゃないかって、ある種の焦れったさを感じますが。

辻村　えっと……そういう、何ていうんでしょうね、革命的な言葉があったら逆に教えていただきたいな、と思いますけど（笑）。

原　あっはっは。

辻村　まぁまぁ、これからですね。今までの参議院選挙の中では、結構過激な言葉を喋る候補者がたくさんいらっしゃったので、その中で過激な言葉を使わない方が浮き立ったっていうのがあるので（笑）。

でも、これからはもう少し過激に……だから最近、言い始めたのは「東京ぶっ壊したいですね」

とか、ぶっ壊すって言葉をようやく使い始めたので……（笑）。千三百万を少なくとも四百万ぐらいにしたいな、とかいうようなことをもう少しドラスティックに言ってった方がいいのかなっていうのはあります。ただ、根が優しいもんで、なかなか（笑）。

原　はっはっは（笑）、過激な言葉は馴染まないですか？

辻村　ということにしといてください（笑）。

原　そうですか（笑）。お金のことを聞きます。選挙が終わりました。選挙の期間中は、れいわ新選組から経費、選挙運動費が出ました。終わりました。今は出てませんよね。

辻村　ええ、原則今は出ていないです。出すためには公認候補にならないといけないので、やっぱり早急に自分が次の衆議院の小選挙区のどこから立つのかを、党の作戦本部と共に相談をして決めることがひとつです。

ただそれを待っていてもしょうがないので、今、個人的に考えているのは僕自身の政治団体を立ち上げて、その政治団体で政治資金を集めていく……寄付を受けられるようになりますので、それで活動費を得ていくことはまずひとつ考えているところです。

それとありがたいことに前の職場と、委託契約とまではいかないんですけど、そこに自然保護問題の解説記事を書いたり、こういう問題が起きたら、こういうふうに対策すべきですよっていうアドバイスをするということで、少し文筆業的なことで収入を得ようかなと思ってるので、今、文章を書き溜めてるところでもあります。

原　そうですか。選挙期間中だけが選挙じゃないっていう考え方をした場合、つまり、日常における選挙活動っていう視点に立たざるを得ない。しかし、それには生活をどうするんだっていう問題がつきまといますよね。よく言われますが、日本はとにかく選挙に掛かる費用が高すぎるって。そういう問題と絡めて考えていくと、今はっきり言って、原稿を書いてらっしゃるって仰いましたが、原稿なんてスズメの涙みたいなお金しかもらえないはずなんです。で今、具体的に生活費ってどうやって稼いでらっしゃるんですか？　原稿料はわかりましたけど、それだけじゃとても食っていけないと思いますが。

辻村　細かいところはプライベートな話になるので、ちょっと差し控えたいところもあるんですけれど。ありがたいことにですね、前の職場はほぼ退職は決まってるんですけれど、今、休職期間を経て、復職を一旦して、で、有給休暇を消化してる段階なので、若干お給料が後でまた入ってきます。そういうので何とか食い繋ぎながら、後は、僕の価値っていうんですかね、ロビイストとして自然保護問題をずっとやってきたっていう部分で、その対価を払って頂ける仕事をやる、そういう意味で今わかりやすく文筆って言ったんですけど、実際は国会を周ったりとか、そういう仕事もしつつお金を頂こうかな、と思っているところですかね。

後は政治団体を立ち上げて、れいわと同じように寄付金を募っていく、それで活動資金、生活費は出せないので、そちらでは。少なくとも移動する資金とかは、それから出そうかなっていうふうには思っています。

原　はっきし言って、かなり貧乏にはなってるでしょう？

辻村　まぁまぁ昔ほど豊かではもちろんないですが……はい。

原　えっと……衆議院になった場合の自分の選挙区はどこがいいなあ、というふうに思ってるんでしょうか？　どこで立ってみたいなぁ……とか？

辻村　個人的には、今、自然保護問題が起きているところで立ちたいっていうのはありますけれども、ただ衆議院の場合は先ほど言ったように選挙前の活動がすごく重要になります。やっぱり他で今、議員やられてる方たちも、駅頭に立って日々の活動をちゃんと報告してっていうことを繰り返されています。だから実際はそういうことをできる場所になると、やっぱり今の居住している東京から通える範囲ということになるとは思います。

もうひとつ考えないといけないのは、やっぱり、れいわとしては政権交代を目指してますので、野党同士できちっと共闘できる場所、そこで僕の場所っていうのは決まってくるんだろうとは思ってます。今はちょっとすいません、ここまでしか言えないです。

原　はい、わかりました。選挙期間中、十七日間の間でもっとも強い記憶として残っている場面っていうのはありますか？

辻村　これは……バラしていいのか、わからないですけれど、前の日かな？　全員呼ばれて事務所に行って、選挙道具の七つ道具ですよ、とか、こういうものを使ってくださいっていう説明を受けた後に、じゃあ頑張ってくださいっていう放置プレイになったときが一番驚きました（笑）。自分で選挙出たことないので、何をどうやったらいいのかわからない状態で自分の活動を始めなきゃいけないっていう、このれいわの放置プレイっぷりに、ちょっと驚きました。

原　はっはっは。

辻村　これが一番驚いたことですかね。

原　もっと手とり足とり指導してくれるのかしら、と思ってたってことでしょうか？

辻村　うーん、まぁ公認候補なので、一応、はい、そう思ってました（笑）。

原　そうですか。後、これが選挙かって思った瞬間っていうか、何かそういう強いエネルギーを感じたとか、そういうことってありますか？

辻村　見知らぬ人に全然違うところで声を掛けられるようになったってことですかね。選挙公報にも写真は載りますし、新聞にも各候補者の顔写真は載りますよね？　で、それで見てる人が思わぬところで、候補者ですよね？　って……数は少ない体験でしたけど。そのときに、完全にプライバシーはなくなるんだなっていうのを感じたのが、なんか選挙っぽいなって僕は思いました。

原　プライバシーがなくなるってことですか。

辻村　はい。

原　あぁ、なるほど。それは一理ありますよね。反省……大きな反省は何ですか？

辻村　やっぱり素人の選挙だったこともあって、自然保護の現場をくまなく周れなかったっていうことですね。どうしても行ける範囲、自分でアポ入れたり、いろんなことを調整して自分で運転して行ったりしましたので、そういう中で、あそこにも行くべきだった、ここにも行くべきだったって、一日二十四時間をもっといろんなことに使えたんじゃないかなっていう反省はあります。

原　でも、実際問題、今以上に周るとなると、相当体力も必要になってきますが大丈夫ですか？

辻村　だからきちっとサポートスタッフがいて、日程を組んで、ここからこういうふうに周っていくと電車の便もいいですよとか、そういう行程の組み立てって、やっぱりそれだけを考える人がスタッフにいて、で、それに僕は乗っかって、周っていくっていうふうにすれば、体力的にはそんなにキツくないですよね。自分で場所を決めていくと、例えば、静岡の伊東に行った次の日に長野県の大鹿村なんていうふうに、一回東京へ戻って行く……みたいな、そういう行程になっちゃったので、それはやっぱり、動きとしては無駄がありますよね。だから、もう少し効率的にいろんな地域にお邪魔して、いろんな地域の自然保護の問題を抱えている方たちと交流がもっとできたんじゃないか、そう考えると下手くそだったなっていう反省があります。

原　そういう意味で言うと、一番慣れてらっしゃったのは大西つねきさんだったでしょうか？

辻村　はい、まったくその通りだと思います。大西さんはすごく慣れてらっしゃったし、後は、我が道を行き過ぎた……行き過ぎたって言ったら失礼ですね（笑）。我が道を行った安富さんなんかも、あれはあれで上手いやり方だったなと思いますね（笑）。

原　そうですか（笑）。最後の質問にしますが、本当に日本人って、私なんかは、アホが多いなっていうふうに……ずばり言うとそんな感じがありますが、そういう失望はしてませんか？　今でも、いや日本人は何とかやれるはずだって信じていらっしゃいますか？

辻村　とても大事な問題だと思います。で、僕は失望とかそういうものを感じる前に、僕の子どもたちや孫たちに対して、責任を持たなきゃいけないって思ってますので、ここで僕たちが絶望したり諦めてしまったら、正しい未来が子どもたちや孫たちにいかないって思ってます。なので、絶望するんじゃなくって、とことん抗ってやろうと思ってます。

原　未来の選挙民に向かってですね、メッセージを出すとすれば、どういうメッセージをお持ちでしょうか？

辻村　はい。この国の最大の権力者は国民一人ひとりだって思います。有権者一人ひとりだと思います。その有権者が有権者としての働きをしないと、この国は滅びてってしまうので、僕は今それを一番危惧しています。だから皆さん一人ひとりに訴えたいのは、自分たちが主権者であるっていうことを常に忘れないで頂きたい。

で、その主権者たる人たちが僕たち、例えば、挑戦をする人間だったり、国会議員だったりを顎で使う立場だっていうことを考えて頂く。そうすれば政治は変わっていくし、国民に寄り添った政府になっていくって僕は思ってますので、一人ひとりの力が最大の力なので、ぜひ行使することを忘れずに。それから、他の人へ思いを致すっていうことを常に考えて頂きたい。心のうちの差別をなくして頂きたいって思ってます。

島野　ご自身が選挙を通じて、自分が性格上、変わったな……変化っていうのと、それから周りから、どういうふうに「辻村さん、変わったね」とか言われた部分って、ありますか？

辻村 えっとですね、たぶん変わってないと思います、僕自身は。それから、周りからも……あ、唯一職場の同僚から、「言葉遣いがまろやかになりましたね」って言われましたけど。

原 そうですか？

辻村 いやいや、仕事上、結構乱暴な言葉を使ってることが多かったので。それは「丸くなったね」とか言われたりはしたけれど、僕自身は何ひとつ変わったつもりがないんですね。で、常に仕事でも訴えてきたことだし、それから、ベースは戦争反対っていう反戦活動みたいのもベースにあるので、この国の人権のなさとか、そういうものへの怒りの導火線っていうのも、何も変わっていない。この世の中を変えたいっていう気持ちも何ひとつ変わってないので、僕自身はたぶん一生このまんまかな……というふうに思ってます。

生活のやり繰りが厳しい、と思うことすら愛おしいですよ。貧困が財産ですよね。

渡辺てる子（渡辺照子）

2019年9月25日
千代田区神田神保町にて収録

1959年東京都新宿区生まれ。武蔵大学中退。元派遣労働者。シングルマザー。2015年8月参議院厚生労働委員会にて、派遣法改正について、「宇山洋美」の氏名で派遣労働者として登壇。現在、れいわ新選組衆議院東京都第10区総支部支部長。

インタビューの時間を作るやり繰りも難しい中、バイト帰りです、と現れた渡辺さん。選挙後の〝生きて行くための仕事〟を立て直すという試練とも戦う日々。肉体は若干疲れ気味に見えたが、気持ち的には、エネルギーいっぱいの照ちゃん節を存分に聞かせて頂いた。

原　選挙が終わってもう二か月が経ちます。あの熱狂が心静かに収まってますか？

渡辺　いえ、全然収まってないです。

原　まだ蘇ります？

渡辺　「蘇る」というか、継続していますね。

原　どんなふうに？

渡辺　今日この場所に来るまでに、声かけられました。全然知らない人から「あれ、れいわの人じゃない？」とか。最近いろんなところを歩くと必ず知らない人から「渡辺てる子さんですよね？」って声をかけられるようになりました。

原　そうですか。その度に、フッと、あの熱狂のときに引き戻される感じがするんですか？

渡辺　そうですね。何で声をかけられるかって言うと、やっぱりあのフェスのときに私がシャウトしてたPVを皆さん何回も見ていらして、それで覚えててくれて声をかけてくれたっていうことがあるので、はい。

原　じゃ、まだ体の方があの熱気の渦の中にあって、まだまだクールダウンしてないってことですね？

渡辺　クールダウンはしてないですね。あの熱気が常に私の中には普通にあります。

原　普通にあるんだ！　じゃあ、今、日常に戻ってるわけじゃないですか。その日常の生活の中で、あの熱狂が一日に何度も何度もフッと蘇ってくるという感覚？

渡辺　今、講演会も結構いろいろなところでさせて頂いてるんですけれども、そのときに、あのパワーを自分の中に呼び戻してお話をするという感じではありますね。

原　そうですか。選挙が終わった後で、山本太郎代表とサシで反省会、というか、総括をされましたか？

渡辺　はい。総括というか、今後ね、どう戦うのかということはお話をさせて頂きました。

原　よかったら、どんな話だったかを聞かせてください。

渡辺　私は次もトライしたいと思っています。つまり、衆議院選挙に挑戦したいと思っています。それをお伝えしました。

原　というより、山本太郎代表からそのことを聞かれた？「立ちますか？」ってね。

渡辺　それは私に限らず各候補者が。落選組がね。

原　落選組……（笑）。

渡辺　どうするのか？　という方針は皆さん個別に問われてますから。

原　即答された？

渡辺　はい。

原　わかりました。もうそれだけ聞けたら十分みたいな感じだね。山本太郎氏との話はおいといて、次回どうするの？　という話で、渡辺さん個人の心の中で、あの選挙の期間中に何が自分の中で起きて、何を反省し、次はどうしようかって、いろんなことを考えられたと思うんですよね。今でもフッと日常生活の中で思い出すとすれば、どういうことを思い出します？

渡辺　もう全部思い出してます。振り返ってます。いいことも悪いことも。でも劇的な変化を遂げましたよね。私の心の中も、それから周りの環境も全てが。それらすべてを常に思い返していますね。それが私の心の財産になっているので、日々のこれまでの暮らしとのギャップがすごすぎて、そのバランスを自分の中で保つのがちょっと難しいかなあ、みたいな感じです。

原　確かに、渡辺さんのこれまでの生活のリズムからすると全く、かつて味わったことのないような時間だったはずですよね。それは、声ですか？　人々の顔？　場の空気？　どういうふうな表現になるでしょう？

渡辺　私そのものは全く変わってないんですよ。ですけど、私を取り巻く環境がものすごく変化してる訳ですよね。皆さん多くの人が、私は知らないんだけれども、皆さんは私を知っててくださる。で気軽に声をかけてくださる、「応援しています！」とか。あるいは、私みたいな年齢の人が「てるちゃん」って気軽に声をかけてくださるということが目に見えてうれしい変化ですよね。

原　くどいようですが、期間中を通じて反省するようなことはあるんですか？　「こうすればよかったかな」とか。

渡辺　何せね、候補者になるってことが初めてで。それを言われたのが七月の二日の夜ですから。で三日に出馬宣言をれいわ新選組のサポーターの方の前でして、四日が参議院選挙の公示日ですから。もう自分を振り返る余裕などなく、怒濤の選挙戦の中に放り込まれたっていう感じなので、よくも悪くも自分を顧みる余裕も暇もなかったっていう感じですね。もちろんそれは初めてですから慣れてなかったので「ああすれば良かった」「こうすれば良かった」っていう改善点は具体的にはあります。だから次の選挙のときにはそれを踏まえて、前回の初めてのようなことはないようにしようという具体的なことはありますが、気分的には、そんなに自分を否定することもないのかなって、まあ自分に甘いものかもしれませんけれども、思っています。ハードでしたけれども、でもやっぱり濃密な選挙期間でしたね。

原　そうですよねえ。どう濃密かを言葉でもって語ってもらわないとインタビューにならないので、しつこくお聞きするんです。で、何をどういうふうに思い出すんでしょう？　つまり、音として思い出すのか、人々の表情、映像として思い出すのか、渡辺さんの場合はどういうふうに思い出すのかな？　って、聞いてみたいわけです。

渡辺　もう五感すべてがそれまでとは全く異なっていますよね。まず多くの人々が一心に、私だけに注目してくれるっていう瞬間が常にありました。それから、一挙手一投足を、候補者として振る舞う必要がある。一挙手一投足を多くの人が見ているってことになると、常に気を抜けない。だからと言って、自分を繕うこともできない。繕うこともしたくもないし、よしんば繕ったとしたら、たぶん見抜かれてしまうと思っているので、候補者として気張ってはいるんだけれども、自然体でありたいなっていうところなので。

で選挙期間って、十二時間マイクを通してお話ができるわけですよね。でも、それ以外もやっぱり選挙の期間なんですよ。眠ってるときも何か考えながら、次は街宣でウグイスで何を喋ろうか、って考えながら眠って、夢の中でも考えてるような感じ。ですからもう全てが濃密ですけど、やっぱり空気も違うし、自分の発する言葉づかい、それから発声の仕方もね、これまでの慣れ親しんだ友人と、家族と語り合うのとは全く別のバージョンで言葉を発した、というのは自分の中で自覚して意識をして話してたと思いますね。あとは握手がすごかったですね。

原　握手？

渡辺　街宣、フェスとか、街宣でお話しした後で多くの支援の方々が「感激しました」とか「応援してます」とか、あるいはシングルマザーの話をすると「私もシングルマザーでがんばっています」とか、若い方だったら「僕のお母さん、シングルマザーで、僕を苦労して育ててくれました」っていう方が握手を求めてくださる。場合によっては、シングルマザーとして苦労している女性の方とは本当にハグし合って、お互いに泣き合っちゃって、初めて会った方なのにね、何の抵抗もなくそういう交流や出会いができたっていうのは初めての経験ですよね。それが本当に一回や二回じゃないんですよ。行く先々でそういうことができたっていうのは、すごく、それがパワーになりました。

原　選挙期間の十七日間の中で、だんだん自分が変わっていった、慣れていった、慣れることによって少しずつ声の出方から、見ず知らずの人前に話しかけていくわけでしょ？　言葉でもって。で、その自分のエネルギーの、皆さんに向ける向け方とか、エネルギーの出し方とかね、少しずつ変わっていったと思うでしょ？　自分でも。そのことを具体的に聞きたいです。

渡辺　フェスなんか特にそう思うんですけれども、皆さんがすごくワクワクして、目をキラキラ輝かせて、各候補者に対して期待を持って「お話を聞こう」という表情が、それがパワーとなって、ステージに上がる私たちに伝わってくるんですよね。そういうときに、あんまり愚痴や泣き言や、あるいは誰か他の立場が異なる人の悪口を言うというのは、自分の中からは出てこなかった。そうではなくて、自分はどういう人間であるのか、なぜ候補者になったのか、何を訴えたいのか、どうやってこれまで生きてきたのか、ということを説明じゃなくて、伝えるということをおのずと重点的に喋ったように思います。与えられた時間もそんなに長くはないのと、それからフェスティバルだと屋外ですから、大学とかの講義とは全然別ですから、細かいこと、理屈を説明しても聞く方にとっては何のことやら分からないってこともあるんですよ。

　思ったのはね、言葉を通して言葉を超えるものを言葉で伝える、っていうことができたのかな、というのは多くの人の反応を見て、ちょっと不遜な言い方かもしれませんけど、そういう手応えをだんだん感じるようになりましたね。多くの人たちのいろいろな反応で、自分の中で必然的に紡ぎ出されてくる言葉っていうのがいくつかあって、それは今まで私が暮らしてきたり活動してきたりしてきた中で感じてきたことなんだけれども、まだモヤモヤして明確な言葉になっていなかったことなんですよね。で、それを多くの人たち、いろんな問題を抱えたり、いろんな期待をこちらに向ける人たちとの交流、同じ空間をね、一緒に過ごすことの中で、例えて言うなら豆乳を、ぐるぐるぐるぐる、何度かき回しても固まらないのを、ニガリがそこに加わって、そうこうしているうちにお豆腐みたいに、ある塊になったみたいな、そういう感じですね。そういうプロセスを経て自分の中から出てきた言葉なんだけど、自分だけでは出てこない言葉っていうのを獲得できました。

例えば、さっきも言ったように「シングルマザーとして僕を苦労して育ててくれた母がいます」と。「渡辺てるちゃんの話を聞いて、母のことをより大事に思うようになりました」っていう若者がね、応援というか自分の想いを縷縷私に述べてくれた、っていう、そういう出会いが何度か繰返されていく中で、こういう人のためにこそ政治って必要なんだなっていうことを確信的に思いまして、で、今ほら、「若い人は本当に政治に無関心だ」ってよく言われてますけれども、「いや、そうじゃないんだな」と。若者が政治に無関心なのではなくて、政治がそういう人たちに無関心なんだ、っていう、そういうことを感じたんですよね。これもまた、次のフェスで言うと、また皆さんから多くの共感を頂いたのかな、という感じがありますね。

あとは、これまで割と政治的に、理論的に考えるような人じゃない人たちが、今まで政治に関心なかった、投票も行かなかった、っていう人が、れいわ新選組が出て、「こういう政党を待っていた」「こういう候補者を待っていた」っていう人がたくさん応援に駆けつけてくれているんですけれども、そういう人たちは思想とかイデオロギーとか理論とか、そういうものでれいわを応援してくださる訳じゃないんですよね。やっぱり生活そのものをどうにかしたい、今苦しいんだけれども歯を食い縛って何とかよくしていきたい、っていう思いを受けて、そこから私が紡ぎ出した言葉は、政治はイデオロギーではない、と。政治は生活そのものなんだ、という言葉なんですね。

だとすれば本当に多様な、色々な価値観とか信念を持った人も、生活をよくしたい、っていうことはみんな一緒な訳ですよね。そこで一つになれるんだということも思いました。ですから、れいわの候補者っていろんな考えの方がいらっしゃいますから、まさにそれを体現してるんじゃないかなって思いますけれども、常に街宣やフェスでいろんな人たちとの交流の中で、マイク一回握る度に私の中で何か、ドアが一つひとつ開かれていくような、そんな感じを実感しましたね。

原　客観的に言うと、だんだんボルテージが上がって、あの熱気を濃くしていった、というふうに見えます。傍から見てると。

渡辺　ああ、そうですか。

原　はい。自分でも実感するでしょ？

渡辺　そうですね。自分のことだけ喋ってるつもりはないんですよ。何かに突き動かされて、自分の体から発する言葉なんだけど自分だけのものじゃないんですよね。言葉が。多くの人との、何だろう、アマルガムって言うのかな？　多くの人のパワーを受けて、たまたま自分っていう体を通して出てきた言葉？　だからパワーアップできたのかな。

原　つまりそれは、渡辺さんと同様に過酷な人生、不幸をいっぱい背負って、それでも生きて行かなきゃいけないという辛さをね、共有できてるその人たちと一体感というものがあって、それを渡辺さんの体を通して、言葉としてバァーっと外へ出て行くという、そういう感覚ですかね？

渡辺　そうですね。一体感と響き合い、と言うんですかね。片方だけでも音は鳴らない。私、例えで「手拍子」って言いました。両方の手がないと、両方が同じ手拍子を鳴らそうっていう気持ちじゃないと、手拍子って鳴らない。片方の手が私であり、もう片方の手がれいわのサポーターの方々であり、っていう。なので、お互いがお互いを響き合わせる、という感じなのかなっていうのはすごく思いましたね。

原　十七日間の中で、選挙戦がだんだん時間が過ぎていきます。クライマックスというか、ケツが決まってる訳ですから、そこへ向かって、ズーっと高揚していくじゃないですか。その高揚していく中で、「もしかしたらこのままスゴイことになるぞ」というようなある種の期待と予感というものがあったんだろうな、と思うんですが、それはどう感じてました？　「日本の民衆は変わるかもしれない」って。

渡辺　私、「民主主義の主人公は皆さんです」ということを後半の方で言ったと思うんですけれども、そういう意味では明らかに変わったと思います。ただ私自身は本当に、そうだな、マラソンコースを短距離走の速さで突っ走って行った感じがありますね。

原　選挙の渦の中にいる限りにおいては、国民の一人ひとりが「今の世の中じゃ本当によくないんだ」「変えなきゃあかん」ということを共有できて、そのままの勢いで「変わるかもしれない」という感じを候補者の人は思ったんじゃないか、と思うんです。だけど蓋を開けてみればそんなことは起きなかった。その辺の落差って言いますか、どのように総括していらっしゃいますか？

渡辺　「やっぱり世の中そんなに甘くない」「選挙ってそんなに簡単なものではない」ということですよね。でも、私もそうですけれども、特別落胆したり悲観したりすることはないんです。淡々とその現実を受け止めて、で、次に向かうっていうことですよね。だから自分の中で、ものすごいボルテージが上がる自分と、それから、すごくクールにそれを見つめる自分と、両方が常に私の人格のなかで並存していて。で、これからの私の課題は「継続」ってことなんですよね。いかに続けるか、ってことです。だから自分ではいつも「驕らず凹まず」っていうふうに思ってます。

原　私も初めて選挙に密着したんですね。十七日間の期間だけが選挙じゃないんだなってことだけはよく分かりました。だから、次の選挙はいつになるか分かりませんけれども、日常の時間の中がまさに選挙だという感覚を持って戦わないと、選挙期間の中だけ戦っても勝てないっていうふうな感じですよね。

渡辺　まさに、常に選挙をしているつもりですよね。常に私は試されているんだと思います。

原　そうですか。

渡辺　そのプレッシャーなのかもしれないけども、そのプレッシャーが嫌だったら辞めるしかないわけですから。私は辞めませんから。そのプレッシャーも自分の人生なんだな、と思って、これからまた継続していく、そのスタートラインに立った思いですね。

原　つまり、「初めて立候補した十七日間が、私のスタート」ということですよね。今、日々、日常の生活を生きていながら感じることって、「ああ、私今、選挙期間やってる」ということをかなり意識的に生きてるわけですね。

渡辺　プレッシャーって、別に嫌な意味でプレッシャーっていうことじゃなくて、自分で使命感とか、あるいは「やるっきゃない」という自分の中の必然性というのを常にキープしている。自然にそれは今あるものなので、あと、選挙期間以降、私を応援してくださる方がとてもたくさんいて、「応援してます」とか「もう絶対議員になってください」とか「どんな形でもいいから議員になるまで応援します」とか、あとは「山本太郎さんを総理大臣に。で、渡辺てる子は厚生労働大臣に」とか言ってくださる方もいて、お互いいい年齢の大人がね、そういうホラをね、ホラかもしれませんよ、でもそれを結構みんな本気で言い合えてる、という空間ができたのはすごいことだなと思いますんで、それを多くの人から言われるようになったのは有難いことだと思っています。

　その思いを受け止めて、そうすると私個人がやりたいとかやりたくないとか、できるとかできないとかじゃなくて、もうやるしかないんですよ。やるのが当たり前。そういう思いですね。ずっと。

原　そうですか。選挙ってお金かかりますわね。で、渡辺さんクビになりましたわね。今はどうですか？

渡辺 今は、週に二日ぐらいバイトをしてですね、こういう選挙活動をやってるってことを理解してくれてるところがバイトで使ってくれてるわけですよ。そこでバイトをしながら、あとは講演会活動をさせて頂いてます。

原 バイトって、派遣？

渡辺 いやいや、私、派遣業界ではたぶん札付きだから、もう二度と派遣としては働けないと思いますね。

原 それは、文字どおりアルバイト？

渡辺 そうです。

原 例えば、コンビニとか？

渡辺 いや、そういうんじゃなくて事務のアルバイト。政治団体の事務局のアルバイトで、名簿の管理ですとか、郵送物を梱包して送ったりとか、文字どおり事務局の仕事をさせて頂いてます。

原 講演会が増えたと言いますが、講演会とバイトのお金で何とか生活は出来ていますか？

渡辺 いや、かなり厳しい。それだけでは当然まだ足りません。ですから、生活は切り詰めてもいるし、あとは派遣のときに貯めた貯金をちょっとずつ取り崩して生活しています。

原 やっぱりそうですか……。うわあ。とにかく日本は選挙に立候補することはとにかく諸外国と比べてお金がかかるんだ、という話をね、あちこちで耳にするじゃないですかね。その辺もまた改善しなくちゃいけないですよね。

渡辺　そうですね。山本太郎さんがいろいろ、フェスの度にお話している参議院選挙の供託金、入場料だけで六〇〇万円かかるんだっていうことなんですけど、その六〇〇万円って私にとってはどういう意味を持つか、というと、私のこれまで働いてきたときの給料って大体二〇〇万円ちょっと、年収はね。ですから三年分の年収が一回の選挙の供託金で消えるわけですよ。ですから、もし、れいわ新選組で皆さんが寄附をしてくださらなかったら、私は決して参議院に出馬、立候補して選挙できることはなかったですね。れいわ新選組に寄附してくださった方とか、ボランティアの方っていうのは私の恩人ですね。

原　うーん、そうなんですね。それだけ苦労しつつ、次にもう一度選挙で立って戦うんだということを決めていらっしゃいます。先ほど「ホラ」と仰いましたけど、もう大いにホラを膨らませてですよ、もし国会に出たらこういうことをやってみたい、という野心？　いい意味でですよ。野心の設計図をですね、どんどん作っていってもいいんじゃないか、って思うわけです。そんなことを考えます？

渡辺　はい。

原　どんなことを考えます？

渡辺　やっぱり日本は、男性と女性のお給料の格差がものすごく拡大しているので、いかに格差を縮小するか、ということが私の中では最大の使命っていうか目的ですよね。やっぱり私が候補者になったときの私のキャッチフレーズって「元派遣労働者、シングルマザー」という社会的属性を掲げていますけれども、それの意味するところっていうのは、「シングルマザー」は、女手ひとつで子どもを働きながら育てなければいけないということ。「派遣労働者」っていうのは、正社員と同じような仕事をしていながら、お給料が非常に少ない。なぜならボーナスや手当や退職金、それから交通費すら貰えてないからだ、っていうこと。これって私に限らず、多くの女性が今遭遇している問題であったり、生涯にわたって負わなければいけない課題であったりするわけですよね。でも、これ程皆さん一生懸命働いていていたり、子供を育てていたりしても、将来の生活に不安があったりしている。で、その不安を少しでも軽減したい、やわらげたい。そのためには、雇用形態によってお給料の格差が、差別がないようにするっていうことをしたい、っていうことがひとつ。

それから、男性も女性も、子どもを育てながら、親の介護をしながら家事をしても、十分に生活ができる賃金を得られるようにする、っていうことですよね。今、男性の働き方が中心となっています。それはどういうことかと言うと、奥さんに親の介護をさせ、子どもの面倒を見させ、ですから「ケア労働」っていう、お金がもらえない無償労働。一切自分は負うことなく会社の仕事だけに専念するということが、会社が求めるスタンダードになってる。それが、実は人間の暮らしとしてはおかしいんじゃないの？　そっちを変えた方がいい。だとしたら、シングルマザーのように働きながら子どもを育てなきゃいけないのか？　っていう、そういうライフスタイルの方がむしろ人間としては当たり前なんじゃないの？　って。それを基準にして、シングルマザーみたいな人が生きやすい社会は他の多くの人も生きやすい社会だ、っていうことをしたいので、そのために具体的には雇用も見直す。今までの雇用法制っていうものがもっと労働者の保護に対して重点的に機能できるようにする。

それから企業がですね、非常に不当な扱いを労働者にしてるってことに対しては、そういうことがないような、そういう企業に対しての罰則規定を強くする、ということもしたい。これが雇用法制に対して。あと税制に対してですね、やっぱり貧しい者が富めるものを下支えしているっていう逆機能の部分もあります。私も選挙期間中、言ってるんですけれども、それは所得の再分配を適正にするっていうことです。持ってる者が持ってない方に分け与えるっていうこと。税金の制度、それから他に社会保障とかそういう部分で徹底させるっていうことをしたいんだって思っています。

原　観念的な質問です。「選挙」って何なんだ、と、そういう本質、理屈を考えることってあるでしょ？「ああ、選挙って、こういうものがまさしく選挙なんだな」って実感を掘っていくとね、自分の中で「ハッ」と理解できる瞬間って、あると思うんですよね。そう質問すれば、どんなふうに答えます？

渡辺　難しいですね。

原　そうですか？

渡辺　一般論はわかりません。私にとっての選挙というのは、これまでの自分の生き方すべての集大成を「世に問う」って言ったらちょっと生意気な言い方になるかな。でも自分のこれまでの全てを集大成、集結させて、そのエキスを限られた時間で吐き出すっていう。で、それについて皆さんどう判断されますか？　って問う、そういう営みだったですね。

原　そうですか。

渡辺　で、一票でも多くの票を獲得するという極めて明確な強い、唯一の目標がある。そこに向けて私という候補者に限らず、関わる多くの人がその一点に全勢力を傾ける、っていう営みですね。

原　今度選挙があるすれば衆議院選になりますよね。ここの地区で自分はやってみたいな、というう具体的なイメージって持ってます？

渡辺　そうですね……、私は新宿で生まれて新宿で育ってますので、その近辺でっていうふうには思っていますけれども、これは私の考えだけで決められることでもありません。いくつものハードル、検討要項っていうのがあると思いますので、それも踏まえた上で、ですよね。ただ私の日頃の生活感覚とそんなにかけ離れたところではないっていうのは希望していますけれどもね。そういうエリアにしてもらいたいなと思っています。

原　子どもさんとは話をされました？　つまり今回の選挙について。

渡辺　いろんなとこで話をしてるんですけど、出馬するまでにバタバタだったから、誰にも相談する暇もないし、山本太郎さんから「なってくれませんか」って言われて、その場で、秒速で「はい」って言ったもんですから、事後承諾ですよね。出馬に関しては。娘は、劇的な私の環境の変化について「周りはチヤホヤするだろうけれども、それは、いい気になりなさんな」と（笑）。

原　そんなふうに言うんですか。

渡辺　「周りはいいことばかりしか言わないだろうけども、私はあなたの実の娘だから、忌憚のないところ言いますけれども」的な感じで。「あんまりおごるんじゃないわよ」っていうこと（笑）。

原　なんて答えるんですか？

渡辺　「あ、わかりました」って。「そのとおりでございます」と言っています（笑）。

原　「生意気言わないで。私はおごってなんかいないわよ」って言い返さないんですか？

渡辺　はい。そうだと思いますから。たまたま親と子という関係性ですけど、娘といえどもね、もう三十も過ぎてる人間ですから、それなりの説得性はあるのかな、という感じで。親だから、どうのこうの、なんて、そういう権力関係もないですよ。

原　なるほど。十七日間の中で、最も強烈な印象に残ってる場所というか、街というか、場面というのは、何かありますか？　どこがいちばん強烈に残ってますか？

渡辺　一か所と言われると、ものすごく難しいですけれども、山梨県の北杜市に行ったんですが、そこはいわゆる保守王国で、行く先々に自民党の幟やポスターが見られるところですけれども、そこで熱烈歓迎を受けまして、初めて行ったところで、なんでこんなに皆さん私を応援してくださるんだろう？　という思いがあって。そこですごいパワーを感じましたね。それで講演会もやったんですけれども、ぶっつけ本番で、本当にいろんな方々からご質問とか受けましたけれども、それも自分なりにすべてお答えをさせていただいて、いい対話集会ができたかな、と思ってるんですね。

次は大阪と神戸に行ったんですけれども、特に印象深かったのが神戸の三宮っていう、目抜通りのところで対話集会をやったときですね。あのときは別に最初から対話集会をやろうと思ってはいなくて、ずーっと私がマイクを握って喋ってるんですけれど、まあ実は安冨さんが来るのを待ってたっていうこともあるんですが、雨が降ってきてるにも関わらず、聞いてくださってる方が誰ひとり帰らないんですよ。お子さんなんかも連れていらっしゃる方も結構いらっしゃる。で、そういう中で私ばっかり喋るのも芸がないな、むしろここまで熱を持って聞いてくださる方のお話を私が聞きたいと思って、マイクを、挙手をしてくださる方々お一人おひとりに渡してリレートークをしたんですね。で、その皆さんのお話の内容がとてもよかったです。具体的に活動していらしたりする方が多かった、不登校の問題であるとか、それから過労死の問題であるとか、ということを取り組んでいらっしゃる方が自分の言葉で、思いを込めて分かりやすく語っていただいて、そこは本当に日本の縮図、社会問題を分かりやすく提起してくれる素晴らしい場だったなって、図らずもそういうことができたっていうのは、私にとっては宝物になりましたね。

ただ一方的に高いところから難しい政治理論の言葉で言うんじゃなくて、同じ平場に立って、私も話すけれども私はあなたがたの話も聞きたいという、そういうスタンスで私はいたいので、それが僥倖と言えば僥倖なんでしょうけれども、図らずも出来たっていう、そこがとても印象深かったですね。

原　安冨さんと駆けつけた後に何度も、そんな対話集会ができたんですよ、と仰ってました。覚えています。

島野　渡辺さんの家族の話が、フェイスブックでアップされていて、ポツポツと、四回に一回ぐらい家族の話かなあ、と思っています。

渡辺　はい。よく読んでもらって、ありがとうございます。

原　はい。その家族の話を。今も、バイトしながらお母さんの面倒を見ていらっしゃるわけだ。そおそらく演説を聞きに来た人も、同じような状況を抱えている人がたくさんいるはずですよね。そのことに対して、そのことをどうすればいいのか、とか、これは日本の現実だからどうのこうの、とか、そこを発想の、つまり出発点としていろんなことを考えていくはずですよね、人間って。そのことについて、どうしようか、っていうふうなことを聞かせて頂きたいと思いますが。

渡辺　「れいわの候補者ってみんな当事者だ」ということを言ってるんですけれども、さっきも言ったように、私は元派遣労働者でありシングルマザーであり、もうひとつ、やっぱり家族介護をする人間だっていうことも一つ加わってきてまして。選挙をしていた月は母が九十歳になった、そういうときでもあったんですけれども、だんだん認知症が進行してきまして、これはなかなか止めることはできないわけです。ですから、私がこういう選挙に出てるってことは全く分かってないですね。全く理解してないです。活動するからいろんなところに行きますよね。そうすると「あなたは家のこともう少し考えて。もっと家にいてくださらなきゃ困るじゃないのよ」って言われます。

原　そうですか、お母さんが……。ふーん。

渡辺　母は、私が何をやってるかっていうのを理解できないわけですから。私がいないと寂しいとかね、一緒に食事をして食べ終わっても「まだごはん食べてない」とか、もう四十年前に亡くなった家族のことを今生きているように喋るとか、いわゆる典型的な現象というか、症状ですよね。でも最初のうちは、しっかりしていたと思ってた母がそんなになってしまって、かなり戸惑ったのはありますけれども、生活ってすごいもんで、慣れるんですよ。そうは言っても、解決しなければ、やり過ごすしかない。でも数秒おきに同じことを聞きますから、母は。私も、だんだん、優しく答えられませんよ。「今日は何時に帰ってくるの?」って。「九時」って言うと、「どこ?」って。「どこそこ」って言うと、「気をつけてね」って言って、また「何時に帰ってくるんだ?」と。もうオートリバースが延々と続く。だから出かける前に十回は同じ会話を繰り返す、という日々ですね。家に帰れば、そういう会話しかできない。

で、外に出れば割といろんな人と日常会話を超えた濃密な話を、本質的な話をしますよね。でも、その落差こそが私の生活そのものなんだなあ、って。いいとか悪いとかじゃないですよ。そういうものなんですよ。だからこそ家族介護の悲喜こもごもを日々感じながら、やり繰りしながらっていうのが、これまた私のひとつの、いやらしい言い方だけど、財産になる。生活って思いどおりに行かない。妥協しながら、やり過ごしながら、どうにか日々くぐり抜けて繰り返して行く、っていうのを相変わらず私はやらざるを得ない。だからこそ、そういう人間が選挙活動も取り組むからこそ意味があるのかな、って。まあ、自分に都合のいいように考えてるんです。

原　そのとおりだと思います。つまり、生活というリアルさを政治家になっちゃうとついつい忘れるような人がいっぱいいる中でね、絶えずそのリアルさに戻らないと、どういう政治が必要か、というのが乖離してくることがあるじゃないですか。そういう意味で言うとやっぱり、生活者であるということのリアルさっていうのは原点みたいなもんだからね。

渡辺　そうですね。

原　わかるような気がしますね。

渡辺　生活のリアルさって、ディティールなんですよ。細かい瑣末なことの一つひとつの積み重ねなんですよね。でも、それをやっていかないと先に進めない。名状しがたい細かい変なことも感じながらも、日々、同じようなことを繰り返しながら、同じ日は一日たりともないわけですよね。私は、それが大事だってことを、そういう人間だからこそ政治が身近なものだとして語られるんだってことを選挙で学んだので。

原　次に選挙があったら、もしかしたら勝てるんじゃないかという気が、僕らは「フッ」としたりしますが、どうですか？

渡辺　勝つつもりでやります。

原　勝てそうかな？　絶対勝てる？

渡辺　絶対とは言いませんが、みんなそうでしょうが、取りに行きます。取りに行くつもりでやります。勝つつもりでやります。もちろん。

原　次こそが勝負。

渡辺　はい。また選挙させてください。それには、れいわ新選組は政党助成金、微々たるものですから、皆さんのご寄附を。「ごめんなさい」という感じでお願いしたいっていう感じですね。はい。

島野　あっ、監督、いいですかね？

原　まだ聞きたい？　直接、聞いてください。

島野　二つぐらいあります。

原　じゃ、聞いて。どうぞ。

島野　渡辺さんの選挙の方法というのは、他の候補者からすると、渡辺さん自身は、とてもアナログな、オーソドックスな選挙だと思うんですよね。それは、やれなかったのか、やらなかったのか、本当はやりたかったか？　皆さん、ネットを駆使して、ネットを活用することで取れた人もいるんですけど、それについて渡辺さん自身はどう思われてたのかなって。

渡辺　いやもう、やれなかったってことです。単純にデジタルデバイドだから。フェイスブックは元々やってましたけれども、ツイッターっていうのはやってなかったですよ。自分の中で必要性を認めてなかったから。でもねえ「ツイッターじゃないとダメだよ」って言われて。で、他の人が代わりにやってくれたみたいなところがあって、でも言い訳ですけど、繰り返しますけど、決めたのが七月二日ですから。

島野　そうですね（笑）。

渡辺　で、三日から急にやり出してるわけですから、何の準備もしないでやってるわけなので。

島野　じゃ、次の選挙はどうします？

渡辺　次は両方します。衆院選挙ですから「ドブ板ももちろん必要だよ」って言われてるし、それもやります。もう本当にポスター貼り。一件一件回ってお願いする、ポスティングもする、っていうこと。それから、百人単位の講演会もやります。けれども、小規模の茶話会もやりたいなって思ってますし、それとあとは本当にSNSを駆使して動画配信やるつもりでいます。常にフェイスブックとツイッターでは発信をしていくということですよね。だから常に、本当に、マグロみたいな回遊魚で、動きを止めると死ぬっていう感じを持ってます。私は自分の中で。

島野　あともうひとつ、これもお答えできる範囲でいいんですけど、「庶民の代表」的な人、一般から「スター」になった人に対して、まあ「スター」ってかぎ括弧つきですけどね、過大な期待をする人がいるじゃないですか。フェイスブックを見てると、「こりゃあないぜ」っていう書き込みが、渡辺さんのとこにあったりする。「なぜ被災地にボランティアに行かないんですか？」っていうのとか。で、それを「悩んでます」ってありましたよね。そういうのが選挙中よりも選挙後にすごくあって、「それ、逆の立場で考えたら同じことを言えるの？」ってすごく思っちゃう。候補者になったからってそこまで、今は普通の生活をしてるわけですから。

政治屋と政治家の違いって話も一回、てるちゃんとした気がするんですけど、今、自分に向けられてるキャパシティーを超えている課題についてはどう思われてるのかな？　って。私、これがちゃんと解決できてなかったら、第二第三の、結構ボロ雑巾にされちゃう候補者、てるちゃんはそうじゃないのかもしれないけど、こういう市民が立てる政党の矛盾みたいのがたくさん出てくるんじゃないかなと思ってモヤモヤしてるんですよね、ここのところ。

渡辺 ご理解いただき、ありがとうございます。「候補者になったイコール議員」って思われてる節は多々あって、でもね、本当に多くの応援してくださる中の、本当にごくごく限られた方々なんですよ。他の人は「そうじゃないでしょ」って皆さん言ってくださるから。それがものすごく救いなので。でも、それだけ、れいわ新選組の応援してくださる方って、広いっていうことですよね。いろんな人がいるっていうことですよね。ある意味、期待もされているんだろうし、ただ、だからと言って千手観音ではないし、ドラえもんじゃない。まあ、体形はドラえもんなんですけど、って、言われる前に自分で言ってますけど（笑）。

うーん、「民主主義っていうのはそういうもんじゃない」と私は口はぼったいようですが、言いたいんですけれども、議員とか候補者はコンシェルジュじゃないんですよ。何でも言われるがまま、最高のサービスを、おもてなしするっていうことじゃなくて、一緒になってやっていくっていうのが本来民主主義であると思うし、特にれいわは、もう主体的に、自主的に勝手連やサポーターの人が、れいわが立ち上がったときから、今でもポスター貼り、皆さんやってくださる。で、寄附もやってくださるってところで、まず自分が何をやりたいか、何ができるかっていうところから出発して、「これをやってください」っていうことではないのかな、って。みんなで一緒にやっていくことなのかな、って。

もちろん議員になったら議員の特権がありますから、それは十二分に行使しますよ。今の特定枠のお二人だって、すごい目覚ましい活躍をされてるじゃないですか。ただ私は、はっきり言って派遣のとき、派遣で働いていたときよりお金がないので、経済的には厳しいですね。ただ「お金と時間を選挙・政治活動以外に費やせ」って言われるのはちょっと厳しいですよね。物理的に無理だから。まして、派遣で働いていたときよりも、母の介護をしなければならない度合いが増しているので、例えば「ボランティアに被災地に行け」っていうのはあまり現実的ではないことは確かですよね。

でも、なんでそういうこと言われるのかな、って考えた場合に、政治が身近じゃないからなんだと思うんですよね。ものすごく特権階級だっていうふうに思っている。実際、特権階級的な言動をする人もいますから、そう思ってしまうのも無理はない。でも少なくとも私は、今そうではないし、これからも絶対そうではないので、「特権階級なんだからこれだけの義務を果たせ」っていうのは違う。私は別の形で貢献したいと思うし、今は本当に一人の生活する者として、身の回りのことであたふたするっていうことが自分のアイデンティティだと思ってるし、それを大事にしてるし、だから日々の生活が、ある意味、生活のやり繰りが厳しいねと思うことすら愛おしいですよ。この感覚を忘れるとか忘れないじゃなくて、もう常にそうだから。でもそれこそが私が国政に挑む原点なので、ね。貧しさが、貧困が財産ですよね。

お金の仕組みを変えるには、意識から変えていかないと。

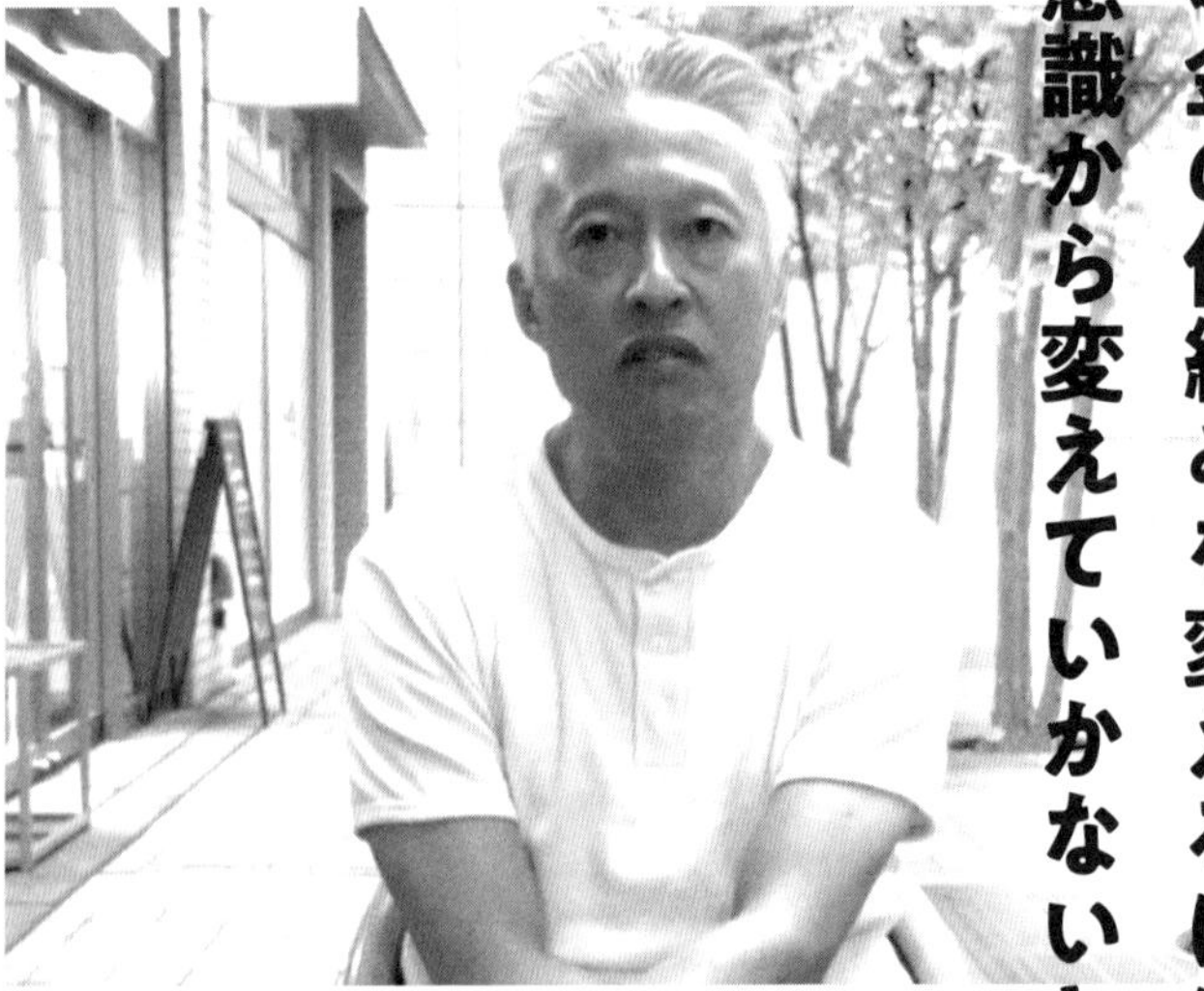

大西つねき

2019年9月27日
目黒区中目黒にて収録

1964年東京都生まれ。上智大学卒、シアトル大学政治科学専攻、J.P.モルガン銀行資金部為替ディーラー、株式会社インフォマニア代表取締役、政治団体フェア党代表。著書に『希望~日本から世界を変えよう』(フェア党)、『私が総理大臣ならこうする』(白順社)がある。

大西つねきさんの講演を聞きに行った。途中、休憩を挟んで、三時間三十分の長さだった。私が感心したのは、前半と後半では、話の主題をキッチリ変えていることだった。つまり、講演の構成が見事だったことに私は驚いたのだが、相当に練られた構成だったのだ。

原　今日の講演会は「お話会」って張り紙がしてありましたね。「講演会」っていう言葉を使ってませんでしたが、意味があるんでしょうね？

大西　そんなに意味なくて、あれ。講演会、お話会、内容は全く変わらないので、ただ単に主催者が、女性向きに柔らかい感じにする場合は「お話会」って言う場合が多いですよね。

原　最近、このお話会の回数が増えているような印象を持ちますが、選挙後、一気に増えましたか？

大西　そうですね。選挙が終わってから呼んでいただく機会が増えました。だいたい今、月二十回以上やってる感じですかねえ。年末までほぼビッシリ。週末は全部埋まってます。

原　で、一回のお話が大体最低三時間をかけていらっしゃる。今日は三時間半。三時間半ないと大西さんのメッセージが伝えられないというふうに考えてらっしゃるんですか？

大西　そうですね。三時間は最低必要ですよね。

原　そういう構成になってますね。

大西　伝えようとしていることが、もちろんお金の仕組みとか経済の仕組みとかについて話しているんですけど、そこまで集中して聞いてもらうために他の余計な話が混ざったりとかもする必要があるし、あと数十年の思い込みを壊しに行くので、お金が存在するとか、そもそも税金とか予算とか、そのぐらいの時間はどうしても必要で、動画ではできないんですよ、やっぱりね。直接三時間ぐらい話し切らないとそれができなくて。ただ三時間かければ逆にできるんだなっていうメソッドが確立しつつあるので、それを、ひたすらやってる感じです。

原　今日お話をされた内容は、選挙期間中も同じように話されていたのでしょうか?

大西　選挙期間中とは内容は、ちょっと違っていて。財政金融の話は確かに選挙中もしてましたけれども目的が少し違いますね。選挙中はどちらかというと、財政金融の話を理解していただくというところが主眼だったんですけど、今日の三時間バージョンは理解していただくことを超えて、思い込みを壊すとか、それぞれの生き方とか働き方を考え直してもらったりとか、どちらかと言うと、かなり哲学とか思想に寄ってるんですよ。僕はそっちが本質だと思ってるので、選挙の後はそれを集中的にやってますね。意識の変化ということを狙ってやってます。

原　選挙の期間中だからってことを意識して話をしてたということですよね。選挙の期間中ということでの意識したポイントっていうのは何でしょうか?

大西　選挙期間中は、講演のライブ配信を必ずしてたんですよ。で今日なんかはライブ配信できない、外に出せない部分が含まれてますが、選挙中は、そういった部分はカットしてたんです。あと、会場の都合でそんなに長い時間はとれなかったというのもありましたね。

原　大西さんは山本太郎さんたちと合流する前からお一人で選挙に立候補していらっしゃいました。今日のお話は、その頃からの内容ですよね？

大西　今日の話というのは、けっこう変化しながら今の形態になってるんですよ。それは、いつからかというと、そんなに前からではなく、日々どんどん変わってるんですよ。

原　そうですか。

大西　はい。だから今話してる内容も、そんなに前からではなくて、原型としては今年の選挙前からではありますけれども、常に変わってる感じですね。

原　大西さんは一貫してこのスタイルで、お一人で立ち上げられた時からずっとやっていらっしゃるかのようにイメージしたんですが、違うんですね？

大西　スタイルというか、ひとりで喋って何かを伝えるっていう部分でいうと確かにずっとですけど、伝え方だったりとか話の内容とか話し方とかは常に変えているので、今のスタイルは今だけというか、割と最近ですね。

原　何が変わってきましたか？

大西　何が変わったんでしょうね。ま、上手くなったんじゃないですかねえ。

原　それは感じますが、もっと具体的に、こういうところを心がけてこのように変えるとか？

大西　ええ。だから、いかに分かりやすくするかということを常に考えながらやっているので、その結果だと思いますけど。

原　選挙が終わって山本太郎代表とサシでじっくり反省というか、つまりこれからどうするかっていう話を巡って話をされましたか？

大西　終わってからは一応全体で「総会」っていうことをやりましたし、それぞれ個別に話す時間はちょっとはあったんですが、それも三十分ぐらいなので、あまりじっくりは話してないですね。

原　話さなくても、お互いわかってるということでしょうか？

大西　いや、絶対話す時間は必要ですね。もうあらゆることを話さないと。だって政党になると、これから衆議院選挙があって、その戦い方、それから候補者をどういった形で選定していくか、とか、ありとあらゆることがあるはずなので、そういった意味で言うと、相当、話さなきゃいけないことがいっぱいあると思いますよ。

原　そうですか。基本的なところの考え方、思想的な態度とか生き方とか、それは共通しているからそこはお互いわかってるよねっていう、信頼感という言葉を使っていいんでしょうか、そういうものはお二人の中にあるんだなっていう印象を持ってますが。

大西　基本的な、思想的というか、政策の方向性としてはだいたい同じだとは思いますよ。ただ、そのことについてもあまり話していないので。

原　そうなんですか。

大西　はい。そもそも「選挙に出てください」って話があったときね、そのときから含めて、一時間話してないですよ、正味。

原　そうですか。

大西　はい。「選挙に出る」って言われたときも数分。七月二日の段階で数分。で、それから選挙終わるまでは話す機会はなく、終わってから三十分だけです。

原　それだけですか。へえ。でも短い言葉であっても何か気持ちは通じるよね、みたいなことはあるんでしょ、もちろん。

大西　んー、それはどうでしょうね。

原　決して私、批判的に、意地悪な気持で聞くわけじゃないですが、今回合計十名の立候補者がいるわけじゃないですか。「この人と自分の主張はどっかで相通ずるな」っていうようなものはもちろんお持ちですよね？

大西　そもそも全く僕、それぞれがそれぞれについてどのぐらい知ってるか分かんないですけど、そんな時間も何もないんですよ。そもそも誰が何を言ってるかも含めて。だからちょっと何とも言えないですね。

原　ああ、そうなんですか。例えば今日のお話の中で大西さんは、マイケル・ジャクソンの最後の遺志、音楽を皆さんに聴いてください、と仰いました。で安冨さんもマイケル・ジャクソンは偉大な思想家であるということを街頭で仰ってます。本も書いていらっしゃいます。その辺は、どこかで相通ずるというふうに思っていらっしゃるのだろう、と思っているんですが。でも微妙に違いますか？

大西　いや、それについては近い感覚を持っていると思いますけど、ただ安富さんの本、僕読んでないし、彼が何をどこまで同じ受け取り方をしてるかはちょっと分からないのです。だから何とも言えないです。

原　ということは、政党として、れいわ新選組がこれから成り立って行こうとしている、もっと勢力を大きく広げようとしているわけですが、立候補者同士もっともっと熾烈なディスカッションしなきゃいけないいんじゃないか、という気持ちをお持ちだということですよね。

大西　いや、ディスカッションというか、何だろうなあ、役割分担とか、少なくとも太郎代表と僕に関して言うと、いろいろ、もうちょっと話はした方がいいと思いますよね。

原　そうですか。すいませんね、しつこくて聞いて。微妙に何て言うか、違うんですかね、政策に対する獲得目標というか、そういうものが……。

大西　違うというか、もうちょっと話してみないと何とも言えない、結論も出せないので、もうちょっとコミュニケーションは取る必要があるとは思いますよね。

原　そうですか。質問をちょっと変えます。「フェア党」というのは今も生きている名前ですか？

大西　フェア党は僕の政治団体で、それはそのまま存続してますし、僕が代表であることは変わりないし、基本的に「フェア党」イコール「大西つねき」なので。それ自体、誰がいるわけでもないし、もちろん政党でも何でもないし、ただ単に旗としてあるというだけの話ですね。

原　私よく知らなかったんですが、個人の屋号みたいなもんで、それはあってもいいわけなんですか？　何の問題もないいんですね？

大西　はい。政治団体は各政治家がいくつも持ってたりもしますし、別にそれがあったからどうっていうことでもないですね。

原　わかりました。で、今日お話を伺ってて、私の印象としては、大西さんは言ってみれば「革命」というようなことを目指して話していらっしゃるんだな、という理解をしました。ただし「革命」という言葉は、ご自分では一言も仰いませんでした。この「革命」に関する捉え方は違いますか？

大西　まあ「革命」なんだと思いますよ。かなり大きく引っくり返す話なので、そうだと思いますけど。ただ「革命」という言葉は特に使ってないですね。確かに。

原　大西さんの心の中でそういう言葉は使わない方がいいという何かこだわりがありますか？

大西　「革命」という言葉はとても大きい言葉で、けっこう、ぼやけてるというか、具体的ではないんですよ。僕が言ってるのはもっと具体的な話なので。お金の発行の仕組みを変えるために政府通貨を発行するとか、もっと具体的なことを僕は言っていて、「革命」という言い方は、言葉として具体性を持たない、ぼやけてるというか、「革命」なんて言ってる間はたぶん何も起きないというか、僕はより具体的な話をしてるんであって、そういう、ぼやけた言葉は使う必要がないんですね。

原　そっか。なるほどね。あともうひとつ。私は一九四五年生まれなんですよ。それで、六十年代の末から七十年代の頭にかけて全共闘運動がありました。大西さんの話を伺ってて全共闘運動の若い人たちが発したメッセージとリンクしてるという感じがしました。大西さんは全共闘運動と自分の主張とのリンクというようなことを考えたことはおありですか？

大西　全然ないですね。

原　ないですか。

大西　そもそもその人たちが言ってることをたぶん知りもしないと思いますよ。

原　ということは、大西さんの持ってらっしゃる世界観というのは、大西さんの「自己史」といいますか、いろんな仕事・職業を経て、いろんな考え方があったでしょうけれども、やっぱり自分で手探りで培ってきたもので、全共闘運動とかひとつ前の世代から学んだものとは違うと。

大西　基本的に僕は何かから学んだっていうことはないですね。僕の主張がマルクスの若い頃に似てるとか、いろいろ言われますけど、そもそも僕読んでないし、全部基本的に自分の頭の中からしか出てきてないので、ほんと全部自分で考えてますね。

原　そりゃすごいな。また話を変えますが、選挙の期間中、選挙ってこういうものかと感じられたことはありますか？　選挙とは何か？　というようなことを。

大西　いや、なんでしょうね。前回の衆議院選挙とは大分違う参議院選挙でしたし。

原　それは衆議院選挙と参議院選挙の違いですか？

大西　それもそうだし、そもそも小選挙区と全国比例とは全然違うし。あと、自分で「フェア党」みたいな誰も知らないような旗を立てて立つのと、太郎代表みたいな或る程度知名度のある人が立てた「れいわ新選組」から立つのとは全然違うし、そこは大きく違いますよね。

原　十七日間の選挙期間の間で、最も印象に残ったなあという、場面ってありますか?

大西　十七日間、もうジェットコースター状態だったから、あんまり印象的っていうことは特になくて。遠い昔にしか思えないですね。

原　そうですか。ただ開票日のときに、山本太郎代表が皆さんに「次の選挙のとき、皆さん一緒にやってくれますね?」と敢えて聞きましたよね。で、そのとき皆さん「やります」と仰った。もちろんその気持ちに変わりはないですよね? 一貫して大西さんは一人でも今後もやり続けると思っていらっしゃいますよね?

大西　はい。もちろん僕は今回れいわで出る以前から政治家なので。衆議院選挙にも出てますし。まあ、全然変わんないですね。そういった意味で言うと。

原　生涯かけて。

大西　そうですね。今のお金の仕組みを変えるためにずっとやっているので。

原　ただ、仕組みを変える、つまりなんて言うんだろうか、日本の国民、庶民というか生活者の人たち、私たちの意識を変えるということを今日お話されたわけですが、それってとても難しいっていうか、大きな事業でしょ。政治家になったら具体的な政策としてはどういうことをイメージしていらっしゃいますか？　金融のシステムを変えるってことになりますか？「金融資本主義」と仰ってましたが、その金融資本主義というものが人々の中にインプットされてる意識をまず壊して変えないといけない。政策が変わるってことは、みんなの意識が変わることの結果として変わるということを意味しますよね。だから具体的な政策よりも意識を変えることがとても難事業だなと私は聞いてましたが。

大西　僕は全然そう思ってなくて。そもそも難事業かそうじゃないかなんて全然気にもしてなくて、やりたいようにやってるだけなんで。たぶん、もう変わってるんですよ。変わってるところに僕が言語化してるだけなんで。

原　変わってる、というのは、大西さん自身がすでに変わってる、という意味ですか？　それとも、受け手である我々、民衆が変わってるということですか？

大西　もう既に多くの人たちの意識の中で変わってると思っていますから。

原　そうですか。新橋で短い時間でしたが、大西さんにお聞きしたときに、「大きく変わります。変わると実感してます」と、かなり力強く仰ってた。ところが蓋を開けてみると残念ながらそんなに大きくは変わってないな、という実感が私の中にはあるんですね。大西さんはあまり大きく変わってないというような意識は持ってらっしゃらないですか？

大西　今回の選挙で変わってないとは全然、思ってなくて、ただ単に通過点で、そうだったというだけの話で、大きく変わってると僕は思ってますよ。

原　そうですか。「変わってる」っていうのは、すみません、細いことを聞くようですが、どういうときに「変わってる」という実感を持たれます？

大西　少なくとも僕が話す相手、一回に今日も百五十人ぐらいですかねえ。ほとんどの人がたぶん変わった上で来てるって思うんですよ。変わった上で来て僕の言葉を聞いてそれを確認してる段階だと思ってるんで。だから、話せる相手が一回に百五十とかだから、一回に話す人数が増えれば増えるほど、それを確認する人が増えてくるだけの話で、変わったことの意識化ってやっぱり言語だと思いますよ。言葉を聞けばみんな意識すると思うんで、そういった意味で言うと、僕は変化はもう起きているから、あとは言語をどれだけ伝えるかだけだって思っています。

原　そうですか。

大西　実際どうかなんて誰にも分かんないし。全然、難しいとも思ってないし。はい。

原　すごいなあ。だいたいお聞きしたいことはお聞きしました。大変恐れ入りますが、大西さんの著書を持ってらっしゃるところを撮らせていただけますか？

大西　はい。

（著作二冊を持っている場面を撮影）

島野　「革命」という言葉について、予告編の中の一場面にあるんですが、れいわ新選組の十人の人たちが言っている「革命」と、キックオフのときに話された「革命」は違うと考えていいでしょうか。あのときに「革命」という言葉を使われたのはあの空気がそうさせたのか、それとも大西さんの中の「革命」という言葉の意味が違うんでしょうか。

大西　あれはあの空気の中の話ですね。言ってしまうとアジテーションなので、あの空気感というのは。だからそれに乗っただけの話で、基本的に僕は「革命」って言葉は使わないです。

島野　今回のメンバーはアジテーション芸の強い人が多いと思うんです。アジテーション型の中にあって凄く異質な存在だと思ったんですけれど、どんなふうに捉えてらっしゃいますか？

大西　うん。異質だったと思いますよ、僕。たぶん、れいわ新選組の中でいちばん異質だったんじゃないですか。

島野　シビアな話、それぞれの得票数が出ますよね。さっきも思ったんですけれど、特殊なスタイルの人の方が票がはっきり出てたなと思うんですね。個性的な自分のスタイルを選挙中に貫いた人の方が、得票数が多かった。一候補者として選挙結果の数字をどういうふうに捉えていらっしゃいますか？

大西　それは、れいわ新選組の中の話ですか？

島野　得票数が、十人の中でも上位の方だったと思うんですが。

大西　僕、蓮池さんのちょっと下ぐらいだったんですよね。

島野　そうですね。

大西　僕はだから、自分は変えるつもりがない。あくまでも自分を貫くというのは間違いない。得票とかを見て変えたり変えなかったりすることはないし、どこまで行っても自分を貫きますよ、って言うしかないんですけどね。

島野　今後も、この大西つねきスタイルを次の選挙でも続けられるっていうことでしょうか？　改めて確認ですが。

大西　ええ。たぶん死ぬまで続けますよ。はい。

島野　じゃあ当選するまでこのスタイル、大西さん、選挙があってもなくてもこのスタイルを続けられるっていうふうに……。

大西　政治家はやっぱり当選しなきゃって言うんですけど、僕の本分って今日聞いてても分かるかもしれないですけど、当選してからできることはありますけど、そうじゃなくてもできることもあるし。お金の仕組みを変えることは、意識から変えていかないと。それが当たり前の世の中をぶっ壊すっていう話なんで、むしろ当選することよりも多くの人にメッセージを発するっていう方が大事だったりするわけですよ。だからバッジをつけるとか政治家として当選するというのは、そのための切符を手に入れるとか、多くの人に声を届かせる、そういう立場に立てるっていうことの方が大きいかもしれない。

最終的にお金の発行の仕組みを変えるとなると、法律変えなきゃいけないし、何をどうするかっていうこともすごく大事で、お金の仕組みを変えた瞬間にいろんな他のマーケット、円のマーケットだけじゃなくて、為替だけでもなくて、金利もそうだし、それから不動産もそうだし、あらゆる商品市場が絡んでくるんですよ。そこをしっかりと手当をしなきゃいけないってことになると、ただ考えを述べてるだけじゃなくて、僕相場の人間なんで、元々はね。実際に実行する立場でもいなきゃいけない。だから政治家なんですけど。だから僕の考えてることを本気で実現するためには自分が政治家にならざるを得ない。だから立候補もするんですけどね。

でも突き詰めて、じゃあ本分は何なのか？　というと、まずは意識を変えていくこと。「本分一」「本分二」で言うと、メッセージ発信の方が先で、実行者はその次の段階というふうに思っています。

島野　今回、このお話会に来て思ったのは、女性が圧倒的に多いなと思いました。経済の話を男女比で分ける問題ではないですけどね。お金を通じて精神的なケアに触れている、みたいな感じをちょっと感じたんですね。生きづらさってお金に関わってくるところもあって、精神論ではないんだけど、構造から話されると、ホッとする女の人って多いのかなぁと思って。だから大西さんの話を聞いて生き方が変わるなって思う部分もたくさんあって。私自身もお金に操られてるところがあるので、今日は気持ちがリフレッシュしたところがありました。

大西　それは、最近のスタイルがそうなってるんですよ。始めた当初は、男性の年配の方々が多かったんですけど、発信の方法を試行錯誤しながら変えていった結果、今そこにフォーカスが当たっていて、若い女性とかもすごく多いし、小さなお子様をお連れの世代もすごく多いんですね。それは若干意図した部分もありますけど、何となく自然にそうなった感じ。僕、そういう人たちが次の時代を変えていくと思ってるんですよ。女性の方々が今までの頭でっかちな社会とか経済から、もっとそうじゃない本質的な、あるべき生き方とか、女性のもうちょっと柔らかい感性の方が役に立つ時代に変わっていくと思っていて。だから、私がやろうとしていることに反応してくれる人たちがマッチし始めたなあっていうふうに思いますよ。

島野　大西さん個人としてもこういうスタイルに変わってきた方が楽しいですか？　聴衆が変わったことでご本人の変化はありました？

大西　僕は今のスタイルの方が楽しいですよ。今のスタイル、徐々に変わってきてるから、今の方が楽しくやってると思うし、手応えを今の方が感じやすいのかもしれないですね。

島野　私も聞いていて、すごいお土産をたくさんもらった感じがしていて、今日はいい時間でした。ありがとうございます。

大西　ありがとうございます。皆さんにそう言っていただくのが僕は何より嬉しくて。女性たちが終わった後にすごく明るくなったりとか、ワクワクしちゃったり、というのが目に見えて分かるので、それがすごくやりがいを感じさせてくれる。それだけで「世の中変わったじゃん」と思うので、逆にそれは僕にとってうれしいことですね。

原、島野　ありがとうございました。これで終わります。

選挙というカンバスの上にアートを生み出す。

やすとみ歩（安冨歩）

2019年9月28日
長野県にて収録

1963年大阪府生まれ。京都大学経済学部卒業後、株式会社住友銀行勤務を経て、同大学大学院経済学研究科修士課程修了。現在、東京大学東洋文化研究所教授。著書に『マイケル・ジャクソンの思想』（アルテスパブリッシング）、『満洲暴走　隠された構造』（角川新書）等。

私たちは、最近、引っ越したという牧場を訪れた。長野県泰阜村の、かなりの山深いところに、牧場はあった。馬が四頭。他に、鴨、鶏、猫など。みんな和気藹々と暮らしているように見えた。鶏が私の肩に飛び乗ってきたのには、驚いた。同時に猫が私の足元に寄ってきて、体を擦り付ける。なんと人懐っこい動物たちだと、感動ものだった。

原　選挙が終わって二か月経ちました。今でも選挙のときの、あの場面この場面って思い出しますか？

安冨　あんまり思い出さないですね（笑）。なんかもう、牧場に来て、全然、生活のパターンが変わってしまったので。激しく動き回る日々というのとは違って、毎日同じパターンで動いているので。別世界に来てしまったような感じで。

原　そうですか。えっと、型通りの質問ですが、選挙が終わって山本代表と会われました？

安冨　一度、次の選挙どうしますか？　っていう打ち合わせを。一人三〇分だったと思います。

原　三〇分ですか？

安冨　候補者全員と会って。で、最後に総会が行われました。あたしは阿佐ヶ谷でライブしてたので、総会には出られなかったんですけど、それで一応、党の綱領とか決めたみたいです。

原　党の綱領？

安冨　れいわ新選組が目指すものと、それから政策とを綱領として決めたって聞きましたけど。

原　その三〇分の一番大きな目的は、次の選挙に出ていただけますか？　という確認ですか？

安冨　そうですね。

原　安冨さん、どう答えられたんですか？

安冨　本当に必要が生じれば出たいけど、衆院選って参院選と違って、かなり難しい。小選挙区単位なので。で、それぞれの選挙区にはそれぞれ野党のいろんな候補者がいて、ずっと地元で活動しておられて。そこに単に入っていったら、もう迷惑なだけなので。迷惑にならない形で出るっていう状況があるなら、そういうところでは出たいと思うんですけど、「どうしても出るから、ここ空けろ！」みたいなところとか、そういうのはあまり意味がないな、と思っていて。だから一番いいのは自民党のものすごい強い候補がいて、誰も出たくないから「じゃあ出ます！」みたいな……。ふふふ、そういうことだったら出ようかなと思ってるんですけど。

　ま、とにかくそういうような話を。あるいは逆に、野党統一候補をつくりたいんだけれども、どの党も立場があるから、れいわだったら今までのしがらみがないので、みたいな形で統一候補になるとかですね、そういう使い方ならいいとは思うんですけど、無理矢理、出てもしょうがないかなって思ってて。

原　そうですか。

安冨　まぁ、そういう状況がよければ出たいっていうふうに言いました。

原　あぁ、選挙とはこういうものか、という実感をしたようなことってありますか？

安冨　まず選挙という形を取ると、これまであたしに対して全然関心を示さなかった人が強い関心を示すようになったということを感じて、それは驚きましたね。例えば六〇〇万円も資金を集められたんですけど、立候補したからといっても、これまでは誰もお金なんかくれなかったので。

　東松山のときもそうでしたけど、あのときは三〇〇万円頂いたんです。負けるに決まってるのになんで金くれんの？　みたいな感じがあるんですけど（笑）、政治というプラットホームの上に、選挙というプラットホームの上に乗ると、多くの人が関心を示し、しかも受動的ではなく能動的に関心を示し、選挙が終わった後に、ようやくメディアで流れるようになって初めて知った方もすごい興味を示すようになったので……。

（牧場の鶏にカメラが向く）

原　人懐っこい鶏だなあ、本当に。

安冨　だから、なんていうんですかね、形としてわかりやすいんでしょうね。単にいろんなこと言ってるとかじゃなくって。

（再びカメラが鶏へ）

原　鶏が気になってしまいますね、こっち来い（笑）。それはどういうふうに考えればいいんでしょうかね？

安冨　たぶん容れ物に入ってないと認識できないものが、容れ物に入ると認識できるってことありますよね。例えば、原監督の作品にしても、ドキュメンタリー映画ですっていうことになったら、例えば『ゆきゆきて、神軍』。あのフッテージだけを観せられたとしても、訳わかんない人が、訳わかんないことをしてんだと思うかもしれないんだけど、でも、ドキュメンタリー映画ですっていう箱に入って初めて、あたしたちに通じるわけですよね。でも、その箱に容れるっていう行為って、実は結構大事なんだなぁって。

原 あぁ、そうですか。

安冨 例えば、まったく同じものがYouTubeにアップされていても観ないんじゃないかな、みたいな（笑）。劇場とか、映画館とかって設定の中で、ドキュメンタリー映画という設定に入って、そのポスター見てっていう形を取ると、ようやく人々が関心を向ける、そういうことの大事さって、実はあんまり認識してなくって。意味のあること、大事なことであれば通じるよな、あるいは面白いものであれば興味を持つよね、という思い込みが自分にあったと気がつきましたね。そうじゃなくて、選挙という形を取って、その中に中身を容れると人々は認識する、食べる気になるみたいな。

原 うーん。ネットの支持者は圧倒的に増えたですか？

安冨 すごいですね。それも驚きました。ツイッターのフォロワーが、一万八千ぐらいだったのが、選挙期間中に三万何千まで増えて、その後も増え続けて。

原 今も増え続けてる？

安富　四万五千ぐらいで止まった感じだったと思うんですけど、それでもまぁジリジリ増え続けてる。

原　今も稼働してるというか。

安富　まぁ一応。いろんなもん投げ込んで、稼働はさせてます。そういう反応が今までとはまったく違った。

原　やっぱり、認知されたということの変化なんでしょうかね。

安富　そうですね。面白いんですけど、単にネットに出たとか、テレビに出たというのもひとつの形なんですよね、バラエティー番組に出るっていうのは人々が食いつく。それは、バラエティー番組を観る人が多いっていうだけのことではなくて、バラエティー番組という形に入って初めて食べる気になる。

だから選挙に出るということによって初めて食う気になる、みたいなことが本当にある。だからメディアとしての選挙……選挙っていうのはメディアだって言ってましたけど、自分で言っていながら、メディアということの意味がよくわかってなかった。

原　へえ。そうですか。

安富　うん……こういうふうに機能するんだ、みたいな……。

原　山本代表が、開票のときに、皆さんに「また出てくれますか?」って聞いたら、即座に、あの場の高揚感もあって、「出ます!」って皆さん仰ってた。それから二か月が経って、あらためて

「出てくれますか?」と山本代表が念を押したことの意味っていうのは、どこにあるんですかね?

安冨　八月の上旬だった気がしますね。面談したのは。だから、選挙終わって二、三週間後ですね。

原　二、三週間後か。

安冨　だからもうちょっと詳しく、こういう形でやろうと思ってますけど、選挙に出るとしたら事務所をつくってもらって、それに対してこういう資金の提供も考えて……みたいな枠組みを説明した上で、どうですか？　と、より具体的な話でした。

原　なるほどね。あの十七日間を通じて、他にもっと、今でも思い返すようなことってありますか?

安冨　一番大きかったのは、子どもたちがいろんな形で関わってくださって。あたしの演説、直接ではないにしても、YouTubeで流れていた演説を、小学生とかが聞いてくださってたんですよね、お母さんが観てるのを横で観て、そのままお母さんがご飯作ってても観てたりとか、そういうことをいろいろTwitterとか、直接のお手紙とかで聞いてますけど、だから……そこまで子どもたちに直接通じるとは思ってなかったんですけど……。

もちろん東松山の選挙でも直接お話をして、通じることはわかってたんですけど、でも演説そのものをYouTubeとかで子どもたちに聞いてもらえるとまで思ってなかったんです。子どもたちといっても小学生とか幼稚園児とかです。でも、その人たちでも通じるんだっていうことが一番驚きであったと共に喜びでしたね。

原　そうですか。

安冨　多分、選挙をやったからといって、そういうことが子どもに通じるということを普通では考えにくいですけど、でも、あたしが今までやってきた活動の中で、これだけ子どもに影響があったことは直接には感じなかったので、それは本当に驚きました。

原　今回、街頭で最も多く集まった人たちの層を細かく見ていくと、高年じゃなくて中年、若い女性から中年くらいの女性層の人たちが一番多かったような印象を持ちます。

安冨　多分そうだと思います。Twitter とかでも、反応してくださる方はそういう方多いので。

原　それは予想してらっしゃった？

安冨　そうですね。男性は女性よりも立場主義的なシステムに取り込まれているので、あたしのような考えとかに反応するのは難しいってことはわかってたし。女性の方がより強く暴力をこのシステムから受けているので、そのシステム的暴力に対するあたしの発言とかに反応してくださるだろうとは思ってました。

でも東松山の選挙のときもそうだったんですよね、高齢者の女性とかもすごいいっぱい反応してくださってたし、まぁ男性もそうなんですけど、でも、総じてやっぱり女性の方が多かった。

原　さらに言えば、安冨さんの話を聞いて、刺激を受けたいっていう人も多かったと思いますが、それ以上に、自分のことを聞いて欲しい、自分も語りたいという気持ちを持った人がかなり多かったような。

安冨　それは多かったですよね。直接に問題を抱えて聞きに来てくださって……選挙の場面に直接問題を抱えて聞きに来るっていう人が多かったのも、非常に面白かったことのひとつですね。

原　ですよねぇ。

安冨　しかもそれが政治的問題じゃなくって直接の自分自身の問題だったので。そういう方に、例えば、それはこんなふうにしたらどうですか、みたいなことを言ったこともあったし、政治という場面で、そこまで具体的な問題を抱えた問題として出て来るっていうのは……何してんの、あんた（笑）。

（鶏が横に顔を出す）

原　ふふふ（笑）。

安冨　非常に興味深かったですね。（鶏に目をやりながら）さっきからおんなじヤツが……。

原　おんなじヤツですか、えらく人懐っこいですよね（笑）。それからですね、選挙期間の間だけ選挙運動やってても選挙にはならないっていうか……。

安冨　ならないですよね。

原　そういう感じを、私は初めて自分でよくわかったような気がします。ということで、例えば渡辺てる子さんなんかが日常的に、今も選挙期間の延長というような感覚を持って意識的に活動してらっしゃる。そういう方が何人かいらっしゃいます。安冨さんはそのあたりはどう考えますか？

安冨　あたしもそのとおりだと思います。選挙期間なんていうのはほとんど影響はないんですよね、実際には。たったの十七日間とかでは大きな変化を引き起こすことはやっぱり難しくて、大きな変化を引き起こすには日常的な活動というのが絶対に必要だと思ってます。ただ、あたしの場合は「Twitter とかで以前からずっと活動していたし、それから選挙後もそれは続けてます。けど、それ以外の方法をやろうとすると、今度は先ほどの小選挙区の問題が関わってきて、小選挙区で出るにはまず選挙区を決めないと何もできないんですけど、決めようがないです。

だから、その意味では具体的に意味のある選挙活動をすぐにするってことはできていませんが、今回のコミュニケーションを通じて発生した渦を何とか維持しようと思って、ひとつは「純セレブ騎士団」と銘打って片岡さん、それから田崎さんとかと、仲間を集めてライブを何回かやってきて、その反響はやっぱり本当すごかったですよね。端的に言うとチケットの売上とかが全く違うので、それ以前とは。

原　そうですか。

安冨　三五〇〇円ぐらいで設定して、東京だったら百何十席とかがすぐ売れるみたいなことで、今まではちょっと考えられないようなスピードなんですよね。それは営業的にも面白いし、それ以上にそういう活動を続けていって、できるだけいろんな人々の繋がりを具体化していきたいなとは思ってます。で、それが直ちに票に繋がるとは思わないですけど。

票っていうのは、また違うもんですよね。だから多分、やっぱり自民党の人たちが伝統的にやってるみたいに運動会とかお葬式とか結婚式とか、まぁ村の集会みたいなヤツに小まめに顔を出して乾杯するみたいな活動がやっぱり必要なのであって、その人が何言ってる、何やってる人かは知らないけど乾杯してるところを見たとか（笑）。

原　ははは（笑）。

安冨　それがすごい大事みたいで（笑）。投票行動にね。

原　まぁ、大西つねきさんはお話会と銘打って、いろんなところに出掛けて行って話をしてらっしゃいますが、かなり講演会の数が今回の選挙後に増えたみたいで、すごいなぁと思ってるんですが……。安冨さんが今仰ったライブっていうのが、それに相当するわけですよね。

安冨　まぁそうですよね。

原　それでそこに来る人たちっていうのは、自分の気になる候補者が何を言うか、その人から何を自分は学べばいいかという意識を持った人たちですよね。そういう人たちに対して、いろいろメッセージを発しながら、もしかしたら、この日本に民主主義が根付くかなっていう期待が持てますか？

安冨　あたしは基本的には最初から議会制民主主義にはほとんど期待していないので。つまりそれは近代国家システムの中核ですよね。それで問題は近代国家システムそのものなんだから、議会制民主主義によって近代国家システムを乗り越えられるとは思わないので、そこで変化が起きたこと、議会が変わって、政治が変わって、ということはほぼ期待していないです。

原　ほう。だけど集まった人たちの、何か刺激が欲しいという欲求は感じ取るじゃないですか、やっぱり。

安冨　そうですね。だからそれを何らかの形で、意味のある社会的な変革に結びつけないといけない。そういうふうに思いますすね。ただそれは議会で多数派を取ることによって実現することではないと思ってます。ただ、さっきも言ったように、選挙という容れ物に容れるということに大きな意味があるんだってことは、すごくよくわかりました。

原　ということは、以前よりは選挙に関して情熱を傾けてみようかっていう強い気持ちが湧いてきたってことですか？

安冨　必ずしもそうとは言えないんですけど。選挙というメディアが持っている性質をもっときちんと理解して、かつ使うということはやってみたいとは思いはじめましたね。ただそれには本当、状況が合ってないと駄目なので。

原　状況って？

安冨　さっき言ったみたいに、どうしてもこの議席取らないと駄目とかいうところにあたしが行ってですね、なんか変なことしても顰蹙買うだけなので（笑）。まぁ今回の参院比例区っていうのは実にやりやすいですよね、その意味では。誰もなんにも期待してないし、つまり……どうしようもないわけですよね、全国的に何百万票って取ってるときに街角で「よろしくお願いします！」なんて言っても何の意味もないので、その意味のなさっていうのが自由度を生みますから。

小選挙区で一議席を争うってなったら、つまり……狭い東京だったりしたら、ひとつの「区」より小さかったりするので、その範囲内を走り回るっていうのは、やはりなんか意味を感じちゃうわけですよね。そこで好き放題するっていうのは、ちょっと面白いけど……怒り狂う人も増えるわけで（笑）。

原　はぁ……。

安冨　ふふふ。まぁだから、できれば選挙区に出たかったっていうのは、そっちなんですけどね。ぜひ、その怒り狂う人に出てきて欲かったたし、変なことを……「こんなところで何やってんだ！」みたいなところでやってみれば面白かったと思うんですけど。小選挙区っていうのは、やっぱりドブ板的な活動が……あら、何食ってんだ（笑）。

（安冨さん、カメラから外れて、馬のわさびの方へ。カメラが馬のわさびの方へ向く）

安冨　スマホ？

島野　あ！　私のスマホです！

安冨　スマホを狙ってましたね（笑）。

原　なんか人間臭い馬だね（笑）。

安冨　なにか食べ物だと思ったんでしょうね。

原　食べ物だと思ったんですか（笑）。で、それともうひとつ。こんなに選挙に密着したことは、私にとって初めてなんですが、特に安冨さんに密着してあらためてわかったなぁと思ったことがひとつありまして。今回の候補者の中で、もっとも論理的に、というんでしょうか、ひとつのストーリーというか、論理ですよね。論理を前面に押し出した候補者は安冨さんが一番強かったと思っていて、そのことを聞きたいんです。きっちり論理的に自分の中に取り込んで政治の問題を考えたいっていう人が結構いるんだなっていうのが、私にとっての発見でした。で、それはとても勉強になりました。

これは私の感想で、とても面白うございました。もちろん安冨さんはそのことをわかっていて、そういうメソッドというか、戦略としてお取りになった……ですよね？

安冨　猫が原さんによって来ました（笑）。

原　この猫も人懐っこいですね（笑）。で、他の候補者の人はそうじゃなくて、情に訴える。特に渡辺さんなんかというのは情に訴えるという方法を主に取ってらっしゃったように思いますが、まぁどっちが良い悪いじゃなく。ただ、やっぱり論理的に理解するということが必要なんじゃないかなぁ、という感じを受けました。

安冨　その論理というのが、自分自身の身体感覚に合致した論理がものすごく大事だと思っています。それはつまり日本語で、ということなんですけど、でも残念ながら、日本の知識人たちが振り回してる概念というのは全部カタカナの、英語の翻訳語なんで、日本語じゃないんですよね。それをあたしたちが持っている日本語、それから日本文化の上に政治的理念というものをどうやって構築するかっていうことが、あたしのものすごく大きな、まぁ、隠れた研究の関心だったんです。それが、ある程度固まってきたと思ったので立候補したわけですけど、そのことがかなり強く通じた、という感触を得ているのはとっても大きな成果です。

原　ですよね、それは私にとっても面白かったです。

安冨　なぜ人々が論理的に行動しないように見えるかというと、論理がハチャメチャだったからだって、あたしは考えているので。いわゆるマルクス主義の論理にしても、いわゆるリベラリズムにしても保守主義者にしても、論理が完全に成り立っていない、崩壊しているって思っていて。で、崩壊している論理同士でぶつけ合えば、当然力比べになるわけですね。その力比べになると、当然だけどシステムの権力に合致している方が勝つに決まってるわけです、その方が力が強いんだから。

なので、その力に対抗するにはやっぱり論理、言葉でしかないって思ってるし、言葉は言葉だけでは通じないとも思ってるんですね。だからそれをどうやって、その言葉というものを相手の思い込みとかを超えながら通じさせるかっていうことが決定的に大事だと思っていて、そのために馬だとか、マイケルのダンスだとかですね、音楽とかいろんなものを動員しながら言葉を通じさせるっていう、そういう実験だったわけです。

原　うんうん。

安冨　残念ながら、それがあたしの予想よりもはるかに通じなかったんですけど……。もっと大きな波紋を、たった十七日間とかでも引き起こせるのではないかと期待してましたけど、残念ながら、まぁそこまでコミュニケーションの広がりというのは得られなかったんですが、それでも、それ以前、選挙をやる以前とはまったく違う水準で広がりを持てたっていう、まぁそういう感触ですね。

だから、本当に理想的に言えば、十七日間で大きな言葉の渦が発生し、それであたしも通るぐらいに、れいわ新選組が得票するみたいな事態を期待してましたけど、さすがにそれは起きなかった。

原　ひょっとしたら、それが起きるかなっていう期待はあったですか？

安冨　そうですね、奇跡が起きれば起きるだろうと思っていて、どうやって奇跡を起こすかっていうチャレンジだったんですけど、まぁ奇跡は起きなかったですね。ただ、それでも選挙という容れ物に容れることによって、大きな変化は起きたっていうふうに思います。それは必要としている変化に比べればモノの数ではないんですが、あたし自身の個人的な活動とかにとっては大きな変化でした。

島野　代わります。もともとメールとお電話を頂いたときの時点では、きっかけはどういう心境だったんですか？

安冨　原さんが「今度出るなら撮りたい」って言ってくださったので、二回目というのを考えるようになったので。

島野　それは、山本代表と連絡をされたときには、もうそのことを思い出してました？

安冨　もちろんです。選挙に出るとしたら、原さんに撮ってもらうっていう場面を想定していたので、それは本当に必要条件だったんです。なぜかっていうと、選挙の間に奇跡を起こしたいって思ってたけど、十七日間メディアが何も放送しないところで奇跡なんて起こるはずがないこともわかってましたから。そうすると唯一の可能性としては、記録映画になるっていう形で、映画が例えば『ゆきゆきて、神軍』のように観られるのであれば、何十年に渡って観られるわけですよね。そうなったら、長い時間軸の上で変化を引き起こしていく可能性が生まれる。たった十七日間走り回るだけでは駄目だって思ってました。

島野 ぶっちゃけ原さんの作品って観てなかったと（笑）。

安冨 えぇ……ただ原さんとお話しして、あたしはわかったつもりでいました。どういう作品をつくるかは予想はつかないけど、そのつくられた作品が信頼に値するものであることは確信していました。

島野 十七日間で何かが決定的に変わるってことはないですけど、選挙に出るっていうことで、いくつか研究課題は安富さんの中で決めて、それを持ってスタートした部分があったわけですね？　記録に残すとか、人の考え方を変えるとか、いくつぐらい想定してたんですか？

安冨 まぁ、いくつって数えることはできないですけど。でも言葉そのものだけで人を説得することはできないっていうことは以前から思っていて、言葉っていうものは何か変化が起きて初めて変化を起こしうるもので、その「何か」をどうやって起こしたらいいかっていうのが一番難しいんだって考えていたので、それでマイケル・ジャクソンとか、それからピーター・ドラッカーとか、それからガンディーもそう。

例えばピーター・ドラッカーなんかは「金儲け」というメディアを使って人々の考えに変化を起こす、マイケル・ジャクソンだったらものすごい音楽、ダンスというもので人々の考えを変えるっていうことに成功したわけですよね。だから、あたし自身も何らかの形でそういう変化を引き起こすためのコミュニケーションを実現しなきゃならないと思っていましたから、そのときに「映画」っていうのも強力な手段ですよね。映画って本当、二時間なり三時間なり黒い箱の中に入って、暗闇で大きな画面を観ることのインパクトっていうのは凄まじいものがあって、そのインパクトを使えば言葉が通じる可能性が出てくるっていうのはずっと考えてましたし。

島野　十七日間で結論が出るわけではないっていうこともわかった上で、いくつか種まきをしたっていう……。

安富　そうですね、その間にたくさんのインターネット上に、画質も悪くて音質も悪いけど、Twitter とかで全日アップしたし、それから YouTube でもいくつかの映像のコンテンツを残せたので、まずそれがひとつのコアになると思ってました。それ以上に原さんが撮ってくださった映像っていうのが非常に重要な資源になることも考えてました。それが今回『れいわ一揆』という当初まったく想定していなかったタイトルになることにより、また次の騒ぎを引き起こし始めている。これは本当に予想以上に大きな変化を起こすんじゃないかなっていう気はしています。

島野　そういう意味では、私たちは安富さんの課題を大きく……課題点はもらえてるんですかね？（笑）

安富　それはものすごく大きな……そもそも撮っていただけなかったら出なかったかもしれないので。無駄な感じがしますよね、映像に残らないんだったら。

島野　うんうん。

安冨　なので、演説したのを今、文字起こしの皆さんがボランティアでやってくださっていて、『演説集』とかをつくろうと思ってますけど、そうやって選挙を起点にしていろんなものを生み出していくっていうことに成功しつつあるので、その中で一番大事だったのはこの映画だったと思ってます。

島野　嬉しいですね。あと選挙というと自己表現の場だということは思ってたんですね？

安冨　「自己」ではないですけど、何らかの表現の場ですよね、メディアですから。作品……カンバスって言ってもいいかもしれないですよね、選挙というカンバスの上にアートを生み出すっていう。選挙がなかったら、カンバスがなかったら描けない油絵があるように、選挙がなければ生み出せない作品を生み出すという。

島野　私たちから見ると安冨さんの表情も変わってきたし、だんだん、ご自身のルーツにどんどん……そういう予想はしてなかったんですけど、自分の中で何か変えられたものがあるとしたら何かということと、それは何によって変えられたと思ってますか？

安冨　ものすごく大きかったのは、今までは人々に支えられるという感覚がそんなになかったんです。でも多くの人が支援してくださったし、それから多くの子どもたちからメッセージとかをもらったりして、選挙期間中に原監督とかもそうだったし、他にも多くのメンバーが仕事を放り出して助けてくださったし、そういうことですね。まぁ、東松山の選挙のときもそうだったんですけど、でもやっぱりそれ以上に国政選挙となると多くの人が支えてくださった。

例えば、豊橋なんかでも雨の中、何時間も待ってお話を聞いてくださる方が百人ぐらいいたりとかしてですね。そのことがあたしの中で、自分が支えられてるっていう……つまり、あたしの論理で言うならば、「依存すべき人が増えるときに自立する」という、その依存先の増加っていう感覚を得られた。それがあたし自身が自立しているっていう感覚を生み出してくれたんだと思っています。

島野　うんうん。最初、この作品を始めようと思ったときに、どうしようかって悩んでですね、まぁ夏だし、いい大人が好き勝手すると思って一種の「青春ムービー」だったらいいかなと。まぁ原さんには「そんなに簡単に言うな！」とは言われたけど、裏課題としてはそれがあるかな、とは思ってたんです。安冨さんのひと夏の青春感はあったんじゃないかと（笑）。

安冨　そうですね（笑）。まさに自立の過程ですよね、青春というのはね……。自立の感覚を摑んでいくっていうことだと思うんですけど、それは本当に大きかったと思います。

島野　選挙っていうと、これを繰り返していくんですかね。

安冨　どうですかね……。

島野　自立っていうか、自分のステップアップを、自分の通過儀礼をひとつもふたつも……でも日本の政治って成長しないいけれど（笑）。

安冨　うんうん、あたしも他の方がどういうふうに感じながらやってるか、よくわかんないですけど。例えば、途中で銀座で遭遇した丸川さんとかが選挙に出て勝ったからといって自分が人々に支えられてるって感じるかっていうと、感じないいんじゃないかな、とは思いましたけどね。それは力によって支えられてるのであって、人によって支えられてるっていうふうには感じないいんじゃないかと。あの選挙運動と遭遇して感じたことです。

島野 具体的に何か……雰囲気ですか?

安冨 まぁ雰囲気ですよね。露骨に権力をふるってるわけですよね、暴力をふるってる人たちなので。それを支えって思うのかな、あの力を。

島野 そう考えたら、まぁみんな歌ったり、踊ったり、みんな集まってきてくれたり、なんか人肌を感じる……。

安冨 そうそう……まさにそうですよね。

島野 うん。

安冨 だから、あたしがマック赤坂の応援に行ったときに、維新と遭遇しましたけど、まぁ本当に怖い人たちがぐるっと周りを囲んでいて。あんな人たちに囲まれながら選挙をやって勝ったって、何か自分が支えられてるとか思わないですよね。むしろ力……何か大きな力によって課せられたものを果たしてるみたいな感じがするんじゃないか、と。

例えば立憲民主党、立民とかにしても連合によって支えられたりしてるわけですけど、連合の人たちに支えられて選挙に勝ったら、あぁよかったって感じで、負けたらどうしよう……みたいな感じが(笑)。力の取引になってしまうような感じがするんですよね。

島野　市民運動という言葉を使うと、まぁいろいろ反発のある人もいるとは思うんですけど、でも、個々が見えるパワーによって支えられないと、基本的に今の日本は変わらないのかなっていう感じは……。

安冨　そうですね、やっぱりあたしを支えるのはなぜかっていうと、あたしから見返りを、その政治的な成功によって得ようとする人はいないと思うんですね、どうせ通らないんだから（笑）。

島野　うん（笑）。

安冨　でも、そうではなくって選挙活動そのものによって、あたしから何かを得ようと思ってくださっているんじゃないかと思っていて、そこである種の支え合いが発生しているっていうことではないかと思うんです。その感覚が変化を引き起こしていって……あたしの中でのですね、変化を引き起こしたようには思ってます。

島野　そうか……。今後、まぁなんていうんでしょうね、この形で続くのか、どこかで息切れしてしまうのか、今回、参院選であった運動でいいと思ってらっしゃいますか？

安冨　いや……今回は、今回かぎりですよね、どう考えても、このやり方は。それはとにかく、まず政党要件を得るっていうために、とにかく十人出てもらわないとどうしようもないっていうので、またその十人を誰でもいいから並べるっていうのではなく何か個性を持った人たちを並べるっていう太郎さんの戦略が当たったから、こういうムーブメントを引き起こしたんだと思ってます。でも、次にあるのは参院選ではなくって衆院選で、さっき言った小選挙区っていう問題があって、そこにはそれぞれの小選挙区ごとに選挙をやってきた人たちがずらっと居てですね、そういう人たちとの関係をなんとかしないと勝てない、戦えないっていう条件があり、かつそんなの無視して「何でもいいからぶっちぎりで行くんだ！」というふうには太郎さんは思っていないという条件を考えると、もう今回のやり方は最初から通用しないですよね。

島野　やっぱり最初から政党要件を得るという山本太郎代表の作戦の中で、個性的な人が十人とりあえず集められたと。

安冨　そうそう、もちろんそうでしょうね。綿密に考えてではなく前の日に決まった方も何人かおられるんだし、とにかく駆け足で集めた……駆け足で集まってきた。

島野　そのことに関しては否定的には思わないんですね。よくあれだけ短期間で答えが出せる十人を探してきたな！　って思います。普通の人だったら、そんな前日に（電話が）かかってきて、朝出ます！　みたいな人、まぁいないですよね（笑）。

安冨　いないですよね（笑）。

島野　明日どこどこに出掛けるっていうだけでもね、みんな決まらないことが多いのに（笑）。

安冨　渡辺さんなんかは職を失うっていうことまでかかってるんだけれども、「行きます！」みたいな。

島野　それはもう太郎さんの人徳と人を見る目……。

安冨　本当そう思いますね。

島野　でも、今度は……。

安冨　今度はそういかないですよね。小選挙区っていう条件を入れると、そうはいかないんですよね。だから次の選挙は全然違う展開にならざるを得ない。

島野　一応、他の候補者の方にも聞いてるんですけど、希望は必ずしも通らないとは思うんですけど、どこから出たいってあります？

安冨　あたしですか？　いや、今のところ本当に思いつくところが……ここは出たいなぁというところが、いろいろ選挙区見てまわったんですけど、いや……これは難しいなぁ……みたいな（笑）。でも、まぁひとつあたしが出てもいいかなって思ってんのは、東京二十四区だったかな。萩生田さんの八王子。あそこはいいかもなって、文部科学大臣に東大教授が挑戦するっていうのは、これは面白いなぁって思って、東大にも超迷惑かけるし（笑）。

島野　あはは！

安冨　これはいいかもなぁと思うんだけど、でもそこにもね、それぞれ出ておられる方いるから。

島野　うーん……もし萩生田さんと同じだと何します？

安冨　それはもう……あたしとどっちが文部大臣に向いてますか？　っていう（笑）。

島野　おお（笑）。

安冨　ふふふ（笑）。

コンビニの仕組みは
一方的な収奪の仕組みだって
気づいてますから。

三井よしふみ（三井義文）

2019年10月2日
品川区にて収録

1953年熊本県生まれ。明治大学経済学部卒業後、住友銀行入行。早期退職後、千葉県内でセブンイレブンを開業。9年目に本部から契約解除。現在、れいわ新選組衆議院千葉県第9区総支部代表。著書に『コンビニオーナーになってはいけない』（旬報社）等。

選挙後、生活のために新たな仕事を見つけて、働きながら選挙活動を継続しているオリジナルメンバーがいる。三井さんもその一人だ。軽トラックを購入して、軽量貨物運送事業をやりながら働いている。その仕事の合間を縫って三井さんに、インタビューの時間をやりくりして頂いた。

原　先日、アメリカからいらっしゃったセブンイレブンの人たち、記者会見とかいろいろアクションがありました。私も話を聞いたり、おつき合いさせてもらったから分かったことがあります。今、三井さんが戦おうとしている問題の本質は結局、資本主義という体制における資本家と労働者の関係ということですよね？

三井　今、「経営者と労働者」という枠組みが壊れてきてまして、要するに、力の強い方と力がないところの間の収奪の問題になってきてると思いますね。

原　コンビニというビジネスの形態がかなりユニークというか、今のこの時代の中で発明された形態ですよね？　だから一見、労働者であるという見方がちょっと分かりにくくさせてるかな、と思うんですけれども、結局、セブンアンドアイホールディングスという資本家と、そこの資本の下で働いていらっしゃる「経営者」という名前ではあっても労働者なんだな、という、基本的にこの見方が誤ってるかどうか？

三井　要は、金儲けする側と働かされる側という仕組みになってると思いますね。今までは経営者と労働者という枠組みにしてたものを、労働者の権利がいろいろと守られるようになった中で、やっぱり利益を出したいところがもっと都合よく利益を出したいという考えになると、そこから、言わば脱法ですよね、法の間をくぐろうとする動きが出てて、それが本当は普通の働き手なのに「あなたは独立した事業主ですよ」と、ひとこと言うだけで労働法から逃れられる、と。そこを利用していると思いますね。

原　アメリカの人たちは「自分たちは労働者である」という感覚を、日本のセブンイレブンの経営者よりもはるかに明確に持っていらっしゃるような印象を受けました。どうでしょう？

三井　実を言うと、それは逆でして。

原　逆？

三井　彼らは「自分らは経営者である」という意識が強いんですよ。彼らの方が。

原　そうなんですか？

三井　ええ。経営者であるからこそ逆に「人手不足になったときに、店でレジをやったり、トイレ掃除だって全部やりますよ」って言ってる。「それは経営者として店を守るために必要な行為だから、それは自分が労働者として思ってやっているのではない」と。いわば彼らは事業主なので、自分が投下した資本に対してのリターンが本当にあるのかどうかだけで見ている、と。それに対して足を縛るようなことをするので「それは日本で起きていることなのか？」ということを確認しに来たんですね。我々が大学教授と弁護士の間で話したときに、日本では我々が長時間働いてるから

「労働者」の枠組みで問題を解決しようとしている話に全く「居心地が悪かった」と。彼らは。

原　そうなんですか？

三井　投下資本に対する利益に対して本部が必要以上の管理をしてくることに対しての、いわば抵抗、警戒をしてるというのが彼らの考えでしたね。私はすごく尤もだと思いますね。

原　でも、本社と個別のセブンイレブンの経営者との関係でいうと「労働者」になるのとは違いますか？

三井　逆に、「労働者となってしまうと会社側から簡単にクビ切られるよ」って言い方してましたね。たぶん法律が多少違うんでしょうけど、「理由をつけやすくなる」って言ってました。「ところが事業主同士の契約だと、そこが対等なので、それは争える」と。そこが我々と考えてるところの違いですし、実を言うと我々はアメリカの考え方の方でやりたいんですよ。本当は。

原　そうですか。

三井　ところが日本だと、労働三権がものすごくしっかりしてる国なので、労働者は守られるんですね。だから、そこから逃れようとして「事業主」という契約をどこでもやろうとしているのが今の日本ですよね。そこには法整備もアメリカと比べて非常に成り立ってないので、今のままだと、資本のある方がやりたい放題できるマーケットになってると思いますね。

原　三井さん自身はご自分を、「小なりといえども資本家なんだ」という感覚が強いんですか？

三井　実を言うと、我々はユニオンという組織を作ってますけど、本当に活動してる人はみんな次の仕事をやっちゃってますね。

原　次の仕事って？

三井　要するにコンビニ以外のこと。

原　コンビニだけじゃ食えないから？

三井　コンビニは食えない、というより、コンビニの仕組みは、一方的な収奪の仕組みだって気づいてますから。気づいて行動を起こす人の方が経営者の感覚が強いです。

原　ふーん。

三井　気づかずに、言われるがまま、そのまま、自分の命のギリギリまで働いてる人は自分が事業主だと思って「ユニオンなんか入らない」って言う人が多いんですけど、逆に気づけば気づくほど「これはやってられない」という次の方向に行ってますね。これは顕著に現れています。

原　三井さんは今まで何年間、経営してらっしゃったんですか？

三井　実質まる八年ですね。九年目に終わりましたから。

原　八年間やってらっしゃった。その八年間の間は経営者としての感覚が強かったってことですか？

三井　ものすごく強かったですね。まず、自分のお金を委託で全売上金も全部送って、預けてる感覚でしたけど、分かれば分かるほど全然自分のお金じゃなくなってる。要するに、自分が事業主なのに、自分の売上金は当然、仕入れの支払いのためのお金が必要ですけど、自分の最終利益のお金もあるんですよ。それが自分のコントロール下にない、ってことは、一年経たずにすぐおかしいと気づいてましたね。

原　突っ込んでお聞きしたいんですが、「権利を買う」という言葉で当たってます？

三井　権利を買うんじゃなくて、店で売り上げて入ってきたお金は基本的に我々のものであるべきなんですよ。事業主ですから。その中で、本部に対するチャージの支払の義務があるものは払いますけれども、残ったものは基本的に我々が店を経営してるわけですから自分のものだ、っていう意識が強かったですね。

原　でも、本部と契約するわけでしょ？　あれ、何て言いましたっけ？

三井　フランチャイズ。

原　フランチャイズの契約をするときに「上納金」というんでしょうか、契約金を払うでしょ？親会社に。

三井　登録のための、最初のお金は払いますね。

原　いくら払ったんですか？

三井　正確に言うと上納金じゃなくて、店をやる上での最初の資本金。

原　権利金とは違うんですか？

三井　あくまでもそれは自分のものです。資本金を入れますが、それを本部側に預ける形ですよね。つまり「預け金」ですよね。

原　担保っていうか、保証金みたいなもの？　礼金敷金みたいなもんですかね？

三井　う━ん、ちょっとそれとも違うんですけどね。それは別個五〇万円っていうのがあって、我々は店を始める上で、一五〇万円は商品を仕入れるためのお金として本部側に「預ける」んですよね。

原　預ける？

三井　別個保証金というのは五〇万円ありまして、それは、いかようでも本部側の都合で、いわば敷金ですよね。店を畳むときに必要になったお金があればそこから抜くということですから。ただ、その五〇万も一方的に、ややこしい話になりますけど、バランスシートに計上されて、本部が「貸付金」という形にしてますよね。いずれにせよ、そこはちょっとややこしくなるのでここでは置きますけど、一応五〇万円というのは本部側がいざというときに「そこからいくらでも費用は取るよ」と。あと一五〇万円払わなきゃいけないっていう最初の支払い。仕入れるための「資本金」なんです。「最低一五〇万は確保をしてください」という契約ですね。

原　で、どのくらい一年間に売り上げがあったんですか？

三井　うちの場合は、いちばんいいときで年間で二億は超えてましたね。二億数千万円の売上がありました。あの小さな店で。

原　二億ということは、「粗利益」って言葉がありますよね？　二億の売上に関して、「儲け」というか「粗利益」は？

三井　経費を引く前の粗利益では、六〇〇〇万から七〇〇〇万あったと思いますね。利益として。

原　じゃ、相当、旨味のある商売だっていうふうに理解していいんですか？

三井　いや、フランチャイズですので、さっき言った「上納金」というチャージを払いますから、そこが平均で六割以上。

原　六割以上？　六〇〇〇万円の売上に対して六割以上持っていく？

三井　そうですね。そうすると残りが半分以下ですよね。そこから経費を払いますから、最終的な、ネットの経費引き後の利益は、売上対比は数パーセント。八％か、その程度なので、そうすると、本来は事業として成り立たないレベルですね。実際その八％の売上対比の利益でも本部が認めない経費はそれ入ってないんで、その中からさらに経費を払ったりしますよね。だから決して旨味のあるビジネスじゃないっていうのは、やり始めてから分かることですね。

原　そうですか。じゃあ数字で言うと、一年間、一千万円に届かないぐらいかな？　三井さんのところに入ってくるのは……。

三井　それは全然、届かないですね。

原　全然届かない？

三井　だいたい五〇〇万から七〇〇万行けばいい方で、それも二人分ですから。

原　「二人分」って、奥さんと一緒に。

三井　履行保証者と一緒ですよね。基本的には夫婦でやる人が多いからなんですけどね、履行保証者と、とにかく二人がこの経営に関わることも契約で署名してますから。二人分の労働、「労働」という意味では、勤労が入ってるわけで、そうするとそれを二で割らなければいけない。そのことを、この世の中、ちょっと気づいていないって言うか……。

原　いや、今聞いて驚きました。本社が取っていく割合が非常に高いじゃないか、っていうことですね。

三井　そうですよ。それもアメリカとしては驚きなんですよ。

原　アメリカはもうちょっと条件がいいんですか？

三井　経費差し引き後の利益から最高で五九％と言われてましてね。最低で。以前は五〇％だったんですけど、それが五二％から始まるように、この二〇一九年の一月から契約が一方的に変えられているから彼らは立ち上がってきてるんですけど。それが五九％まで上がるんだけども、それ以上利益出すと今度は下がるっていう形にしてて、ただそれは「まずありえないレベルだ」とは言ってましたけどね。我々は六〇％から七〇％、最高七六％かな、粗利から取られますから。

原　そうですか。

三井　累進で。

原　累進で……。

三井　逆じゃないといけないと私は思うんですけど、それが仕組みですよね。

原　じゃあ、今の三井さんの獲得目標、闘争目標は「セブンイレブンをぶっ潰せ」っていうことじゃないですよね？

三井　これはアメリカの人たちが、私がメールとか電話でやってるときは口酸っぱく言ってましたけど「セブンを単純に批判することが目的ではないんだ」と。要するに「ビジネスなんだから、互いがWin-Winになる仕組みにして行かなきゃいけない、ということが大前提だからね」ってことは何度も言ってましたね。だから「何とかをぶっ潰せ」って言ってますけど、それじゃ解決しない問題なんですよ、これは。片一方が勝てばいいか、っていうわけじゃないですね、フランチャイズは。

原　それでも三井さんはセブンイレブンのオーナーを辞めると決意なさいました。なぜ辞めようとしたんですか？　利益があまりにも薄いから？

三井　利益のことを考えるんだったら、最初からやっちゃいけないビジネスですね、これは。

原　なるほど。

三井　ただそれを知らせずにやらせていることに対しての義憤がひとつあります。もうひとつは、最近顕著になってますけど、二十四時間三百六十五日を生身の身体でやり続けるしかない状態でやってしまうと、自分と、履行保証者である妻も「もう壊れる」っていうのが、ひしひしと感じてましたんで、逆に、本部が「辞めろ」って言うんであればこのチャンスを逃しちゃいけない、っていうのが本当の本音ですね。

原　そうですか。本部はなぜ三井さんに「辞めろ」と言ってきたんですか？

三井　不都合な人物だからでしょうね。
原　不都合な人物？　つまり、本社の決めたルールに素直に従わない人物だということですか？
三井　いや、この仕組みの本質を知って、人に語ってるからだ、と私は思っていますね。
原　そうですか。今、三井さんはセブンイレブンのみならず、ローソンや他のコンビニも含めて「一緒に戦おう」と。コンビニの存在そのものに対してどういう戦いを挑もうとしてますか？
三井　実を言うと、コンビニの仕組みは大元が一緒なんです。この仕組みが今、正常に機能すれば素晴らしいネットワークを持っていますから、いいんですけども、この仕組みの本質が一緒なので、同じように実際に現場でやってる人達に対する、いわば尊厳が失われてるんですよ。言わば「やらせてやってる」っていうことでやっているので「これは正さんといかん」というのが本質ですね。
原　その根っこにある価値観というのは、やっぱり労働者の権利を守るという価値観と同じものですか？
三井　いや、人としての立場です。
原　人としての？
三井　そうです。
原　「人としての」というか、つまり、マルクスの時代の『資本論』の考え方が我々には今も根強くあるでしょ？　資本対労働、つまり労働者の権利という考え方が。それとは違うんですね？
三井　今の世の中、複雑になってます。ビジネスやっても環境のことも考えなきゃいけない、幅広い社会も考えないといけない。食品ロスもありますよね。で、現場でやってる人たちをリスペクトする気持ちがすごく薄くなってる。世界的にも。そこを正したい、というとこがありますね。私、話を広げてアレですけど、私ら学生のときに、先進国と後進国という問題があって、大学でも話しあってましたけど、それはグリーン革命とか言って、いろんな先進国が投資をしていって、そのうち徐々にその差がなくなるかと思いきや、どんどんひどくなりますよね。それは、収奪の社会がそこに厳然と存在していて、これの言わば小売店版がコンビニなので、そこに対する疑念と義憤ですね。それと、さっき言ったように、人に対するリスペクト。現場でやってる人をないがしろにする社会は決して健全な社会じゃない、というのは根底にありますね。私の中では。

原　そうですか。今三井さんが仰ってる「人としてのリスペクト」って、今の我々にとって最も大事な価値観であるという考え方は、聞いてる分には納得はするんですけれども、その考え方が定着するためには、具体的にはシステムが変わっていかないと、価値観だけが変わるってことはまずありえない。システムを変えることによってその価値観が変わる、と。だからまずはそのシステムを変えるための戦いをしなければならないですよね？　その辺は、今後どうやって戦ってきますか？

三井　そのためには、今置かれて苦しい立場にたってる人が、その状況に気づいて声を発することが必要ですね。一部の人間が動いたところでこの仕組みは変わりません。

原　かなり強固な仕組みですよね、これは。

三井　そうです。それも長年に渡って構築された仕組みですから、彼らはあらゆる面からのこの仕組みの防御を作り上げてますから。それを根底から崩すには、我々はこの民主主義の根底をもう一度思い起こせばいいと思うんですよ。やっぱり現場に働いてる人がいちばん強いわけですから。その人たちがこの状況を変えたいという、決して暴力的じゃなくて、まずは声を上げて、みんなが話し合いを求めるという動きになるだけでも、その仕組みに対する動揺は生まれると私は信じていますけどね。

原　そうですか。先の選挙期間中に、そういう変わるかもしれないという手応えはありましたか？

三井　実を言いますと、当初からこの仕組みがおかしいと気づいてて仲間と、「ユニオン」という名前が適切じゃないんですけど、グループでやってた。それだけやってても、世間の人が全然知らなかったということが、選挙に出て気づいた。立候補して、人に話すことによって、コンビニを利用してる側の人が、コンビニってこんなに大変な仕事をしてるんだ、って気づいてくれたことはものすごく大きいと思いますよね。

原　かなり気づいてもらったという実感はあるんですね。

三井　ありますね。選挙後の、言わば私が話したことに対して、今ネットの世界ですから、ツイッターもありますし、メッセンジャーもありますし、ラインもありますから、いろいろ戻ってくるのを見ると、これから行く方向をものすごく感じさせてもらってますね、今は。

原　なるほど。もうひとつ。選挙期間以外の日常の時間の中でも選挙運動的なノリでですね、言ってみれば選挙運動を展開しないと勝てないや、って実感があったんですが、それはどうでしょう？

三井　私も急にこういうことになりましたので、何も分からないまま突っ込んで行ったんですけども、選挙というものの特徴として、その間は言い方悪いですけど「無礼講」ですよね。言いたいことを堂々と言えるし。この環境というのは私がコンビニのことを人に伝えるには最高の場だったかな、と今はものすごく感じてますね。

原　だけど、選挙期間中の活動だけじゃ勝てないっていうことも感じられましたでしょ？

三井　選挙は皆さん一人ひとりの票を積み上げる、そのためには幅広く裾野を広げなきゃいけないので、もっと地道な長い準備は絶対必要だというふうには、重々分かってはいたけど、思い知らされましたね。

原　知らされた。ということは、選挙が終わった今、日常の、つまり暮らしの中で、三井さん自身は地道な選挙活動ということをやらなければいけないと感じてはいらっしゃるわけだ。

三井　そうですね。実を言うと私は、議員になることを目標として選挙してなかったんですね。コンビニ問題について一般の人に語る最大なるチャンスだと思ったわけですよ。ですから、今も本当に自分が議員をやりたいっていうのであれば、あちこちに顔を出して私の名前を売ることが必要でしょうね。しかし、それは私の今の目標でも何でもないので。要するに、日本ではあまりにも法律が脆弱で、独立事業者を守る形になっていないので、それに繋がるような形で私がその立場に立てるのであれば、私も全力でやりたいと思ってますけどね。

原　そうですか。

三井　まずはこの問題を幅広く知ってもらった人たちの輪を広げることによって、いくつか、会が自然発生的にできたのもありますし、それを進めていくことが今の私がやってることですね。

原　もうひとつの問題で、日本の選挙はとにかく金がかかる、と。選挙期間中はお金が党から出た、と。それで活動できた。しかし、今は党から活動費が出てないですよね？　そうすると自分で何とかしなきゃいけない。つまり、自分自身も食って行かなきゃいけない。選挙が終わった今、三井さんは苦しい生活を送っていらっしゃるように見えます。その辺の矛盾はどんなふうに考えていらっしゃいますか。

三井　いずれにせよ、今置かれた環境でどうやるか、っていうのは人としてはみんな、それはやらなきゃいけないことなので、やれる範囲のことをやるしかないですよ。今、日本のみんなが気づかなきゃいけないですよ。これ、植民地化する手法をそのままやってますんでね。私も以前勉強しましたが洗脳の方法と、植民地化する方法、人を思考停止させる方法が本当に今やられています。いちばん効くのが、日々の生活を忙しくさせることなんですよ。実際コンビニもそうしたんです。

これ、事実だから申し上げますけど、これを始めたセブンイレブンの鈴木敏文という人がいらっしゃいます。このアイデアを日本に持ってきたことは立派だと思いますが、やはり加盟店とのぶつかり合いが最初から起きてるわけですよ。一時期は加盟店の方が裕福になりました。これは直接その当時の人から聞いてますけど、加盟店の人がベンツに乗ってる。自分のやってるイトーヨーカ堂の中の組織の人たちは給料で、普通のレベルの生活しかできないのに、加盟店の方は裕福になってる。

そこで鈴木敏文の有名な言葉があって、「加盟店に儲けさせ過ぎるな。そうしないと働かないぞ」と。その言葉を何人もの人から聞いてますから。その流れで今の仕組みに出来上がっていると思いますから。だから加盟店から不満の声が上がれば上がるほど、加盟店がそういう暇がないような仕組みに持ってきてる。これがコンビニの仕組みの行き着いたのが今なので、今度は命まで奪われるところまで来るので、だから止めなきゃいけない、と。

これは日本の今の政治と一般の国民の間のギャップ、大きく言えばグローバリズムの中で一部の者、資本家が国を跨いで、一般の人たちをとにかく日々の生活だけで四苦八苦させることによって自分の地位を守ろうとしてる。この構図をものすごく感じるので、犠牲者が増える前に止めるべきだ、という大きな気持ちはありますね。

原　思ったより大きな戦いなんですね。

三井　これ、コンビニだけの戦いだと皆さんお思いでしょうけど、実は、コンビニの仕組み、やり方はおいしいので、真似してる業界が徐々に出てきてますよね。タニタという会社、医療機器をやってるんですけど、総務課とか会計の人を独立事業者にして「自由にやっていいよ。働く時間も自由でいいから」と。請負の形でやりましょう、と個人事業主契約してるっていうのがニュースに出てました。そのうちみんな事業主契約になって、そうすると仕事がなくなれば何の問題もなく契約を一方的に切れる。荷主が仕事を発注しないだけで終わっちゃうわけですから。「あとは自由だから他でやってもいいよ」と言いますけど、逆に仕事を発注する側が牙城を作ってれば仕事を受ける方は他がないわけですよ。それの典型が私が今やってる軽量貨物の仕事ですから。私、事業主ですよ。だけども、荷主との関係が悪くなった段階で、もう完全に意地悪されますから。

原　そうですか、はぁ……。

三井　だから、みんな事業主にしてしまえば、荷主側の支配力って増しますよね⁉　間違いなく。ある人が言ってましたよ。「自分を雇用すると、働かなくても自分の従業員としての給料を払わなきゃいけない。だから何か仕事を渡そうとしたり、何か活用しようとしなきゃいけない。だけど一対一の関係になってれば、「いらない」と思えば発注しなきゃいいんです。この手法を知ってるヤツが、都合よくこの仕組みを使おうとしてる世の中に今なってきてると思いますね。だからコンビニの問題が大事なんですよ。元々事業主との間で作ったビジネスモデルですから。両方がWin-Winになってこそ、やっぱりこの社会が健全になると私は思っていますね。

原　今の三井さんのお仕事は、独立事業者なわけですか？

三井　独立事業者です、私は。

原　独立事業者。契約する時にいくらか上納金みたいな、上納金って言葉は違うかもしれないけど。

三井　そういうのはこの運送業の中ではないですね。

原　ないですか。

三井　まだないですね。

原　ただ、労働時間、ということは二十四時間ということになるんでしょ？　今のお仕事は。

三井　そうですね、事業主ですから、仕事があるときは労働時間、ないときは自由時間ですけど、ただ待機したり移動したりいろいろしますから、やっぱり二十四時間三百六十五日の形にはなりますよね。ただし、逆に今の仕事とコンビニの違いは、こっちがしたくないときは断れますよ。コンビニみたいに居場所も固定してて、一般的に営業時間こうですすなんて言ってると、もう逃げ場がないですよね。そこは大きな違いだと思いますね。

原　そうですか。ズバリ聞きますが今収入はおいくらぐらいあるんですか？

三井　計算できないですね。月によって結構ばらつきがありますし、生活費として四〇万ぐらいが手元に残ってないと困るな、っていうところを上回ったり下回ったりしながらやってる状態ですね。

原　そうですか。

三井　でも長時間ですから。

原　長時間ですよね。

三井　車ですから経費もかかりますし、もっとあるのは事故のリスクがね、車の場合大きいので、何かあったときはもうその時点でストップですから。そういう意味ではコンビニの方がそこまでの事故はないでしょうけど（笑）。

原　選挙が終わった後、山本太郎代表とは話し合う時間が持てたんですか？

三井　なかなかじっくり話し合う時間はないですね。ご自分も落選は予想外だったようですから（笑）。それははっきり言ってました。自分までは大丈夫だと思ってたようですけど、事実、だって九十九万も取って当選できないこの選挙の仕組みね。

原　おかしいよねえ。

三井　藤井聡京都大学教授もね、消費税上げることに反対してましたけど「上がった以上、今度は減税の運動をすべきだ」と。「香港を学べ、韓国を学べ」って言われてますよ、今、有識者から。日本人は黙っているのが美徳のように思うけども、言うことは言う、と。こんなに大人しくてやられっぱなしの民族ではダメなんですから。あまりにもお利口さんとか無関心とか、そういうふうに植え付けられてますからね。それに気づくようにするのが我々れいわ新選組じゃないかな、と思いますね。

原　三井さんはまだ、アホな日本人たちが圧倒的に多い今のこの国のありように関して、国に対してより、日本人民、国民に対して絶望感は抱いていらっしゃらない？

三井　「アホ」って言うと語弊が生まれ叩かれますんで。アホではなくて、そういう環境に私たちが置かれてるんですよ。だけども、やっぱり自分の置かれている立場を、一歩距離を離れて、違う目で見てみると、すぐ気づくと思いますね。私がこういう感覚になったのは、自分が海外での勤務があったからなんです。海外勤務して気づかされることがいっぱいありました。

原　三井さんは今も、闘志満々で何とかこの国を変えようというふうに思ってらっしゃるんだ？

三井　このまま終わったら、今までやってきたことがゼロにしかなりませんので（笑）。太郎さんが私を選んで選挙に巻き込んだ結果として、逆に私は逃げれなくなってるな、とものすごく感じてますね。

原　ただ、選挙やればやるほど自らの生活は貧しくなっていくなぁ、という実感もあるでしょ？

三井　まあそうですけどね、誰か本当に代わりでやれる人がいるんだったら、いくらでもその人をサポートします。

原　はははは。いないでしょう？（笑）。

三井　今のところはいないですね（笑）。でも、そのうち、逆に、出て来なければいけませんので。山本太郎さんのような人がもっと出なきゃいけないです。今、日本は岐路にあると思いますね。物事は、歴史はね、すべて変人が作ってますから。その変人を、見抜ける庶民の人たちがいるかいないかでその国の行く末が決まると思いますね。ただ必ず、山本太郎のような人が、たとえ潰れたとしても、また出てきます。他国から占領されない限り（笑）、と私は思ってますけど。

原　ははは。分かりました。ありがとうございました。

原発に「賛成」「反対」と表明しないことが、地元の人にとって、マナーだと…。

はすいけ透（蓮池透）

2019年10月3日
新潟県柏崎市にて収録

1955年新潟県生まれ。1978年に北朝鮮に拉致され、2002年に帰国した蓮池薫氏の実兄。元北朝鮮による拉致被害者家族連絡会事務局長。元東京電力社員。著書に『拉致と日本人』（岩波書店）、『告発』（ビジネス社）等。

蓮池さんのインタビューの場所をどこにしようかと迷っていたら、蓮池さん、自分についてきて、と車を先導して我々を連れて行って頂いたのが、柏崎市「みなとまち海浜公園」。バックに遠く柏崎刈羽原発が臨めて、しかも、蓮池さんの弟の薫さんが拉致された場所のすぐ近くでもあるのだ。

原　あの奥に見えるのが柏崎原発ですよね？

蓮池　柏崎刈羽。

原　あ、柏崎刈羽……

蓮池　よく「柏崎」って言うんだけど正式名称じゃないんですよね。柏崎市と刈羽村にあるから柏崎刈羽原発です。

原　なるほど。東電に就職されて初めての勤務地がここですか？

蓮池　それが違うんです。ここには一回も勤務したことないんです。

原　あ、そうですか。

蓮池　本店その他在京の関連会社と現場は福島第一だけです。第一は合計約六年いました。

原　この場所は蓮池さんにとっては、拉致された場所として思い出す方が強いんでしょうね。

蓮池　もちろんそうですよね。その後ろに原発があるって感じですね。

原　日本の矛盾の、何て言うんでしょうか、ダメなところが二箇所もあるわけですよね。ここは。

蓮池　そうですね。

原　今日は選挙のことをいろいろお伺いしようと思っております。選挙が終わって二か月経ちますが、選挙のときの、ある種の熱狂みたいなものはもう冷めてますよね？

蓮池　いや、「熱狂」と言われると……。東京にいたときはすごい熱狂と高揚感があって、帰ってくると、この静寂。あとはものを語らぬ人々。そのギャップがすごいので……。

原　そうですか。

蓮池　行ったり来たりしてたときは、そのギャップを埋めるのにすごい苦労したっていうか、疲れたっていうか、そういうところがあったんですけどね、こっちに戻ってきて長いので、当時の熱気っていうか、高揚感、盛り上がりみたいなものはだんだん薄れてきてるのは確かですけど。山本代表がネット中継やってる街宣とかを見てると当時がまた蘇ってきますよね。

原　これはあくまでも私の印象なんですけど、この日本という国、今の権力、日本の人民、国民に対して、十人の候補者の中で、最も冷めていらっしゃる、ある意味絶望してらっしゃるのは蓮池さんなんだろうという印象を私は持っておりますが、どうですか？　間違ってますか？

蓮池　絶望してたら選挙なんか出てないですし、まだ「何とかしてやろう」っていう気持ちがあったからこそ出たわけで、まだその気持ちはなくなってないですよ。

原　そうですか。失礼しました。

蓮池　ここは弟が拉致された現場であり、その後ろには柏崎刈羽原発、私の数奇な運命、数奇な人生を象徴するものが今二つ後ろにあるわけですけどね。だから、悪い意味で数奇なことが起きたので、話軽くなっちゃうけど、数奇ないいことがあるんじゃないかなと思ったんです。ま、それは叶わなかったんで。国の在り様とか、その息苦しさとか、そういうのは東京にいると人が多いので、匿名性ってありますよね。でも田舎に帰ってくると、そういう匿名性みたいなものはなくなって、余計みんながもの言わなくなる。そういう弊害がありますよね。その、ものを言わなくしていることに一層輪をかけてるのが原発で、原発は地域を分断していて「賛成」「反対」って自分の意思を明確にできない。いちばん驚いたのは、原発に「賛成」「反対」と表明するってことは、地元の人にとって、私は最大限譲歩して「タブーですね?」って聞いたら、「いや、ルールだ」って言われたんです。

原　ルール?

蓮池　ルールになっちゃったんです。あ、ごめんなさい、ルールじゃなかった。最初は「マナー」って言われたんです。

原　マナー!

蓮池　「原発賛成、反対って、この土地で言うことってタブーですね?」って聞いたら「蓮池さん違うよ。それ、マナーだよ」って言われたんですね。「おやっ」って思って。マナーがそういうルールになってしまったら、それこそもの言えない社会になってしまいますよね。だから今回の選挙でも、私はいろいろネットで発信してたりしたけど、「ネットで人の悪口とかばかり言ってんじゃねえよ」って言われたもんだから、だったらオフラインで人前で言ってやろう、という気持ちもあったんですけどね、そういう反発もあったんですけどね。本当に言いたいこと言えないっていうのはよくないし。ただ、言ったら言ったで変人扱いされますしね。

原　そうですよね。

蓮池　もっと田舎の方に行くと村八分みたいになったりとか。分断ならいいけど差別まで起きてる。

原　言いたいことが言えないという空気はどんどん強くなってるでしょ、今。

蓮池　例えば消費税が上がったけど、上がることがいいのかどうか、というような議論は今の大きなメディアは一切しないですよね。上がることを前提として、じゃあどううまくかいくぐっていくか、とか、どうやってポイントを使う、とか、キャッシュレスするとか、どうやってこの厳しい世の中を切り抜けていくかって、まるでその根本に立ち返ってないわけですよね。じゃあ八から十に上げることっていうのはもういいのかどうかって議論さえしない。これは「お上が決めたことだからしょうがないよね」っていうことで、みんながじゃあそれに対抗するにはどうしよう、こうしよう、って、大きなメディアがやるってことは大きな間違いであって、山本太郎がよく言ってる「こんな状況で増税って絶対ありえないだろ」という大きなメディアがないことは非常に残念だし、大きなメディアはもう言えなくなってるし、ちっちゃなインディペンデントなメディアもだんだん言えなくなってしまうような、そういう世の中が怖いですよね。で我々にとって情報源と言ったら、やっぱり大なり小なりメディアだし、そういうものが一切閉ざされてしまったら本当にもう戦前に逆戻りという意識状態になると私は思ってますよね。

原　今、「ネット上で発信したら、悪口ばっかり言うな、って言われた」って仰いましたけど、たくさんあったんですか？

蓮池　いや、身内からも言われたから。私はね、別に悪口を言ってるわけじゃない。批判はしますよ。苦言は呈する。でもそれは決して悪口じゃないんですよね。人それぞれの物差しってのがあるでしょうけども、自分を常に冷静に、客観的に見て、裁判所がよく使う「社会通念上」ね、「これは変だぞ」っていうことを「変だ」って言ってるだけで、「そりゃおかしいぞ」と。「こうしなきゃいけないよ」っていう発信をすると、それが悪口だとかになってしまう、捉えられてしまう。それが非常に怖いんですよね。それはさっき言ったことと一緒で「お上が決めたことには一切口出すな」ということに等しい。だから私がネットで発信してるのは別に悪口でもないし、人を侮辱してるわけでもないし、差別してるわけでもないし、そういう勘違いが非常に多いですよね。ネットでものを言うと炎上する、「炎上するってことを常に気をつけてネット上にアップしましょう」とか言ってるテレビがあったけれども、それは違うと思うんですよね。正しいこと言って炎上したら炎上したで私は構わないと思うんですよ。ですから、その「ケチばっかりつけてんじゃねーよ」という反応もあるし、「ケチじゃないんだ」と、これは。「現状どう考えてもおかしいでしょ？　皆さんそう思いませんか？　こうやるべきじゃありませんか？」と提言したりしてるって自分では思ってるので、それは心外ですよね。例えば「安倍総理、これはおかしいんじゃないの？」って名指しでたまに書くこともあるけど、そうすると「お前、安倍さんに向かって何だ！」とかね。選挙の最初の頃、秋葉原で「金正恩委員長に安倍総理、ツイートしてください」って私は確か演説したと思うんですよね。そしたら或るスポーツ紙が「蓮池『安倍ツイートしろ！』」って見出しを打ったんですよ。そうしたら「お前、命令形かよ！」とかね。「呼び捨てかよ！」みたいな、そういうリプが来るんですよ。それはそのスポーツ紙の記者の方の原稿の書き方であって、別に私は演説の場で「安倍ツイートしろ！」と言った覚えは全くないし、「出る杭は打たれる」とかよく言われますけど、別に私は出てるつもりはないし、逆に、皆さん引っ込み過ぎてんじゃないの？　と私はそう思うんですよ。「世の中に文句言ってるヤツは不貞腐れたヤツで、偏ったヤツだ」とかね。そういうふうに見られるのってすごい心外だし、一般的に言ってもよくないことだと私は思いますけどね。今「一般」ということがどういうことなのかさえ分からなくなってきてるので、なかなか難しいですけどね。

原　今、蓮池さんが仰った、「お上に従順」という「国民性」って、ありますよね。私は一九四五年生まれですから、民主主義が日本に導入されて以来、民主主義の成長と一緒に育ってきたと思ってるんですが、戦後史を振り返ってみたときに、この日本に民主主義が根づいたかどうか、あまり根づいてないんじゃないか、という論調、意見を今多くの人が言い始めてるじゃないですか。私も実感として、この国に民主主義が根づいてないんじゃないかという気がしてしょうがないんですけど。蓮池さんだって、この国に民主主義が根づいてるという思いは、ないでしょう？

蓮池　思えないです。
原　絶対に思えないよね。
蓮池　今仰ったことは言い得て妙で、やっぱり日本の民主主義っていうのも、お上に言われたんですよ。「今日から民主主義だよ」ってお上に言われたからやってるだけで、いわゆる民主主義国家って自分たちの力で勝ち得たものじゃない。お上に今日から突然「民主主義だよ」って言われて、「天皇陛下は象徴だよ」って言われてきたから、「まあ、しゃーねーか」ってな感じで、仰るとおり、自分たちで脈々と作り上げてきたもんじゃないんだ、と私も思いますよね。だから民衆の力で勝ち得た民主主義っていうのとは質が違うのかな、っていう。
原　そうですよね。
蓮池　だから、今の香港は本当に、批判する人も多いけど、すごいなあと思いますね。あれだけの人が立ち上がる。まあ、怪我をしたりするのはよろしくないですけど、すごいなと思いますよね。
原　ですよね。この国は何故、「お上」というか権力に対して従順な国民性なんだろう、もう苛立たしくなりますよね。今そのことを強く感じますよね。
蓮池　それだけ、国民が豊かじゃないんだと思うんですよね。要するに、物心両面で豊かじゃないと。モノが豊かな人は「現状維持でいいや」ってあるけど、モノはそれほど豊かじゃないし、そうするとだんだんメンタル面まで豊かじゃなくなってきて、で「どうすんだ、どうすんだ」って、毎日我慢をして、切り詰めて、苦しい思いをして、で「ここでお上に言ってどうなるんだ」、で「お上に何言っても変わるわけないだろう」で、「お上に言って、いろいろ深いことに立ち入って考えるくらいだったら死んだ方がましだ」と。「じゃあ、大人しくしてた方がそれよりもまだマシかな」っていうようなことじゃないかなと思ってるんですよね。私、監督とたぶん十年は違いますけど、我々のときは「一億総中流」とか言われて、それでも中流だったわけで、みんなに「中流」って言われても「総中流」だからそんな格差なんて話は出ませんでした。ですから、いろんなものに対してものが言える、豊かまではいかないけど、ゆとりはあったと思うんですよね。だから学生運動も起きていたし、監督の時代は全盛期だったでしょうけど、我々のときはもう終焉期だったので、リアルタイムで感じることってできなかったんですけど、その後、学生運動が途絶えた後から殆ど、国民から自発的に出てくる民主化運動みたいなものは一切なくなったと私は思っていて。

原　そうですね。

蓮池　それがすごい残念で、いろいろ、国会前デモとか官邸前デモとかありますけど、私はあれ、人数少ないと思うし、場所が悪いとも思ってるんですよ。

原　場所が悪い？

蓮池　官邸前デモまでやるんだったら、同じ人数を例えば新橋駅前でやるとか、そういうことをやった方が、裏に官邸があると大きなメディアは撮りにくいとかね、そういういわゆる忖度みたいなのが働くんだと思うんですよ。場所を変えるとかしたら、大きなメディアも気兼ねなしに撮れて「何でこんなに人集まってるの？」ってことになったら「いや、コレコレ法案反対だ」とか「これはおかしい」だとか、そういうので気勢を上げてるんですよ、って報道するかもしれないですよね。

原　なるほどね。

蓮池　だからそこはこれから考えていかなきゃいけないだろうし、ちょっと手前味噌になっちゃうけど、私たち「れいわ」は、あまりやったことがない品川の港南口とかを敢えて選んでやってるわけですよ。二回目は夏祭りとバッティングしてダメになっちゃいましたけど。そういう意味でも、我々は違ったことをやってると思いますよね。それで、この辺の、新潟県っていうのは、みんな意見を明言しないってことを言いましたけど、この辺の新潟県気質、県民の気質を研究してる人が言うには、奥ゆかしい県民性、いわゆる市民性があると。だからあまり「こうだああだ」ってことを言わないけれども、いざとなったら結束するというふうに結論づけてるんですよね。

原　そうですか。

蓮池　「じゃ、いざとなったら、っていつ?」って私思ってるんですよ。なぜならば、一揆がこんなに起きた土地はない、と。いわゆる百姓一揆ですよね。それはお百姓さんがいっぱいいたからじゃないの?　って、ちょっと反論したくなるんですけど、でも一揆が起きた。いざとなったら結束して一揆が起きる、と。「本当ですか?」って私、首かしげちゃったんですけどね。一揆を起こすには十分な材料があるんですよ。原発がね。今「やる」「やらない」で揉めてますけどね。そういう研究者が言う県民性、市民性までもが、長い歴史上の研究成果も何か薄れてきちゃってるのかな、って、またネガティブな話ですけどね。そうなっちゃうんですよね。そういうようなことを何とか変えたい、という思いが強いですよね。

原　今回、候補者の人にインタビューさせてもらってますけれども、必ず私が聞いてる質問があるんです。つまり選挙の期間中に、もしかしたら、今いろいろ言っている日本の国民性、お上に従順なという国民性が少しは変わるかな、と思いましたか？　という質問を皆さんにしてるんですが、蓮池さんは「もしかしたら変わるかな」と思った瞬間はありましたか？

蓮池　うーん。大胆に変わるっていう、そういう認識は持ちませんでしたけど、ちょっと偉そうな言い方ですけど、「捨てたもんじゃないな」っていう気持ちはありましたよね。

原　ありましたか？

蓮池　ありましたよ。そういう兆しは十分にありますよ。偉そうな言い方ですけど「まだまだやれるぞ」「捨てたもんじゃないぞ」って。そういう感触はあったので、熱量っていうのが冷めているかもしれないけど、さらにそこに熱となる燃料みたいなものを注入していって、どういう燃料を使うか、もっとでっかいエンジンにするのかどうかは、これからの話ですけれども、絶望的な大惨敗ではなかったわけだし、選挙中もいろんなところを回ってて、そういう兆しも見えましたのでね、希望はあると思っていますね。

原　そうですか。どこら辺りを回ったんですか？

蓮池　私は全国は回らなかったんですけど、とにかく手作り選挙で、自分で証紙貼ってチラシ配ってる、というときもあったので、やっぱり人口が多いところに偏ってしまったのは致し方ないことなんですけど。京都と四国と、それから福島ですか、そこには行きましたけど。あとはだいたい都内でやってました。福島のときは山本太郎代表と一緒に行ったんですけど、福島の状況が悲惨……「悲惨」っったら申し訳ないんですけど、本当に分断されていて、同じ県民同士の仲違いっていうのがちょっと垣間見えたので……。

原　今仰った「仲違い」ってあちこちで作られてるような感じするでしょ？　それは政治が公平じゃないからですよね？

蓮池　そうですね。昔から言われてるいわゆる分断工作というやつじゃないのかなと思ってますけどね。この辺だってそうですよね。要するに「賛成」「反対」という分断を作って、お互い「ものを言わないようにしよう」「言わせないようにしよう」という。それはよくあるお上の手法だと思いますよね。だからこそ、いくら分断されていても声を上げていかなければいけないんじゃないかと。

原　京都は、福島から避難してらっしゃる方が多く住んでらっしゃるエリアでしょ？　そういう方たちと対話をされましたか？

蓮池　いや、京都は新幹線のトラブルとかありまして。着いたのが夜七時過ぎだったのでちょっともう。で、その足で帰って来るっていう強行軍だったので……残念でしたけどね。

原　話を変えますが、選挙が終わって山本太郎代表とじっくり今後どうするかという話し合いを持たれました？

蓮池　じっくりかどうかは分かんないけど、選挙後に話はしました。彼もなかなか忙しくて、今年の一月からずーっとやりっぱなしだったので相当疲れたところもあるでしょうし。事務所移転とか、あるいは本人の住まいとかの問題もあって、彼も時間がないので、いろんな政策も提案したいんですけど。恐れてるのは十二月に解散とかなったらどうするのかな、というのが怖いんですよね。我々れいわにとっては早くてもダメだし、あんまり遅くてもダメだし、そこがジレンマっていうか……。早くやりたいですよ。早くやりたいけど、もちろん衆議院選は狙うんですけど、あまりにも早く解散されたら、時間とか資金の関係で非常に厳しい選挙になると思うし、かと言って一年先とかって言われたらこれまた、熱量を含めて薄れていく、っていう。その間ずっと熱を保つような運動をし続けられるかっていうと難しいですよね。その辺、非常に微妙なんですけど……。その辺も山本代表は考えてると思うんですけどね。もう一回、年内には話したいとは思っています。

原　もし衆議院選挙になったら、本人の希望が必ずしも通るとは限らないでしょうけれど、どこの選挙区で出たいというようなことはありますか?

蓮池　いやあ、衆院選はやっぱり参院選と違ってね、ドブ板ですから。それで小選挙区で、今から自民党とかは着々とやってますので。膨大な人・モノ・カネでやってますからね。参院選みたいに比例区でというわけには、なかなかいかないと思うんですよね。「じゃあどうするの?」って考えた場合に「じゃあ、ここで」ってことになったら、ある意味チャンスはチャンスなんですよね。ここは自民―旧民主っていう対決構図で、どっちかが比例で復活っていうことを交代でやってたような選挙区なんです。で、旧民主の人が自民党に行っちゃったんですよ。そこ空席になっているんです。で比例で見ると北陸信越ブロック。これは例のスキャンダルを起こした石崎徹という衆議院議員が離党勧告みたいなものを受けて、離党勧告は生ぬるいなって思うんですけど、ですから比例区の方もポコっと穴が開いているということで、まあチャンスといえばチャンスなんですけど。ただ山本代表が言っているように野党共闘っていうのは崩せないので、果たして今「五パーセントまで戻そうよ」と、そして将来的には廃止っていう、そういうビジョンで共産党とだけは連携できてますけど、他の野党と共闘が今できてないんですよね。で臨時国会始まったからどうなるか分かりませんけれども、ここでやるにしても私は本当にひとりでやってるので、後援会もなければ、ボランティアの人は「やってくれ」って言ったらやってくれる人もいますけど、それは指で数えられるくらいの程の人しかいないので、あとは県の市民連合とか野党連合の方たちとの整合をどうとるか、という問題もあるし、本当に衆院選は難しいですね。やる気は十分ありますけどね。その辺も党としての作戦は練ってると思うので。

原　あとひとつ。立候補者の皆さんは、山本太郎というキャラクター、人柄、彼の持ってる情熱というものを「受け止めた」っていうか、共感を持ったから立候補されたんでしょうけれども、その中でもいちばん強く山本太郎代表にシンパシーを持たれているのは、蓮池さんのような印象を持ってますが、どんなところが共感のポイントなんですか？

蓮池　ポイントは、ブレない。あとは、巷間「頭を下げない政治家」とか言われてますけど、あれほど謙虚な政治家はいないですよね。今は議員じゃないですけどね。スタートはやはり原発問題だし、で去年の県知事選のときに、オール野党で候補が出て私も応援してたんですけど、各野党が来て応援演説したんですが、必ずモリカケから始まるんですよ。新潟県知事選挙に森友・加計問題から入る。私聞いてて「えっ？　そんな話は永田町でやれよ。永田町の問題じゃねえの？」って思ったんです。それで最後に県知事選のことを言うんですね。そりゃもう、ほぼっちゅうか全員ですよ。そん中で山本太郎氏が応援に来てくれた。当時は自由党と山本太郎。その一員として新潟市に来たんですよ。で彼は何したかというと、駅前でチラシ配ってるんですよ。それで「太郎さん喋ってよ」って言って、「いいんですか？」って、それで喋ったら国政のことなんて一言も言わない。「これは新潟県民の、皆さんの県知事を決める選挙だから、新潟県民の皆さん、よーく考えてください」って。そこはね、私すごい感動したし、今年の夏、前にもこっちに来てくれたのも感動したけど、やっぱり去年の県知事選の彼の言動は、私にとっては最大の「やっぱりこいつはホンモノだな」って思ったエピソードですね。

原　そうですか。いい話だなあ。

蓮池　国政のこと、一言も言わなかったですよ。言ってもいいですけどね。原発のことも触れなかったから、「太郎さん、原発触れてよ」つったら「じゃあ」つって、原発のことも話してくれたぐらいで、そういうところは、まあ、いろんなことを言う人いますよ、パフォーマンスだとか、政治家として渡り歩いて行く処世術だ、みたいなことを言う人もいますよ。仮にそうでもいいですよ。

やっぱり去年の県知事選の山本太郎の姿にはすごい私は感動しましたね。

原　そうですか。

蓮池　彼が今年来てくれたのも嬉しかったけど、何をおいても、去年の県知事選の応援ぶり。素晴らしかったです。残念ながら、野党共闘側の候補は落選しましたけど、すごいなと思いましたよ。「ホンモノだな」と思いましたよ。

原　最後の質問です。選挙って金かかるでしょ？　選挙が終わって今、蓮池さん、自分の生活、自分も食って行かなきゃいけない。で、その上で選挙活動をしなきゃいけない。「選挙に金がかかり過ぎる」と、日本は。その矛盾はどう自分の中で克服しようとしてらっしゃいますか？

蓮池　いやあ、それは厳しい質問ですね。ですからね、山本太郎は街宣の度に「お金、金くれ金くれ」つって週刊誌に書かれたことあるけど、あれは山本太郎自身言ってますけど、現選挙制度、彼は「入場料」って言葉を使ってます、入場料だけで六〇〇万。「こんなことありえないだろ？」っていうことへのアンチテーゼなんですよ。だから「皆さん、お金集めたいんで一円でも」って言ってるわけで、やはりこの制度は何とか変えて行かなきゃいけない。誰かに言わせると、田中角栄みたいな政治家を二度と輩出させないような制度が公職選挙法だって言う人もいますからね。要するに角栄さんは「成り上がりだ」って言われていて、そんな人が二度と出てこないように供託金を高くして、入場料を高くして、結局既得権者だけしか、そこに入れない。そこは本当に不満ですね。「不満」っていうか、おかしいですよ。本当に政治をやりたい人ができないですから。だったらもうちょっと供託金は下げる。ナシにするとか。で、給料、歳費ですよね、それを下げるとかすれば、本当に政治をやりたい人が政治をやる、と。で、政治家を騙って金儲けを目的にしているような人が政治をやったらいかんと私は思っているので、今仰った、その高いハードルっちゅうのは、すごい不満だし、変えなきゃいけないなと思いますよね。

原　昨日、三井さんに会っていろいろ伺いましたけど、今、宅配業者？　運送業者？　軽自動車を自分で買って、それで宅配業の下請け、末端の仕事じゃないですか。それを今がんばってやっていらっしゃる。あと生活的に厳しいだろうなというのは、てるちゃん。本当に厳しいですもんね。その中で、そういう厳しい中に身を置いてるから、「政治の場で発言してほしい」とたぶん多くの人が思うだろうし、その発言の内容がすごくリアリティーというか、重みを持ってるじゃないですか。有権者側としてはね。れいわの人でそういう当事者というリアリティーを持ってらっしゃる人は、他の政党よりは多いっていうか、そういう訴求力を持ってる人が多いので、「ああ、いいなあ」って思いますけどね。私たちはね。

蓮池　今回の参議院選挙もそうでしたけど、皆さんの浄財で立候補して、選挙運動させていただいたので、残念ながら叶いませんでしたけれども、それは私たち全員が思ってます。皆さんのおかげで立候補できたんだから、当選した暁にはこれはもう、皆さんのためにがんばる、これは当然のことですよ。だって、皆さまが一円、一〇円から始まって寄附をしてくださって、そのお金で供託金を納めて立候補したわけですから、みなさんを裏切るようなことはあってはならないし、力を貸してくれたわけだから、それを今度は何十倍何百倍にしてでもお返ししなきゃいけない。そういう気持ちは我々みんな共通認識として持っていると思いますよ。ですから今私もそんなに豊かな生活をしてないし、カツカツですけども、だから次選挙やるとなったら、やはりまた本当に申し訳ないけど、みなさまのお力をお願いするようなことになるかもしれない。「かもしれない」っていうか、そうならざるを得ない状況は選挙前とは変わってないですよね。「政党交付金が入るだろ」みたいな話はありますけど、それはもう自民党なんかに比べたら何百分の一ですからね。それで山本代表は「百人立てて政権取る」って言ってる訳ですから、本当に人選も大変でしょうし、共闘も大変でしょうし、やはりそのお金の面、資金面をどうするかっていうのも大変ですし。そりゃ私がお金持ちでそのお金を出せるんだったら全然問題ないけど、それをやっちゃったら何か自己矛盾ですしね、そんなことはありえないですけどね、その辺はやっぱりお金っていうのが政治を司ってるんだな、って。ほんと由々しき事態だと思いますけどね。

島野　じゃ、替わります。何を聞こうかなと思ってたんですけど、ただ政権を取るとかそういうことだけじゃなくて、やっぱり日本人自身が、生き方、考え方、自身を変えなくちゃいけないんだなって気づかされたところがあるんですけど。透さんの本に、よく新聞でも引用されてますけど、東電の社員食堂の朝食のメニューが変わらないっていう話がありましたよね。いつも同じおかずしか出てこなくて、「たまには違うおかずにしてくれ」って言ったら「それだと予算が組みにくい」だとか、結局同じものにしてる方がやりやすいっていう話。それって日本そのものなんじゃないかな、って。いつもあのくだりを、透さんというとあの話を思い出すんですよ。ひとつ変えることで何かが崩れる怖さっていうのは日本人にはあるのかなっていうふうに、あの文章を捉えているんですけれど。日本人はどうしたらおかず一品、心のおかずが一品変えられますかね？

蓮池　いや、私はそういう意図で書いたんじゃないんですけど、まあ、そういうふうには取れますよね。同じことがずーっと続いていて、まずそれを変えるための第一歩を誰が踏み出すかっていう問題があって。あのときも、踏み出した人がいたわけですよ、「変えようぜ」って。そしたら「寮の食費は上がるの？」とか「上がんないの？」とか、「上がるのイヤだよ。俺、今のメニューで十分だよ」って人がいて、結局あのときは寮の自治会みたいので「朝食メニュー変えよう」つったら、それがボツになっちゃったんですけどね。だって現状を維持しとけば自分は何も汗かかなくていいし、多少「これ嫌だな」と思っても、「我慢すりゃいいや」ってことですよね。楽な方に流れがちで「そんなことまでやって変えるんだったら今のままでいいや」っていう、いわゆる諦めですよね。今の日本なんてのは我慢と諦めと、それから「自分だけ」。そういう感性が蔓延してるような気がして。そこの一歩を踏み出すってこともすごい大変なことだし、それを我々はやろうとしたわけですよね、敢えてね。一歩を踏み出すためには、賛同者はいると思いますよ。お金、時間がいるということで躊躇してる人がたくさんいると思うんで。これも、ゆとりがあれば、「考える」っていうのかな、「問題視する」とか。「ゆとり」という言葉が適切かどうか分からないですけど……。

島野　「余裕」とかでしょうか。

蓮池　「余裕」ですかねえ。私は山本太郎が言い始めたんだとずっと思ってたんですけど、「今だけ金だけ自分だけ」って、本人に聞いたら、彼は「俺じゃねえ。元祖は俺じゃない」って言ってたましたけど。

島野　そうですか。今改めて気づいたんですけど、透さんって、福耳ですね。

蓮池　え？

島野　福耳。立派な耳だなあと思って。こんなに間近で耳を……。

蓮池　いや、枝野さんには負けるでしょう。

島野　（笑）いやいやいや、立派な耳をお持ちだなと思ってアップに。

蓮池　その割には立派な生活をしてないんですよねえ。

島野　いやいや、今度は違うチャンスが来るかなって思って。楽しみにしてます。次も出られる……、あっ、すみません、雨がだんだん強くなってきました。

蓮池　機材がやられる。

島野　機材がやられる。今日は本当にありがとうございました。

蓮池　ありがとうございました。遠いところまで。

原　ありがとうございました。

大衆と共に語り、大衆と共に戦い、大衆の中に死んでいくと。今この精神は完璧に公明党にはもうありません。あるとしたら…れいわ新選組、太郎さん。不思議ですね。

野原ヨシマサ（野原善正）

2019年10月10日
台東区上野にて収録

1960年沖縄県浦添市生まれ。
琉球大学大学院修士課程修了。
沖縄創価学会壮年部員。

野原さんのインタビューの場所を、どこにしようかと迷った。正直に野原さんに相談してみようということになった。すると野原さん、即、自分が東京に行きます、という返事。で、上京した野原さんに、どこかお気に入りの場所はありますか？　と聞くと、これまた即、上野の蓮が咲いている池のある公園がいい、という返事。あ、ここです、と言ったのは上野恩賜公園内にある不忍池だった。なぜかな、と思ったが、すぐにわかった。不忍池は、蓮の花で有名。つまり、蓮の葉の上が、野原さんにとっては、仏が座っていらっしゃる場だからだ。

原　開票日の日は、言葉少なに「悔しいですけどね」と、さらりと仰ってた。だけど胸の内は、もう腸《はらわた》が煮えくり返るって言い方はあんまりふさわしくないかもしれませんけど、悔しくて悔しくて、ものを投げつけたいぐらいに凄く悔しかったんじゃないかなと思いますが、どうでしょう？

野原　いや、そこまでは悔しくはなかったですけども、立候補したからには、戦いを起こしたからには、やっぱり勝ちたかった、というのが本音ですね。でも結果的には二十一万五千票ですか。オトタケさんが取ったのが五十五万ぐらいでしたけど。だからね……まぁ、あと二十五万か三十万……。

原　最低ラインが五十数万になるんですか？　うわあ……。

野原　多分、オトタケさんがそれだけだったと思うんですけども。

島野　音喜多（オトキタ）さん？

野原　あ、音喜多か（笑）。ごめんなさい、維新の音喜多さん。

原　そうか。ただあの選挙……。

野原　いろんな考え方があって、三十万あまり足りなかったというのと、全然政治に関わったことのない人間が、直前にいきなり、出てみないかって太郎さんから打診があって……。六月二十八日に直接、携帯に電話があって、非通知だったんで、お客さんかなと思って電話を取ると「れいわ新選組の山本太郎です」と。誰かおちょくってるのかなと思ったんですけど、「野原さん、あの、今回の参院選、出てみませんか？」みたいな感じで言われて。それでもうびっくり仰天してですね、あの時も、瞬間、固まりましたね、頭の中が真っ白で。ええ、何を言ってんだこの人？　みたいな。「私は誰？　ここは何処？」状態ですよね。

原　それ、本当ですか？

野原　事が重大ですから、考えさせてください、いつまでに返事をすればいいですか？　と聞きました。二十八日の金曜日でしたから、日曜日のお昼ごろまでには連絡くださいということでした。それで、そのあと仕事も手に付かずというか、もう頭が真っ白ですから。どういうふうに仕事をして、どうやって家に帰って来たかも分からない。本当、食事も喉を通らない。その日から夜も寝られない。土曜日になって、で、一日中また悩んでましたね。

原　そうですか。

野原　夕方また仕事に行くまでずっと悩んで悩んで、太郎さんに電話しようかどうしようか、腹が決まらないわけです。私みたいなもんに、こんな重責が務まるのか？　それが正直な気持ちでしたね。それに政治に興味がなかったですから、応援はしても自分が出ることは全然考えてなかったですもん。市議会議員とかの経験もないのにいきなり、国政の場に出ろって言われてもですね。何をどうしていいやら、全然わからない。

土曜日になっても腹が決まらない。で、全然食事もしないで、ほとんど寝てなくて。それでも頑張って仕事に行ったんですけど、帰ってきてもやっぱり放心状態が続いてましたね。で、日曜日の朝九時ごろ。悩んでてもしょうがない、友達の意見を聞いてみようと思って、信頼できる親友五、六人に電話をかけまくって、こういう話がきてる、というと、全員が全員、即答で「出るべき」だと言うんですよね。

原　そうですか（笑）。

野原　お前の人生だからあなたが決めたら、そう言う人もいませんでしたね。一番信頼できる、福岡にいる友人なんですけども、この人に電話したら、この人も即答で、「絶対に出るべき」だと。私は、個人的には出たくないです、って言ったら、どうしてですか？　出るに決まってるでしょ、みたいな感じで。出たくないという答えが返ってくるのが不思議なくらいな感じでですね、ビッグチャンスだと言われました。「タイミング的に、日本の状態というのは、危ないところまで来てるし、公明党も創価学会も当てにならないし。野原さん絶対出るべきでしょう」と。

原　あぁ……。

野原　その友人が言うには、同じ学会員なんですけども、これはやっぱり仏の計らいだと。人間誰しも生まれながらに使命というのがあるから、野原さんの使命が、今ここで花開こうとしてるから、絶対に出るべきだ、っていうことで。まあ仏意仏勅だから。仏様の……日蓮大聖人様のご命令なんで、あんた絶対、断り切れないよ、絶対逃げられないよ、と。腹を決めなさいと。私との電話を切ったら、すぐに太郎さんに電話しろと。でもやっぱり優柔不断な性格なもんで……腹が決まらない。うん。やっぱりまだ怖いんですよ、ビビッて。電話をかけようとすると手が震えて。それで、お昼までという約束だったんですけど、十一時半ぐらいでしたかね、またこの友達から電話掛かってきて、「電話したか？」っていうんですよ。「お前の事だから、やっぱり電話してないと思ったよ」と。「やっぱり、そうか。もう絶対にここで電話しなければ大変なことになるぞ」みたいな感じですね、それで震える手をですね、おさえながら電話をしたら……太郎さん出ないんですよ。

原　なんだ、そうですか。

野原　だから留守電に「太郎さんから要請があった件、喜んでお引き受けします」と、それを留守電に入れて切りました。

原　そして太郎さんから何時間後に掛かってきたんですか？

野原　夕方ごろ掛かってきましたね。開口一番、太郎さんが「ご英断に感謝いたします」というふうに言われましたね。

原　その電話のやり取りだけなんですか？　決意するまでに、会って話し込んでとかじゃないんですね？

野原　太郎さんに直接会ったこともないですよ。YouTubeではずっと見てましたけどね。太郎さんの動きっていうのは、なるほどすごい人だな、と感じてましたけど、電話でのやり取りでは、太郎さんが言われるには、「野原さんに白羽の矢が立ったのは、（玉城）デニーさんの時、三色旗を掲げて応援してる、もの凄い強い印象に残ってます」ということで。「まあ、期待してますから」みたいな感じで言われて。「ええ、じゃ分かりました」と受けましたけども、約束が比例区だったんですよ。

原　あ、最初は比例区だったんですか？

野原　比例だったんですけど、六月三十日に決まりました。それで「早速東京に来て欲しい、明日ぜひ来てください」「ちょっと待ってください。比例の準備もあるし。とてもじゃないけど一日は……。二日に出てきませんか？」「じゃ、いいですよ」ってことで二日に東京に行くことに決まりました。

　で、二日に記者会見があったじゃないですか。その二日の記者会見が終わって、三日のことでした。四日が告示でしたよね？　三日の朝にまた電話が掛かってきて「あの、野原さん。実は、相談したいことがあるんですけども。比例じゃなくて東京の選挙区で出てくれませんか？」って。「何考えてんだ、この人」みたいな感じで、これも即答できませんから、「相談したい人がいる」と言ったんです。「いつまでに返事すればいいですか？」「お昼前までには」って言うんです。それが九時ですから、あと三時間弱。また悩みに悩んで、やっぱり一番信頼する人に電話するとですね「比例区じゃなく選挙区出てくれないかって話が来て、どう思いますか」と言ったら、「ああ、そうか」って。「選挙区で出すということは、太郎さん、山口那津男さんとのガチンコ勝負考えてるな」ってすぐ言ってきたんですよ、開口一番。「何ですか、これ？」ってことですけど。うん。だけどやっぱり比例区で、比例名簿で出るという約束だったから、交渉してみる余地はあるんじゃないか、っていうことで、話が終わったんですよ。それでまたかけ直して、太郎さんに。「いや、もう選挙区しかない、と。これしかありません」と。それで腹を決めて、「もうそれでしたら、喜んで出馬させて頂きます」ということで、結局、選挙区になったという次第です。

原　東京選挙区で立候補をするってことは、山口那津男さんと全面対決するってことを意味した、その事を分かった上で腹を括ったんですよね？

野原　そうですね。最初は、比例だからそんなに責任は重くないのかなとも思ったりもしたんですけど、選挙区と言われて。ビビッて……。

原　やっぱり責任が重いって感じ？

野原　それで選択肢がないということだったんで、「分かりました。ここまで来たら、逃げることできない。はい、お引き受けします」みたいな感じで。

原　そうでしたか……はぁ。

野原　だから用意周到に準備したということじゃなくて、出馬依頼も……四日が告示だから……四、五日前に決まった。で、東京選挙区で出るというのも前日に決まった……恐ろしい世界でしたね、やっぱり。

原　恐ろしい世界ですか！　第一声、怖かったですか？

野原　怖かったですね、正直言って。まぁ、ビビッてるのがばれるとみっともないので。そういったことがバレないように、表向きは、落ち着いたふりをしてましたけども。内心は本当にヒヤヒヤでした。

原　そうですか。

野原　色んな人から質問されて突っ込まれたらどうしようかな、答えきれなかったらどうしようかな、みたいなそんな心配ばっかりしてましたね。

原　自分なりにリハーサルなんかしてたんですか？

野原　全然。本当にぶっつけ本番です。

原　演説する内容なんか、緻密に構成を考える方ですか？

野原　いやもう、ああでもないこうでもないという感じで、本当に無い知恵を絞りに絞って、ああいう原稿になりましたけども。

原　そうですか。新宿が第一声でしたね？

野原　はい。

原　あの時……。

野原　雨が降ってたんでね、地下でしたね。

原　小雨降ってて……あの地下広場で。初めて演説をやって終わった直後はどんな感じでしたか？

野原　終わった直後は、ホッとしたって感じでしたね。やったという気持ちはなかったですね。遂に終わった、良かった良かったと。何とか初日は、第一歩は踏み出せたかなみたいな感じで、ホッとしたというのが、本音のところですね。

原　そうですか。第一発目がスタートして。ま、スムーズだったから後はもう、押せ押せでできたっていう感じですか？

野原　最初、宣伝カーも間に合わないということで、三日目にやってきたんですかね、宣伝カーも。他の人達はタスキもないという。重要な選挙区だから、最初に対応したから何とか間に合ったんですけども。最初は野原ヨシマサの「ヨシマサ」は平仮名で、後に片仮名になりましたけど、あれも選対に聞いたら、やっぱり沖縄出身だから片仮名がいいんじゃないか、何か英語っぽくていいじゃないみたいな感じですね。

原　随分東京を回られたでしょう？　そのおかげで東京に詳しくなったとか？

野原　詳しくはまだ、地理的にはやっぱり全然。生まれつき方向音痴なんで。だんだんだんだん慣れてくると、遊説の二週間余り、あちこち回りましたけども、楽しかったですね。正直、観光気分で、そんなこと言うと叱られるかもしれないですけど。
原　観光気分……初めての場所に行くのが楽しいですか？
野原　ですね。東京見物しながら、遊説をやってた。
原　いいですねえ。どこが一番記憶に残ってますか？
野原　やっぱりここ不忍池。やっぱり蓮華ですよね。やっぱり法華経と一番深い関連があるんで。そういう絡みからも言って。
原　ああ、なるほど。
野原　あの頃、ちょっと蕾とかついてたのかな、綺麗だったですね。満開の時に来て見たいな話をして、帰っていったんですけども。やっぱり蓮はいいですね。
原　やっぱり仏を連想するんですか？
野原　そうですね。南無妙法蓮華経の蓮華なんで。
原　なるほど。分かりました。話を戻しますが、悔しい思いっていうのはまぁ、しかし二十万票……二十二万？
野原　二十一万。
原　二十一万か。その票を分析されました？
野原　分析らしい分析もやってないんですが、でもやっぱり思うには、私と同じ思いをしている学会員、今の公明党、学会おかしいよねって考えてる学会員の方々と、その学会員の方々の友人と、それと一般の「公明党がおかしい」と感じている人が、れいわに流れてきたと思いますね。

原　うーん。

野原　二十一万だから、半数以上はやっぱり学会、支援してくれてる層ですから、やっぱり今の組織がおかしいと思ってる人達の票だと思いますけどもね。

原　そうですか。遊説もあちこち周るでしょう、遊説が終わって野原さんに直接声をかける人はたくさんいたと思うんですが。

野原　最初は大勢の婦人部の方々が泣きながら寄ってきてましたね。

原　泣きながら、というのはやっぱり同じ思いですか？　今の公明党じゃ幸せにならないとか。

野原　おかしいということで、物申したら、弾圧され除名になった、とかですね。印象的だったのが、創価大学の教授をされていたという五十代の女性の方。今の公明党おかしいと声をあげたら、クビになりました、今仕事ありませんってことで、泣きながら……変えてくださいと仰ってましたね。

原　そうですかね。

野原　もうひとりの方は公明党の市議会議員の、これも女性の方でしたけども、やっぱりおかしいということで、公認を外されて、仕事がないということで、そういう方々が迫害されてる。除名になったとか、除名にはなってなくても村八分で、本当に苦しい思いしてます、と。自分で言うのもなんですけど「あなたこそ一筋の光だ」みたいな感じで、頑張ってくださいと。これだけ大勢の方が、こんな熱い思いで応援してくれてるのかって思うとやっぱり私も胸が熱くなりましたね、はい。

原　野原さん自身は除名になったりはしてないでしょう？

野原　除名にはなってませんね。幸か不幸か。

原　なぜですかね？

野原　除名にすると後々影響が大きいとか？　うるさい人だから……。それでも選挙の前はやっぱり除名の動きがありましたよ。

原　あったんですか。

野原　ええ。壮年部の方が、男子部時代に一緒に活動してた二人が訪ねてきて、色々聞いてましたね。事情聴取、警察が職務質問する感じで、「誰々と会ったか？」「三人組とはあったことがあるのか？」「サイトに投稿されているAさんというのは君か？」……いろいろ根掘り葉掘り聞いてきました。あぁ、これは除名の動きを始めてるのかなと、そういう印象を受けましたね。だけどやっぱり立候補したのですから……。

原　なまじ立候補したから、向こうは、切るとやばいと。

野原　と思ってるでしょうね。これだけ多くのマスコミがもうバックに付いてるんでね。切ると取材攻勢でもって、社会的な影響が大きくなるからということで、ビビッてというか恐れて。

原　そうですか。

野原　何て言うのかな、ヒューマニズムの観点からの判断ではないと思います、決して。

原　なるほどね。選挙が終わった後に、露骨な変化っていうのではないんですね？

野原　なかったですね。

原　今もないんですよね。へぇ……そういうもんですかね？

野原　ま、村八分というのは昔から、十五、六年前からあいかわらず続いてますけども。

原　え？　あ、野原さん自身が？

野原　はい。

原　村八分を受けてるなって感じられるんですか？

野原　強く感じますよ。

原　具体的にはどういうことですか？

野原　道ですれ違っても知らんふりして話もしないし。でね、最初は学会員だけだったんですけども、一般の人も同じような態度を取るようになりましたね。デマっていうのかな、「あいつは信心がおかしくなった」とか、デマで凄いのは、「暴行事件を起こした」とかですね、そういうのもありますからね。

今の沖縄創価学会のトップの、この名前出していいのかな？　Y．Sさんですかね、これは前にですね、私たち四人グループで離島と僻地で折伏を始めたんですけれども。布教活動って宗教の命じゃないですか。自分がやって良くなった、という自信があるから人にも勧めるわけですから。やっぱり十五、六年やってきて人生好転していますから、ま、絶対の自信がありますから。それで沖縄は、ユタ信仰という土着信仰というのがあって、不幸な方々がたくさんいらっしゃるんですよ。信仰の自由ですから、自分はこれで幸せになったとか、人を幸せにする宗教であれば何でもいいと今思ってるんですけど、でもやっぱりあまりにも不幸な人が多いということで、この元凶を訪ねていくとやっぱりユタ信仰に行き着くという、そういう考えになってですね。

沖縄はノイローゼが全国一多いんですよ。経済的に困ってる人も結構いっぱいいる。子供の貧困も全国平均七人に一人が、四人に一人とかですね。シングルマザーも非常に多いし、県民所得も最下位に近い。本当にね、不幸な方々が大勢いらっしゃるんですよ。そういう人たちを何とかしたいということで宿命転換の、日蓮仏法なんで、それを勧めたいということで、離島と僻地で折伏を始めたんですけども、泊の学会本部がクレームをつけて、勝手なことをするなと。組織の打ち出しもないのに勝手なことをしてもらっては困るとかですね。それと、色んなところへ行って、聖教新聞をたくさん抱えながら行ってピンポンピンポンしながらですね、創価学会員の話を聞いてみませんかとか、南無妙法蓮華経の話を聞いてみませんか、みたいな感じで飛び込みでいくわけです。最初は怖かったですけどね、だんだん慣れてきて楽しくなってきて。

そういうこと四人グループでやってたんですけど、野原の四人グループは離島僻地の方々が長年築いてきた学会の信頼を壊してる、みたいなですね。それでも止めなかったですけど、だったら一緒に現場を見てくださいと、私たちがやってることを見てね、それから判断しください、と何回もお願いしたんですけども、結局一度も応じてくれなかったですね。Y．Sさんはその頃No.3ぐらいで対話を求めたんですけども、全然対話に応じてくれないんで、マンションの前で待ち伏せをしてですよね、出てきたところを捕まえて、「何で話に応じないのか」と押し問答みたいなのがあったんですよ。で指一本触れていません。そのことが多分、傷害事件を起こしたみたいなデマになったと思いますよね。

原　そうなんですか。

野原　それと、デニーさんの選挙の時には、小沢一郎から大金を貰ってやってるんだみたいなね、そういうデマも流されましたね、はい。

原　そうですか。うわー……。

野原　一円も貰ってないですよ。自分の信念で、あれは三色旗を持ってやったんですよね、うん。

原　でも次第に、野原さんの活動が知られてくるじゃないですか。と同時に野原さんに共鳴する人も増えてきてるでしょう?

野原　ですね。嬉しいことにね。まだまだ少数ですけども。

原　そうですか。

野原　でもやっぱり、志を同じくする学会の方々は、よくぞ言ってくれたみたいな意見が一致してますね。そしてやっぱりデマというのがですね、一部の組織の中で流してると思うんですよ。Twitter に上がってた情報なんですけども、九州の池田講堂で、婦人部長がそういうデマを、そういうスピーチをしてたっていうのを聞いた、と。でそういった組織内の噂が、だんだんだんだん世間一般にも知れ渡ってきて、で、今はもう一般の人からも嫌な顔をされますね。もう「近寄るな」みたいな感じで。

原　一般の人からも。

野原　スーパーに行ってもコンビニに行ってもどこに行っても何か迷惑そうな、こいつだ、この人だ、みたいな。態度でわかるじゃないですか、一発で。目は口ほどにものを言う。やっぱり噂というのを聞いて、こういうふうな態度を取ってるんだなという感じがしますけどね。

原　そうですか。話題を変えますが、選挙期間中、太郎さんと話し込むような時間はあったんですか？

野原　うーん……あんましなかったんですけども。でもね、太郎さんの遊説をそばで聞いてると元気が出ましたね。

原　お、そうですか。

野原　勇気付けられたというか。太郎さんの言ってる、YouTube でアップされてるのをずっと前から聞いてますけども、太郎さんの主張を聞いてて感じることは、昔のですね、正常だった頃の公明党の言い分と、学会の価値観ですかね、似通ってるんですよ。あ、太郎さんが言ってる昔のコメントもね、確か同じようなこと言ってたよなみたいな。学会の幹部もこういうふうに指導してたようなみたいな感じで、オーバーラップするところがあるんですよ。それで共鳴できるっていう点もあるし。

原　ということは、私は太郎さんの主張を聞いてて、民主主義の基本みたいな話を聞いてるような感じになるんですよ。ということは創価学会も基本的には民主主義がベースになっていての教えってことになりますよね？

野原　生命の尊厳、民主主義、ヒューマニズムというのが、本当、日蓮仏法の根幹ですからね。具体的に言うと「ひとりを大切に」という。ま、世界平和ですよね。

原　みんな同じじゃないですか、聞いてると。

野原　ですよ。太郎さんも、根っこは一緒じゃないですか。だから創価の平和思想、歴代三代会長の牧口先生、戸田先生、池田先生の、その創価の価値観、それを今引き継いでいるのは太郎さんだ。太郎さんであるし、れいわ新選組だなって感じがするんですよね、本当に。公明党の立党の精神というのも、何回も申し上げた通り、大衆と共に語り大衆と共に戦い、大衆の中に死んでいくと。今この精神は完璧に公明党にはもうありません。あるとしたられいわ新選組、太郎さん。不思議ですね、本当にね。

原　そうですか。

野原　この日蓮仏法のですね、跡継ぎというか血脈というんですけども、流れというのは完全に今はもう公明党創価学会にはありません。完全に切れました。そこで、じゃあどこに流れていったかというと、れいわ新撰組、太郎さんの方に流れていってると。そういうふうな印象を強くしますね。

原　わぁ……それは聞いてて楽しくなりますね。それで太郎さんとは選挙が終わった後で、今後どうするっていう話をする時間は？

野原 ありましたね。一時間ぐらい。

原 東京で？

野原 参議院会館の会議室で。れいわの。そこで。

原 どういう話だったんですか？

野原 また東京に来てくれということで、打診のメールがありまして。参院選に十人出たじゃないですか。八名、残念ながら落選しましたけど、この八名、次どうするかということで、一人ひとり時間割り当てられて、一時間ぐらいでしたっけね？　じっくり、そういう話をしました。

原 そうですか。次選挙があったらまた地方区ですか？

野原 多分、東京になる可能性が高いと思います。でも沖縄で出るかもしれないし。東京かもしれないし、まだ決まってませんね。党としての作戦もあるんで、細かいことはちょっと、まぁ申し上げることはできないですけども。

原 お気持ちとしては東京でやってみたい？　それとも沖縄でやってみたい？

野原 東京の方が強いですね。

原 東京の方が面白いですか？

野原 やっぱ東京が面白い。本陣、学会本部もあるし、やっぱり尊敬する池田先生直結の土地柄なんで、ええ、やっぱり先生直結という、そういったことから言えばやっぱり東京なのかな。沖縄でもいいんでしょうけども。やっぱり東京を変えないことには、ですよね。

原　うーん。中心地っていうふうになってるんだもんね。

野原　もっと具体的には、東京の創価学会本部。今の執行部。それらを根本的に変えない限りは、もう、にっちもさっちもいかないんで。

原　穏やかな言い方ですがもうすでに激烈に？　ぶっつぶせ、という表情をされてますもんね。山口那津男代表とは会ったことあるんですか？

野原　直接会って話したことはありませんね。

原　うーん、会って話してみたいでしょう？

野原　ですね。絶対、伝えたいですけど、でも伝わるのかな。無理だと思いますけどね。今の言動とか、お聞きしてると。

原　そうですね、向こうから会いたいと言ってこないでしょうね。

野原　言ってこないですね。

原　私なんかは傍で見てて「この次はまず通るだろ」っていう感じを持ちますけれどね。印象ですけどねぇ。

野原　そう言ってくれるとありがたいな。ありがたいですけど、選挙は水ものなんで。

原　そうですねぇ。

野原　一生懸命また努力してですね、一致団結して。そういう意味でも東京で、同じ考えの学会員……除名された方々とか、除名にはなってないですけども、「野原さんの言ってる通りだ、よくぞ言ってくれた」という同志の方々ってやっぱり東京に大勢いらっしゃるんで。どちらかというと沖縄よりも。だからそういう意味でも、やっぱり東京の方が団結し易いと言うか、戦いやすい思いはあります。

原　私は、やっぱり、野原さんに当選して欲しいという気持ちがあります。

島野　じゃあ、お聞きします。東京選挙区って考えた場合に、東京に、まだ馴染みがないと思うんですよね。

野原　ですね。

島野　そこにもう一回挑戦するっていうけど、東京で挑戦するまでに、ご自身は何が必要かって思ってますか？

野原　個人的に実力をつけるという、政治の勉強もやらないといけないないみたいな感じで、今必死こいて政治関連の本を買って読んでますけども。

島野　選挙が終わった後、落選された方はですね、正直今、結構経済的にも御苦労されてるんですね。で、今の野原さんの生活はどんな感じですか？

野原　仕事もクビになりましたからね。デマ流されて。

島野　あ、選挙の前に？

野原　はい。英語学院の講師をしてたんです。実質的に、あれはクビとは言われてないですけども、非常勤だったもんですから。コマ数、時間数をどんどんどんどん減らされていって。自主退職に追い込まれるみたいな兵糧攻めにあった。それで辞めざるを得なかったっていう、まぁ実質的なクビです。結構収入的に安定してたんですけど、あれがなくなって。あとは、塾や予備校の講師をやってたんですけども、やっぱりこれも……まぁ、塾の講師は、塾が潰れたから駄目になったんですけど。でもやっぱりデマが、あれだけ定着して広まると、こう言うのもなんですが、普通の仕事というか……できなくなるんですよね。

島野 今はちなみに？

野原 運転代行のアルバイトを。

島野 運転代行……。沖縄でですね、景気っていうのはどうですか？ 代行って結構それを感じるっていうのはあるかも。

野原 沖縄は、いっつも景気悪いですからね。

島野 いつも変わりなく景気悪い？

野原 最近厳しいのかな、みたいな感じしますけどね。半年前よりも。

島野 塾の講師って仰られますけど、お相手をされている学生さんは、幾つぐらいの方が多かったですか？

野原 上は社会人の方、下は小学生から、幅広かったです。予備校の頃は、高校生教えたりとか浪人生を教えたりとか。で、高校入試の中学生教えたこともありますし。まぁ長かったですからね。

二十歳ぐらいから三十年余り、やってきましたから。

島野　今回の選挙は、公明党とか創価学会っていう人たちが、普段どういう生活をしてるかっていうことを、信者じゃない人たちにすごく伝わった……大きな選挙だったかなと思うんですね、それに対してはどのように感じられましたか？

野原　普段から思ってたこと、言いたいことを、国政選挙という舞台を与えて貰って……そこで言いたいことを全部言わせてもらえたことで、胸のつかえが取れた、それも一つ。また、今抱えてる公明党の根本的な問題、それを支援する創価学会の問題、全国の人達にあれだけ、広く強く知ってもらえたっていうのは、本当に大きな成果だったなっていうことは思いますね。

島野　公明党、創価学会という一つの宗教団体に対して、フェアな理解を得られたと思いますか？　今回。

野原　平和福祉と言いながら、自民党と連立政権を組んで二十年余り、安保法制も成立させる、現代版の治安維持法と言われてるあの共謀罪でも賛成して通すと。何やってんだ公明党！　ということが一般の人には分かりづらい、ということがあったと思います。

　何でそうなのかっていうと、やっぱり昭和五十四年に池田先生が、今の執行部の人たちに裏切られて、分かりやすく「ハイジャックされた」と言いましたけども、本当にハイジャックされたわけですよ。池田先生には、創価学会の組織運営上の最終的な決済権というのもありませんから。操縦桿握ってるのは池田先生じゃなくて、あの裏切り者の、今の執行部の弟子たち。だから、平和福祉という日蓮仏法のヒューマニズムの路線から、これだけずれてここまで来てしまったっていうふうに申し上げたんで、それ聞いて、ああそうか、なるほど腑に落ちた、というところはあったとは思います。

島野　あと自公連立で長年、いつの間にかそれが定着してしまってる、この世の中は野原さんから見てどうですか？

野原　やっぱりおかしいですよね。公明党が立党の精神から外れて、仏法のヒューマニズムの精神に外れて、権力の魔性にたぶらかされて、本来の精神、原点を見失った結果だと思います。

島野　その公明党、創価学会を信仰するきっかけを、前に野原さんにもお聞きしたと思うんですけど、野原さんにお会いして、「創価学会に、こういうことがあって入信するんだ」って思ったんですね。同志たちに支えられているってことが分かったんだけれど、逆にそれが、必死さのあまりに公明エリートを作ってしまって、自分たちの意見が通らないサラブレッドを育ててしまったんだなって思うんですけど。

野原　池田先生がよく言われる「権力の魔性」。あの小林節さんが、池田先生と会食をした時に直接聞いたと、YouTubeで言われたことですけども、国会議員になると権力の魔性にたぶらかされておかしくなって、二分の一の確率で落っこちていくと。やっぱり権力の魔性なんでしょうね。

島野　落ちてしまうってことは分かってたってことですね……そこをやっぱり止めることはできなかったんですね。人間だからというのか。

野原　赤絨毯踏むとおかしくなる、とは前々から言われてたんですけども。まぁ政権の座にいますから、権力握ってますから、自分の思惑通りに世の中が動いていくと。証拠があるかどうか分からないですけど、年収も普通の人とは違って三千万ですか？　献金とかもあればもっとあるだろうし、一般庶民とは掛け離れた生活をされてるじゃないですか。やっぱりおかしくなってくるんでしょうね。

また先生先生ってね、みんなから頭下げられると、精神的に……何ていうのかな、自分を本当に律していく強い精神力がなければ、誰でもおかしくなると思うんですよ。公明党の議員であっても。

島野　野原さんはもし今後の選挙に当選したら？

野原　可能性はあるでしょうね、自分で言うのもなんですけど。今、公明党おかしいとか、創価会おかしいとか言ってる人が、権力の魔性に負け、たぶらかされ、同じ穴の狢になってしまう可能性もなきにしもあらず。ありますよ、そういうのは。

島野　それは絶対にあることですよね、人間であれば。

野原　それを克服できるかできないか、乗り越えることができるかできないか。試練でしょうね。

島野　例えばですね、今度選挙に出られるとします。多分創価学会の人も悩まれると思うんですけど、それこそ旧創価学会、新創価学会みたいに分離してですね、野原さんが、これが本当の学会だぞっていうふうに示していく、アピールってのは考えられたりはしましたか？

野原　考えてますよ。今の学会がおかしいと、離れていきますよね。除名にされてなくても、やっぱり今の組織おかしいからもう活動しないという人、結構いると思うんですよね。その人たちの受け皿も作らないといけないと考えてますね。はい。

島野　例えば、ご自身が創価学会を離れて、新しい団体を作るということも考えたことはある？

野原　新しく宗教法人を立ち上げるとか、そこまでは考えてはないです。一番良い方法は、執行部を総退陣させること。洗脳という言い方はちょっと語弊があるかもしれませんけど、学会が正しいと信じ込んでいる学会員は、「池田先生が作った公明党がおかしなことするはずないでしょう」という言い方をされますが、これに対して「安保法制も通してるでしょう」とか、実際に。「共謀罪も通してるでしょう」って反論したら「何か深い意味があるんじゃないの」とかですね……そういう次元の話になってくるので、そういう人たちを説得するのは本当に難しいですよ。

それでも諦めずにやり続けないと。そういった洗脳されてる、本当に信じ込んでる、がちがちの学会員を、どうやって一日も早く気付かせるか、そこがポイントだと思いますけども。

島野　今度の選挙で野原さん以外に、学会の人が出る可能性ってあるんですかね？

野原　もし太郎さんが、私以外にも、やっぱり出したいなみたいな考えがあるのであれば、なきしにもあらずだと思いますけども。

島野　その場合に、れいわイコール創価学会っていうふうに思われることは困るのか？

野原　困る？　でも価値観が一緒ですからね。あの日蓮仏法のヒューマニズムの価値観、昔の正常だった頃は公明党も。創価学会の、世界平和、生命の尊厳、ひとりを大切に、という価値観は今、れいわ新選組が持ってます。共有してます。そういう意味では、れいわ新選組の支援者が、三色旗を持って応援するみたいな、そういう光景というのはやっぱり出てくるんじゃないですかね？

島野　もう一つ聞きたいのは、もし、野原さんが国会議員になろうがならなくてもですね、別にこれは勧誘ではないってことですよね？

野原　ですよ。

島野　それぞれの、信仰の自由を認める。

野原　そりゃそうです、もちろんです。思想信条の自由というのは、憲法で保障された大きな価値観ですから、だから遊説の時にも何回も何回も申し上げた通り、人を幸せにする宗教であるならば、もう何でも良いというふうに思ってますから、はい。まぁ、でもオウム真理教とか、そういったカルトっていいますか、人を不幸にする宗教はもう論外ですけど。はい。

島野　分かりました。ありがとうございます。

野原　ありがとうございました。

地域に出て自分が置かれてきた状況はおかしかったんだなっていうのを知れば知るほど怒りが出てきて。

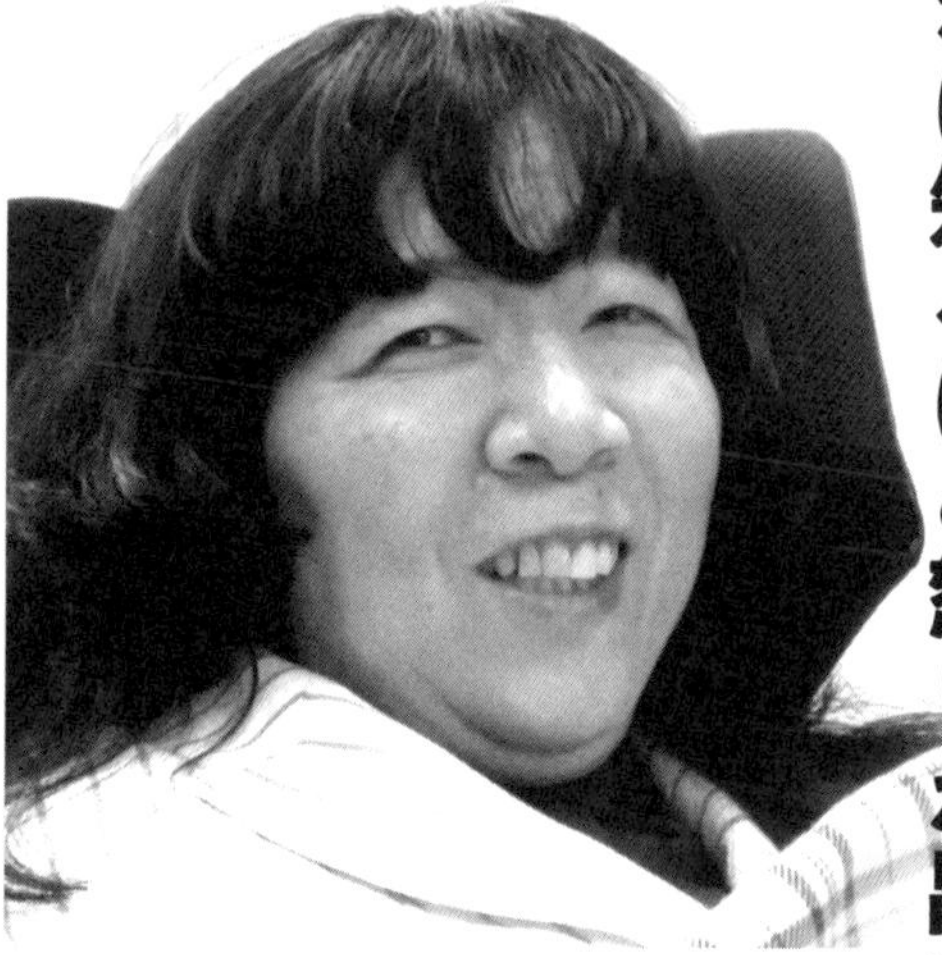

木村英子

2019年10月11日
議員会館にて収録

1965年神奈川県横浜市生まれ。生後8か月で重度の障害を負う。養護学校卒業後、自立生活を始める。現在、参議院議員。同時に全国公的介護保障要求者組合書記長、全都在宅障害者の保障を考える会代表、自立ステーションつばさ事務局長を務める。共著に『今日ですべてが終わる　今日ですべてが始まるさ』（自立ステーションつばさ　自分史集）等。

木村英子さんからインタビューの場所に指定されたのは、議員会館の中。インタビューの終盤、私（たち）が作った「さようならＣＰ」を木村さんが5回くらい観ているとわかってから、人ってどこかで繋がっているんだなあ、という不思議な感覚を覚えたインタビュー撮影だった。

原　色々お聞きしていきます。参議院会館の居心地はどうですか？

木村　あまり慣れてないので、まだそんなに快適ということではないですね。

原　使い勝手はどうですか？

木村　トイレが広いので、それは楽です。

原　ここに来るまでのエレベーター、凄く小さかったですけど、車椅子専用のエレベーターってあるんですか？

木村　専用はないと思いますけど。

原　小さいエレベーターで、みんなと一緒に？

木村　そうですね。

原　混む時はけっこう気を遣うじゃないですか。

木村　その時は待ちますけれど。

原　ここから国会へ行く時には一苦労しますか？

木村　遠いですよね。ここから地下を通って、国会議事堂に行くんですけど、数往復もする時もあるので。

原　数往復？　あ、一日のうちにね……。

木村　そうですね。

原　会議が終わって戻って、また行くってやつね。

木村　三回とか四回とかあるので、そういう時はずっと動いてる感じで大変ですね。最初、道がわからなくて。やっと覚えました。

原　国会の内部の構造も分かりましたか？

木村　いや、まだ全然。

原　分かりにくい？

木村　はい。

原　バリアフリーって言葉がありますけど国会の中を行き来する時に段差とか階段とかいろいろあるでしょ？

木村　そうですね、でもエレベーターで行きますので、健常者の方よりは遠回りな感じで、距離があると思います。

原　そうですか。立候補する前のことなんですが、山本太郎代表から立候補の打診がいつありましたか？

木村　六月の十八日だったと思います。
原　何日前だ？
木村　二～三週間くらい前ですね。
原　他の人に比べて早かったですね。他の人は一日前とか二日前とか。
木村　ああ、そうですね。
原　どんな言葉で誘われたんですか？
木村　ええ。やっぱり当事者の人が国会に立って欲しいというのは前々から仰っていたので。
原　前々からってことは、打診は初めてじゃなかった？
木村　打診って言うか、出会ったのは三年くらい前です。
原　ああ、そうですか。
木村　そこの席で、そういうお話をされたことはあります。
原　ごめんなさい、そういう話というのは立候補してみないか、と具体的に？
木村　立候補してみないかではなくて、障害者のことは、太郎さんも自分は分からないので、障害を持った当事者の人が国会に行って、政治を行うことが、改善には一番得策じゃないかということで。是非、当事者の方に立って欲しい、と障害者団体の集会などでお会いする時は、必ずその一言を言われていた気がします。
原　そう言われた時に、木村さん自身としては、即、よしやろう、と決めたわけじゃないでしょ。

いろいろ迷いなんかが……。

木村　正直、体が持つかと思って、難色は示しましたけど。ちょっと考えさせてくださいということで。

原　じゃあ最終的に立候補を決意したのはいつってことになりますか？

木村　日にち覚えてないんですけれど、記者会見のちょっと前くらいだったと思います。三日くらい前かな。

原　立候補を決意する決め手になったのは何ですか？

木村　私は、介護保障の運動を地域に自立してから三十五年間続けています。地道な活動ですが、厚労省とか東京都、市町村と何度交渉しても、そんなに急激に良くなるわけではないですよね。介護保険が始まってから障害者政策もどんどんひどくなって来ている現状もあります。運動も死ぬまでやっていくけれど、運動をしてどれだけ改善していくかというのは未知ですし、立候補して国会で障害者政策を改善していくことも運動の一つではありますし、少しは国に意見を言いやすいかなという理由と、あとは私はあんまり喋るのは得意じゃないので、もっと運動歴の長い方とかベテランの方に行って貰った方がいいんじゃないかなって思ってたんですけど、まあ、私の仲間達の後押しもありまして決意させてもらいました。

原　私たちも、前の作品「ニッポン国VS泉南石綿村」ですが、泉南アスベストの裁判闘争の八年間、撮影でお付き合いさせて貰ったんですが、国というか、行政、つまり政治を動かすところにお願いをしに行くじゃないですか、最初は、こういうふうに改善して欲しい、と。でほとんどが、まず聞いてくれない、というふうな実感を持たれたでしょ？

木村 そうですね。

原 でも諦めないでお願いに行こうと考えますわね。だけど、お願いしている限りにおいてはちっとも聞いてくれないじゃないか、ということに気が付かれたと思うんですよね。で、立候補を決意する時、お願いして聞いてくれないんだから、もっと強いエネルギーが必要だな、って思われたでしょ？　その辺、率直に聞かせてもらえるとうれしいです。

木村 強い気持ちかどうかは分からないですけど、どちらもいばらの道なので。

原 どちらもって？

木村 行政と戦うのも、地域で運動するのも厳しいですし、政治家の仕事って内容は分かりませんけど、どうせ大変だったら一番近いところに行って意見を言って、いつも行っている交渉のように、だめでも言い続けようっていう気持ちはずっとあるし、たぶん運動は死ぬまでやろうと思っていますね。やらないと生きられないですよね。もしやらないで生きられるならやりたくないです。運動はあまり好きではないですし、運動って喧嘩じゃないですか。喧嘩はあまり好きじゃないので。

原 好きじゃないですか？

木村 好きじゃないですね。

原 立候補して選挙に通って国会に乗り込むということは明らかに国家権力と喧嘩をするってい

うことを意味しますよ。

木村　そうですね。やれるうちにやった方がいいかな。

原　泉南の人たちって、本当に普通の人たちなんですよね。裁判闘争をやるなんて自分の人生の中で思いもしなかったんでしょうが、自分の身内がみんなアスベストで死んでいくということでやむをえず裁判闘争に立ち上がったと。最初はお願いなんですよね。だけどいくらお願いしても相手が聞いてくれないっていうんで、だんだんと怒りが湧いてくるわけですよね。最終的には、私らから見てててですよ、真っ当に喧嘩ができるようになったんだなって。日本の政治はやっぱり怒りを持って喧嘩を売らないとまず変わらないっていう大前提があるんですよ。そういう意味で、木村さんは今のところ、まだ怒りというエネルギーに突き動かされているわけではないですか？

木村　いや、怒りですね。

原　怒りはあるんですか。

木村　はい。

原　じゃ怒りが、立候補する決め手になったっていうふうに？

木村　怒りがなかったら多分ここにいないですね。

原　やっぱり、怒り。

木村　私は養護学校で育ってるので、人に嫌われないようにしなさいって言われて育ってますので。自立した当時の十九歳の時、あなたには怒りが足りないから、怒りを持ちなさいって言われた時に、怒りって何だろ？　っていうか、怒りを持つってことがいけないことだと思って生きてきたので分からなかったですね。人に差別されるようなことを言われても、心の中では悔しいんだけど、怒りを出せないというか。

でも三十五年たってやっと、そうですね、四十代ぐらいからですかね。地域で生きれば生きるほど施設や養護学校とのギャップが激しくて、私はなんて異常な世界にいたのだろっていうのを、だって地域で生きてたら虐待を受けないじゃないですか。でも施設では日常茶飯事なんで。それが当たり前だと思っていたんですけど、地域だったらそんなことする人はいないし、地域ではそれは犯罪だってことが分かったというか。地域に出て自分が置かれてきた状況はおかしかったんだなっていうのを知れば知るほど怒りが出てきて。で、少しずつ怒りを出せるようになってきて。でやっと普通に嫌なことは嫌だっていうふうに言えるようになったかなと思ったら、選挙に出ませんか、ってそういう……。

原　木村さんの中で、だんだん怒りを持つという、言ってみれば民主主義の中で当たり前と言えば当たり前のことじゃないですか。抑圧されてるんだから、怒りを持って当然だと、それをあえて成長していく過程というふうに言えば成長していく過程の中で、立候補してみませんか？　というのは、良いタイミングだったわけですね。

木村　合ったんでしょうかね。私はやっと地域社会に慣れてきたなって思った時に国会に行きませんかって言われたので、私にとっては第二の社会に出た感じなんです。

原　第二の社会……。

木村　私にとって自立するというのは社会に出る一歩で、ああ、やっとこの世界に何とか慣れてきたかな？　と思ったら、国会なんて未知な世界で。まして、とても難しそうじゃないですか。私はあまり知識もないし、本当に何も知らずに地域に出てきたから、覚えるのがやっとですし。社会性も身についたか分からないけど、そういう人ですから、これから何というか、こういう訳の分からない世界に飛び込むのがちょっと怖かったというか。まあ今でもちょっと不安ですけど。

原　今は、この国を動かす、その中枢に入ったという感覚はありますか？

木村　まだそんな実感はないと思います。

原　まだまだ？　昨日、ここで舩後さんと一緒に、障害者をめぐる法律の改善の要求ってやられたんでしょ？

木村　ええ。本当に多くの障害者団体の人達が集まってくれて、色んな方の現状と色んな苦しみと怒りが結集した集会になったので、本当に皆さんの気持ちを受けて勇気をもらいました。

原　集会を開くにあたって色々ルールがあるでしょう？　ここでそういう集会をやることに抵抗はなかったですか？　スムーズに行ったんですか？

木村　いや、スムーズには行ってなかったみたいですけど。私はあまり常識がないので。

原　そうですか。

木村　ルールを言われても何で？　って感じで。めんどくさいルールがいっぱいあるんだなって思っていましたけど。

原　ルールって多分いっぱいあるんですよ。こういう場であればあるほど。あれをしちゃいけない、これもしちゃいけないって。それらをひとつひとつ壊していかなきゃいけない。莫大なエネルギーが必要ですよね。

木村　でも知って壊すのと、知らないで壊すのでは違うと思うんですよね。

原　どう違うと思いますか？

木村　分からないからあんまり考えない、というか、常識とかを知ってたら、ああ、こういうこと言っちゃいけないのかなとか、あと何だろ、色々考えるじゃないですか。でも全く何も知らないので、え？　どうしてやっちゃいけないんですか？　とか。

原　でもどうしてこんなことしちゃいけないんですか？　っていった時、相手が色々ルールを説明するというか教え込むような態度で色々言われるわけじゃないですか。

木村　そうですね。

原　それ自体が、表現の自由を縛ってるっていう感覚を持つでしょ？

木村　そうですね。

原　何でこんなルールが必要なのか？　って。つまり、権力って何も高いところにいて手が届かないとこにいるわけじゃなくて、日常の行動を自由に思うようにできないということも、また権力の、抑圧の仕組みの一つじゃないかと思いますが、そういう感覚はありますか？

木村　そうですね、凄くありますねえ。

原　日々戦いの連続になるでしょう。

木村　これから自立生活そのものが細かいことからの戦いなので。戦いをするってことには少し離慣れてきたところはありますけど。でもしんどいですよね。やっぱり障害の体でどこまで持つのか、その上、気持ちをふるい起こして人と戦うのは、どこまで続くのかなと思います。

原　まだ始まったばっかりなのに。議事堂の中には何度ぐらい入られましたか？　今日までに。

木村　五回くらいですかね。

原　どんな雰囲気を感じるんですか？　中に入って議員として？

木村　異様な感じって言うか。まあ、行ったことのない世界だから、議員の人たちがいっぱいいて何とも言えない感じですね。自分がそこにいるっていうこともちょっと不思議ですし。

原　障害者の人に向ける健全者の眼差しってあるでしょ。そういう人の眼差しって、何か突き刺さってくるでしょ？　国会の中にいて議事堂の中にいてそういう空気っていうのは、ビンビン感じるでしょ？

木村　皆さん、見ますからね。やっぱり珍しい感じで見られますね。ですからもっと障害者の人がいっぱいいいれば私もその他大勢で慣れると思うんですけど。その他大勢ではないから、全視線が、視線がこっちに来ますので、それはとてもきつい感じですね。

原　それってやっぱり恐怖、怖いって感じますか？

木村　最初は相当怖かったですね。今はわりと、見てくださいって感じですね。見て慣れてくださいっていうふうに思います。

原　でも国会議事堂の中って、お前みたいな障害者がここにきて何ができるとお前は思ってるの？　っていう、その目線の厳しさは世間よりはるかに厳しいっていうふうに思うんですが。

木村　でもそれは、障害者のことを知らない人は、皆さん、少なからずそう思ったことはあると思いますけど。でも知らないからであって、仲良くなってもらえれば普通に接することができると思います。

原　楽観的ですね。

木村　知らないだけだと思いますけど。

原　楽観的な性格なんですか？

木村　いや、違いますね、悲観的です。

原　今回、前夜祭の時にね、重度の障害者の女の人にこの人（島野P）がインタビューしてたけど、昔若い頃、あの引っ込み思案だった木村英子さんが立候補するなんてびっくりしたっていう、そういう意見がありました。

木村　今でも引っ込み思案なんです。本当にマスコミの前に出るのは苦手で今でも同じですけどね、あんまり変わってないですからね。出よう、と思ったのは、私の体とか障害の現状とかを、何かが少しでも変えられるなら、ま、やってみたいなっていうふうに思いました。

原　お子さんは何歳ですか。聞いて嫌だったらスルーしますが。

木村　今年三十歳ですね。

原　へえ。私、まだ中学生かそこらだと思ったんですが。

木村　いいえ、もう成人して。

原　結婚していらっしゃる？

木村　いや、まだしていないです。

原　女の人？

木村　男です。

原　議員になることに対して、その子どもさん、といっても、もう大人だけど、息子さんはどういう立場なんですか？

木村　生まれた時から、障害者運動をやってきてるので、交渉の場面とかにも子どもを連れていきましたし。そういう意味では、それが普通だと思って育ってるから、お母さんは運動してる方が元気だからいいじゃないっていうふうに言ってました

原　そうですか。それは、いいなあ。

島野　手前味噌なのですが、原さんの「さようならＣＰ」を観ていますか？

木村　はい観ました。観てました。昔から。

島野　ちなみに「ＣＰ」を観た時、おいくつの時に？

木村 えーっと二十代の頃に観たのと、けっこう五回ぐらい観てると思う。

島野 どういう機会に観られたりするんですか？

木村 障害者運動を知らない障害者の人たちに、色々な学習会とかする場合に使わせて貰ったりとか、ですかね。

島野 最初に観た時の印象ってどうでしたか？

木村 すごく表現が赤裸々で、凄くいいな、っていう。横断歩道をね、這いずっていかれますよね。それが施設の廊下を這いずってるような。それを社会の中で、しかも道路でやるっていうのは、障害者の真の姿を見せつけてる感じで凄く良かったです。

島野 そういう精神って、ずっと木村さんの中にお持ちですか？

木村 若い時は、それが嫌だったですけどでも、そうしなきゃいけないとは思ってました。

島野 選挙戦が始まってからですね、お顔つきと声の張りが違ってきたような感じがするんですけど、いい意味でですよ、ご本人的にはどうなのかなと思って。

木村 必死で喋らなきゃって思ってますから。

島野 凛とした感じが凄い。

木村 そうですか。

島野 その話をすると、木村さんって昔から戦う人として集会に出てたから、あれは木村さんの普通の姿だよ、って仰られる人が多いですけど。

木村　でも第一線の障害者たち、それこそ、三井さん新田さんとかそういう人たちは凄い引っ込み思案な私しか、多分その印象しかないと思うんですけど。最近は私も古株になってきたので、私より若い人達はそういうふうに運動してる木村英子っていうイメージがあるとは思いますけど……。

島野　初登院のときからスーツ着られて、ぱりっとした感じで、バッチも付けられていて。ファッションなんか最近変えられたですか？

木村　私はあんまり身なりを気にしない人でして、本当に普段の格好でいつもいると、周りが気を遣ってくれて。そんな格好じゃダメだよ、とか言って、もうちょっと議員らしくしなさいっていう感じで。皆さんから選んで頂いた服を着ています。

島野　あ、そうなんですか。

木村　コーディネートは仲間たちが、これどう、これどう、って持ってきて貰って。物質欲もないので、あんまり買わないですね、物を。だから、皆さんに洋服も選んでもらいました。

島野　じゃあ、毎日登院してる時っていうのは、どなたかご支援の方が、今日木村さんにこれ着て欲しい、というのを……。

木村　選んで頂いたものを着てますね。

島野　ファッションチェックしながら。でも国会議事堂なんかに入るときって、ユニフォームから心強いですね、皆さん付いていらして。

木村　皆さんに手伝ってもらえるので助かってます。

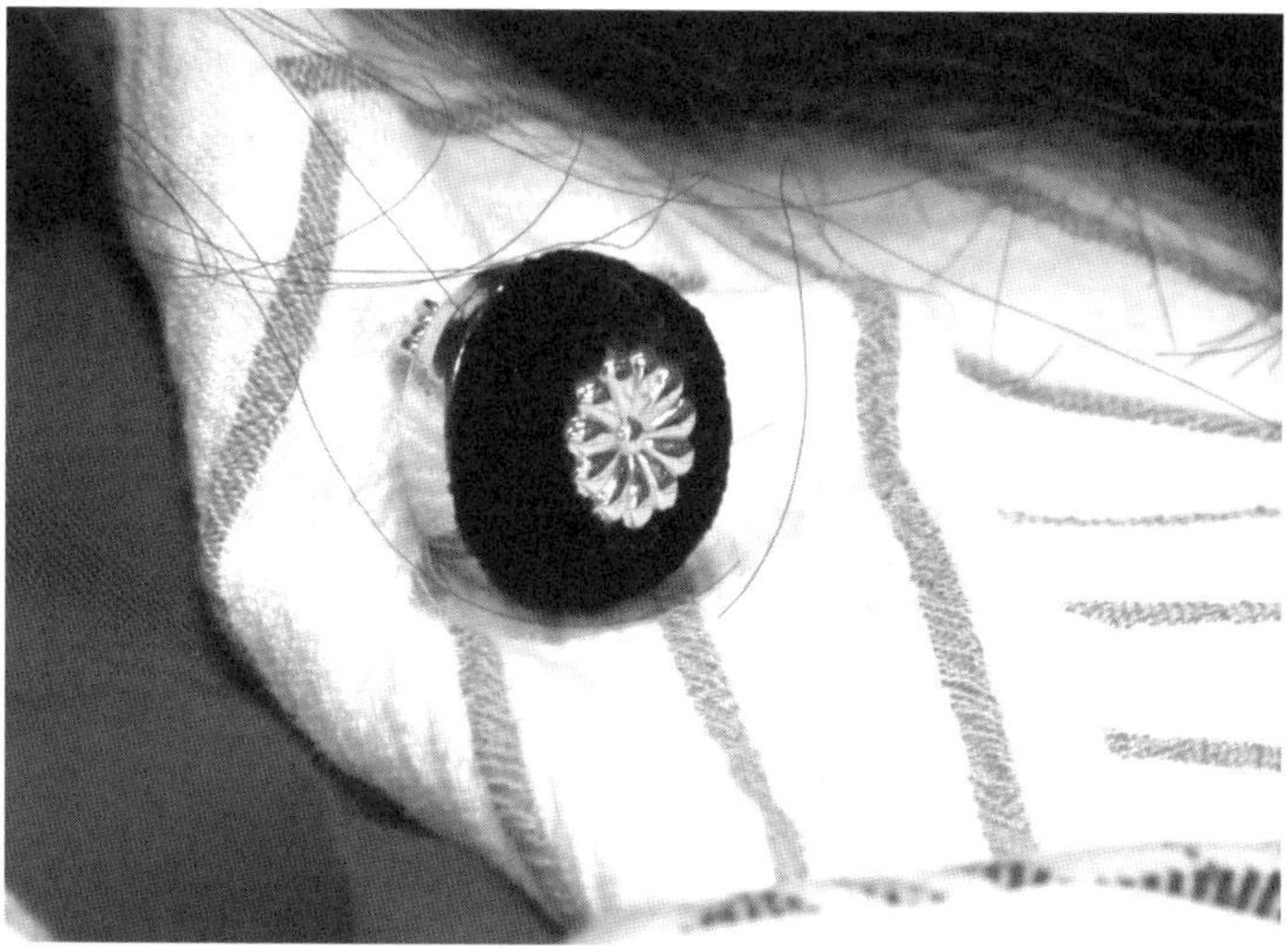

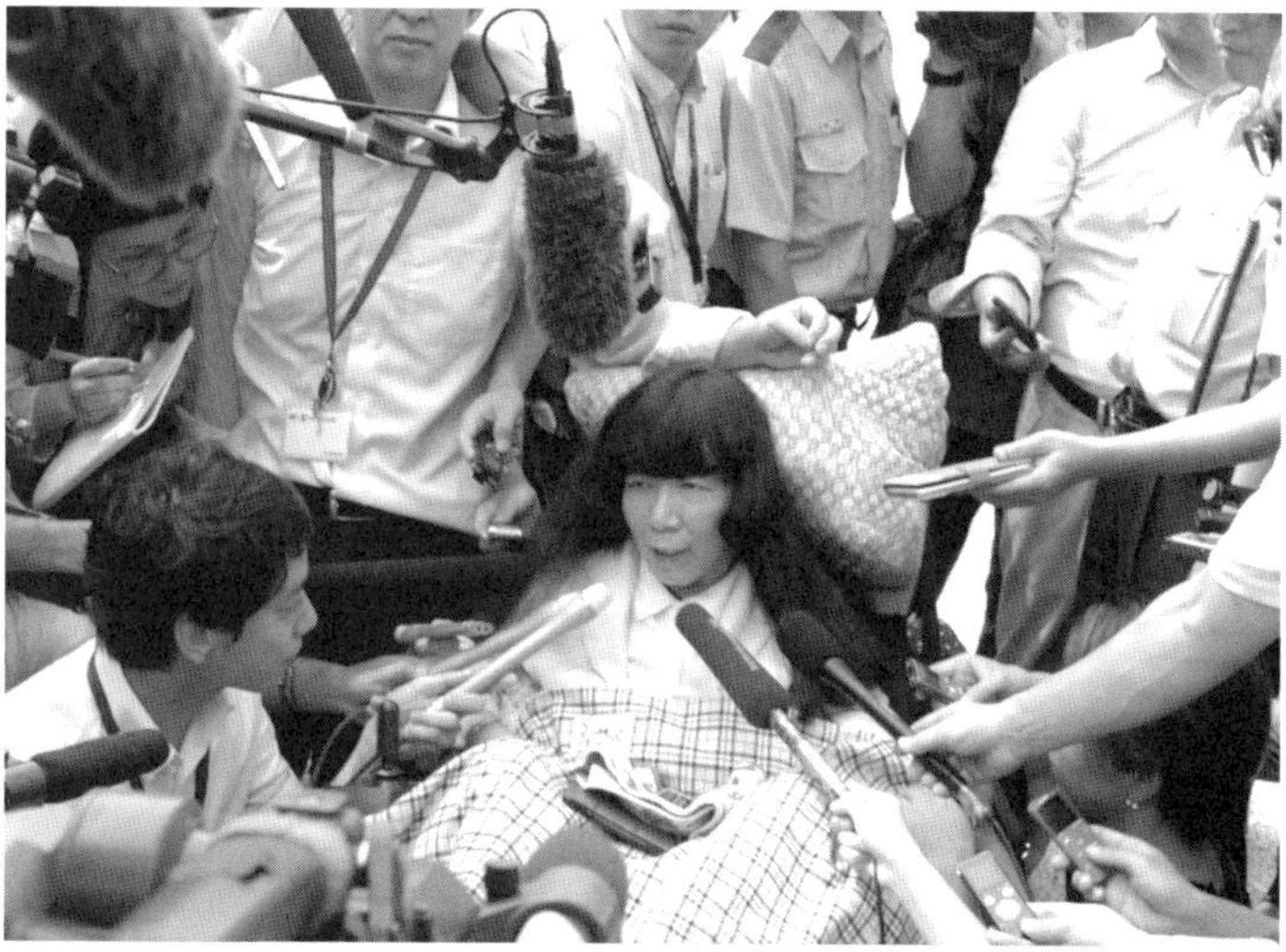

寛大、寛容を信条としていますので、
その方たちも大きな心で
許して差し上げます。

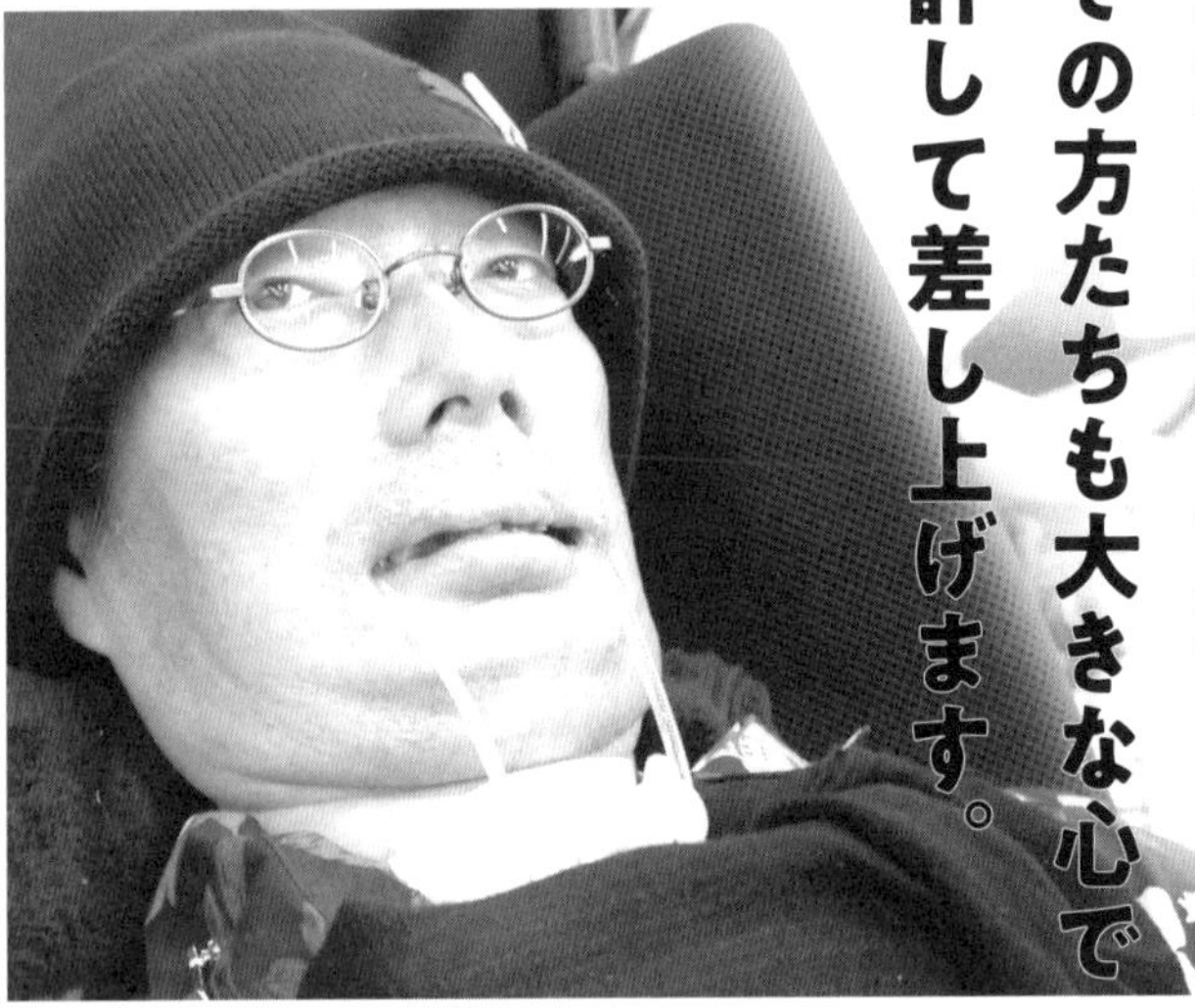

ふなごやすひこ
（舩後靖彦）

2019年10月15日
千葉県松戸市にて収録

1957年岐阜県生まれ。拓殖大学政治経済学部卒業後、商社マンとして勤務。2000年、ALSと診断される。現在、参議院議員（れいわ新選組）。全身麻痺ギタリスト。株式会社アース顧問。著書に『しあわせの王様』（ロクリン社）、『「終活」を考える』（上智大学出版、共著）等。

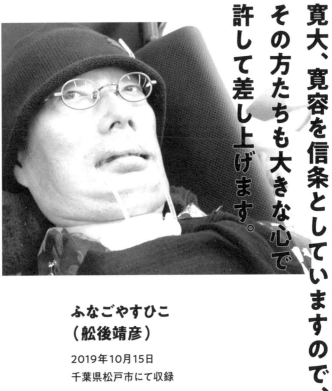

舩後さんのインタビューは、事前に質問の内容を文書で出して欲しい、というご本人からのリクエストで、質問内容を舩後さんに渡してあった。その質問の答えを舩後さんのコンピューターの音声を発する機能で読み上げて頂く、という形で実現した。
なお、当日、直接、舩後さんに質問した内容の返答は《　》の中の言葉だが、これは舩後さんが、チューブをかんでセンサーを反応させ、文字をパソコンに打ち込むことができる「伝の心」という意志伝達装置（人によって使い方は異なる）を使って答えて頂いたもの。

原　それじゃあ、お願いします。

以下、事前質問による音声データの読み上げ

原　**質問1**　選挙戦中にもっとも印象に残ってることはなんですか？　嬉しかったことはなんですか？

舩後　最終日、新宿、どこの駅頭でも観衆の方は大勢いました。皆さんの熱い声援と今まで以上に感じた眼差しは忘れられません。ロケット型のテープが打ち上げられ、まるでアイドル芸能人にでもなったかのような賑わいでした。もうひとつ新橋で世界的ギタリストSUGIZOさんと一緒に

写真を撮れたことです。私も十代の頃には、プロのスーパーギタリストを目指していました。それだけに喜びもひとしおでした。

原　質問2　選挙戦後に、山本太郎代表と今後の方針を巡って、じっくり話し合う時間はありましたか？　あったとすれば、どんなことを話し合いましたか？

舩後　選挙戦の前のことでしたが、「生産性で人の価値を計るな」と仰っておられたことが、私が大学の講義で語っている人間価値論「命の価値は横一列」と完全に一致したところから、山本党首なら日本をひっくり返すかもしれないと感じました。

原　質問3　舩後さんは看護・介護サービス会社の副社長（現在は顧問）ということですが、部下の人たちとのコミュニケーションをどのようにとっていますか？　直接、部下と会って顔を合わせて伝えるようにしているとかを意識していますか？

舩後　私の場合は、メール以外では直接、顔を合わせないと、コミュニケーション・ツールとしての文字盤ができない事情があります。それゆえ、文字盤はお互い見つめ合う必要もあり、相手の目を穴が開くくらい確認しないと読めません。私が言いたいことを、部下たちも一生懸命諦めることなく挑戦してくれたおかげで、一体感が増したのだと思います。八月いっぱいで役員を辞して、顧問になりました。私は先月、『インディペンデントリビング』という障害者の自立生活を支える映画を視聴させていただきました。その主役の一人が自立生活夢宙センター代表の平下耕三さんです。恰幅のいい平下さんですが、先天性骨形成不全症という難病を抱えられ、車椅子に乗っておられます。そんな平下さんご自身、人に対する心理分析は見事で、「人間って自分が優位な位置に立ちたいかなんかで、下を見つけるというか……」と、仰っておられる。この言葉には、私も自分が障害者になった途端、見下げられたという経験があることから、同感を覚えます。私は平下さんに大いなる知性を感じました、学校歴などでは計れない知性を。平下さんは自戒するかのように、この言葉を発しておられましたが、私には全人類普遍の性質に思えてなりませんでした。これを解決するには、インクルーシブ保育・教育の実践しかないと思っています。

原　**質問4**　今までに重度の身体障害を悲観して、自殺を考えたことがありますか？

舩後　二〇〇一年に全身麻痺になってからは、毎日死ぬことを考えていました。ピアサポートという生きがいを得てからは楽しい日々でしたが、施設入所して、事務長が辞めてから施設の雰囲気が一変し、虐待を受けるようになったときに、そう思いました。施設を出て、介護会社の社長の自宅を借りて暮らしたその日から虐待されてしまったときにも、病院・施設・一人暮らし、いずこに行けど同じだと感じたときにも、そう思いました。また、ギター映像を視聴してくださって拍手がなければ、そう思うかもしれません（笑）

原　全身麻痺ギタリストということですが、得意の一曲を聞かせていただくことは可能ですか？

舩後　今ですか？　では、あとで録画しているものをお見せします。

以下、当日、その場での生のやりとり

原　事前の質問に対しては答えていただきました。じゃあ、これから生の質問を……。

介助者　生の質問は……じゃあ、ちょっと画面、今、変えると思いますので。

原　はい。

介助者　じゃあ、舩後さん、画面変えて自分で打ち込んでください。

原　質問して良ければ、オーケーをください。

介助者　（舩後さんに）合図してください。

舩後　（目で合図を送る）

介助者　いいですよ。どうぞ。

原　はい。目標にしていた国会へ初めて舩後さんは登院されました。国会に初登院したときの、いろんな思いがあると思いますが、こんなふうなことを感じたということを聞かせてください。

舩後　《これから日本を変えるぞ！　という気概に満ちていました。》

原　わかりました。今日までに、国会議事堂の会議室でしょうか？　みんなが集まって議論しますよね、あの場所にもう何回ぐらい登院されてますか？

数字だけでいいですよ。例えば「五回」、というふうに。「五回です。」っていうのは大変でしょうから、省略していただいて結構です……いいですか？

介助者　性格的に駄目なんです。

原　あ、きっちりと？　そうですか……「。」をつけないと……。はい、わかりました。じゃあ、待ってます。

舩後　《五回です。》（笑）

原　はい。わかりました。で……さっき、日本を変えてやろうという気概に満ちていたということでしたが、それでも舩後さんや木村英子さんを迎える先輩の国会議員たちが、みんながみんなね、心から「よく来た」と迎え入れたわけではなさそうですよね？　そういう先輩の議員たちがですね、舩後さんに対してどんな眼差しを向けたかっていうことが、舩後さんから見たときにね、どんなふうに映りましたか？

舩後　《まぁ、しゃね、そんな人もいるもんだね、TT。》

原　ははは（笑）そんな……いいんですか？（笑）わかりました。

介助者　「ぁ」って入れなきゃいけないんじゃない？　しゃ「ぁ」……「ねー」って延ばした方がいいんじゃゃ……小さい「ぁ」に、「ねー」の方がいいんじゃない？

舩後　《まぁ、しゃぁねー、そんな人もいるもんだね、TT。》

原　はっはっは（笑）。いいですか？　はい。舩後さん、ずいぶんお優しいですね。寛容というか……そんな人たち……そんな国会議員の連中が集まってですよ、つまり「差別法案」をつくっているわけですから、こんな連中バカか！　と言って怒らないといけないんと違うか、って私は思いますが。つまり、舩後さんがまず戦う相手は、そんな人たち……つまり国会議員の連中じゃないかっていうふうに、今、私は思いましたが、いかがでしょうか？

船後　《おー、寛大、寛容を信条としていますので、その方たちも大きな心で許して差し上げます。》

原　はい。じゃあ……最後です。船後さんの態度というか、お考えはよくわかりました。だけど、あえてしつこく反論します。その寛容であるということはですね、聞いてる私にとってはですね、なんていうか……議員の連中がですね、こいつらは駄目であると、もうほとんど絶望してらっしゃるんじゃないかと、絶望という気持ちがベースにあって、もうしょうがないと、だけども、諦めては負けだから、カーッとしないように自分をコントロールするというか……すごく葛藤があってですね、寛大という態度になるんだろうなというふうに思いますが……。

あえて質問しますが、そういった議員……議員ということは、つまり国民の代表ということで言えば、国民に対してということになると思いますが、国民に対する絶望感というものは船後さんの中にかなり大きくありますか？　これは最後の質問です。

船後　《心の奥底には憤怒もあります。ですが、それをしょっちゅう見せたら相手は警戒して、スキを見せません。私どもがとる戦術は、島津義久が得意とした「釣り野伏せ」と確信しております。》

原　はい。どうもありがとうございました。お疲れさまでした。

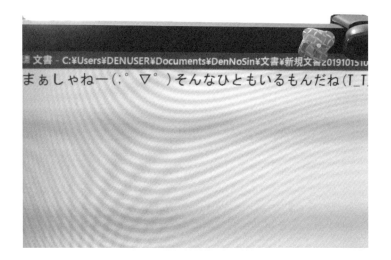

文書 - C:¥Users¥DENUSER¥Documents¥DenNoSin¥文書¥新規文
まぁしゃねー(;° ▽°)そんなひともいるもんだね(T_T

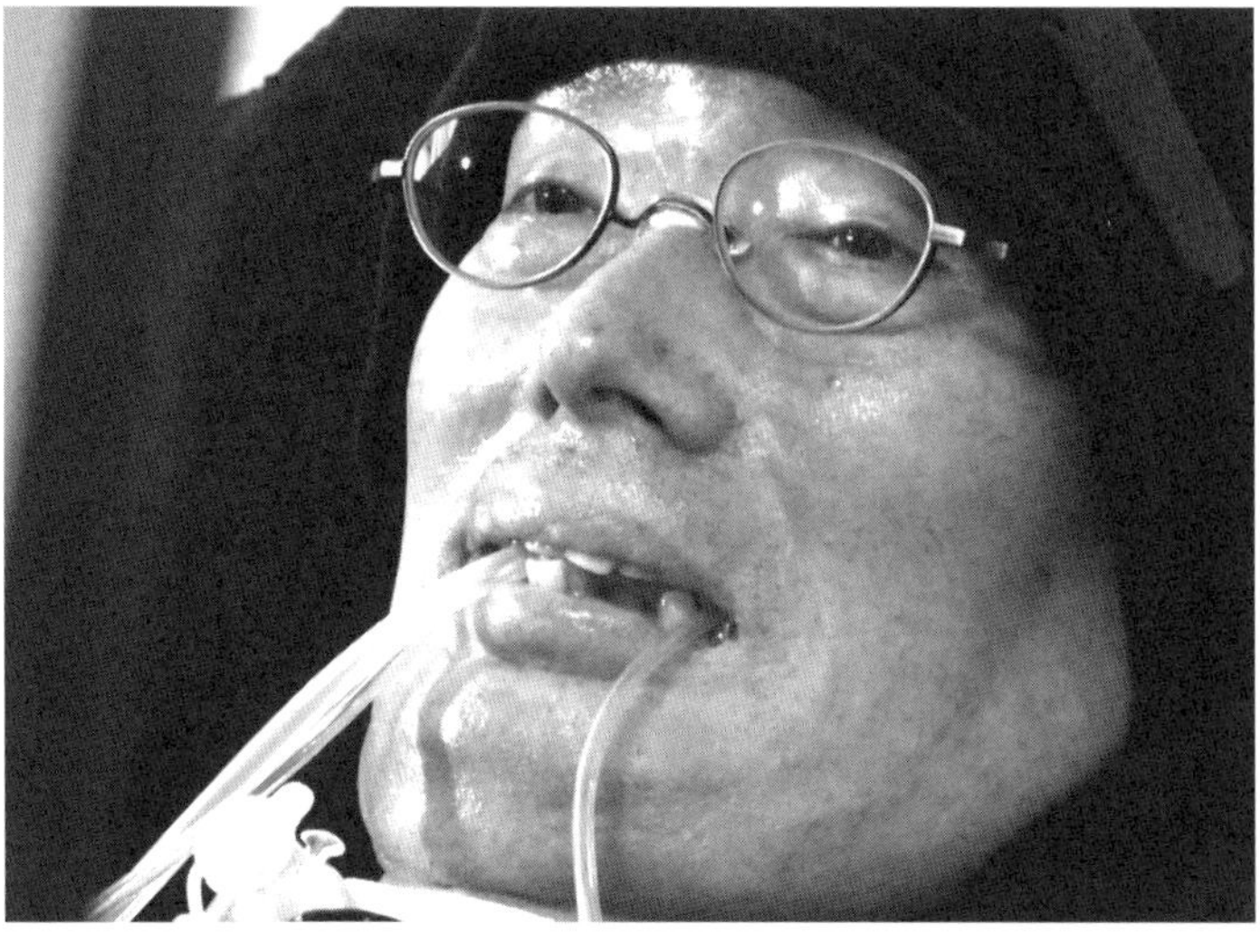

採録シナリオ『れいわ一揆』

T：これから映画をご覧になる方々へ

映画のラストにエンドロールがでますが

その後にワンシーン入っています

最後までご覧頂くようお願いします

T：風狂映画舎　製作

T：原一男　監督作品

○映画のきっかけ

T：2019．6．18

（メール文面）

YASUTOMI Ayumi 6月18日

To：自分

ご無沙汰しております。

もしかしたら、また選挙に出て、アレをやるかもしれません。

というより、原一男さんが、映画を作ってくださるなら、出てもいいかなぁ、とか思うのですが、ご相談したいと思うのですが。

T：それは一通のメールから始まった

T：2019．6．26

運転席から見た目

車内の会話

島野　off「先生、細くなったかな…」

原　off「そやなぁ…」

島野　off「あー危ない。先生ひかないでね」

原　off「ひくわけねーだろ」
原　off「相方の人は誰じゃ？」
島野　off「わからない。牧場の人でしょう？」
島野　off「わあ、すごい」
島野　off「わあ、いいとこだ」
原　off「いいとこだ」

牧場
安富、カメラに向かって答える

安富「選挙終わってからだから一年前ですね」
安富「そうですよ、ちょうど今ごろですね」

Ｔ：東京大学東洋文化研究所教授　やすとみ歩

島野　off「なんかすごく、すーっと…スリムに…」
安富「馬にはたくさん乗ってますね、この一年間」
原「馬乗ると痩せます？」
安富「もちろんです。スタイルめっちゃ良くなります」
原「これ牧場全部、先生のあれです？買って自分のものに？」
安富「いやいや、私のじゃないです、人のものです」
原「人のものなんですか？」
安富「単に私、会員なので」
原「会員制？」
安富「ええ、ええ」
原「日本の馬じゃないんですね。海外から来た馬たち…」
安富「右側のは道産子です。道産子もう一頭いるんだけど…白いのどこ行った？　あれ、いないなあ」

島野　off「まだ選挙区すべて決まってないと思うんですけれども。誰が選挙をコントロールしてるっていうか、指示してる人なんですか？」

安冨「山本太郎さんと山本太郎事務所の2、3人だけでやってると思いますよ」

原「2、3人ていう人は選挙参謀的な役割っていうか頭脳を持った人たち」

安冨「これまで何回も太郎さんとか三宅洋平の選挙をやってきた…」

原「人たち」

安冨「でも、政党作るっていうのは、全然別の話なんで大変だと思います。だって10人候補者がいて10人それぞれにいろいろ問題あるわけで、処理しなきゃいけないことが10倍になっちゃったら完全にパンクしますよね。私もだから…どういうふうにしたものか…。詰めないといけないことは詰めないといけないんだけど。詰める人がその状態であることが分かっているので」

原「はあ…大変だなあ」

T：普段　安冨さんは自宅近くの牧場へ毎日のように通い
馬の世話を手伝いながら暮らしている

牧場スタッフ「これ運んでもらっていいですか？私こっち…ビートやるんで」

島野　off「おぉー!!」

安冨、馬に餌をやる

原　off「はあはあ、いい香りの草ですねえ」
島野　off「そう。香りがすごい」
原　off「日本じゃあ、とれない草…?」
安冨、馬の鼻息に仰反る
安冨「記者会見の前の日に、こういうことやってるヤツいないよね」
島野　off「いやいやいや」
安冨、インタビューに答える
原　off「何がきっかけで、スタートはいったいどこから?」
安冨「ほんと一週間かそのぐらい前に太郎さんからメールが来て」
原　off「メールが来たんですか?」
安冨「議員会館行って、一時間ほどお話して、まあしばらく考えて『これは出るかな』って思って」
原　off「どういう話をされた?」
安冨「いや、だから…私の考えを説明して。基本的には、太郎さんがれいわ新選組で掲げている政策っていうのは、私はあんまり興味が…」
原　off「ない」
安冨「ないし…、『政策は反対、って言ってくれてもいいから出て欲しい』っていう…。私が見せないといけないと思っているのは、その…希望だと思うんですよね。希望とか夢…。
今までがんじがらめになっている私たちの、東京とか、都市という空間のなかに、馬だとかチンドンパレードだとかそういう異常な空間…

T：異界というものが存在しうるのだ

ということを示して、実は世界は閉じられていないってことを、人々に認識して欲しい」

安冨「世界の裂け目みたいなものが実はあるんだっていうことが分かれば、そこに希望が見えるんですよね」

T：撮影するにあたり山本太郎代表に挨拶をしたいということで電話をかけてもらう

安冨、電話を掛ける

安冨「じゃあ太郎さんに電話します。忙しいかな…」

山本 off「はいはい、どうも…」

安冨「今ですね。映画監督の原一男監督が来ておられて、太郎さんにちょっとご挨拶したいと言っておられるんですけど、今ちょっとだけよろしいでしょうか？ はい、ちょっと…」

安冨、原に携帯電話を渡す

原 off「それでひとつだけ、代表の山本太郎さんにお願いというか、確認しておきたいことがありまして…。せっかく映画を作るわけですから、やはり面白い映画を作りたい、というふうに思ってまして、面白い映画を作らないと誰も見てくれませんので。

その、面白くするということはですね、具体的に…何ていうんでしょうか『あれを撮っちゃいけない、これはまずい』っていうことは無しにしてくださいね。というお願いなんです、はい」

山本 off「ああ、なるほど。でもあれですよね、基本、安冨さんを…」

安冨、複雑な表情をする

原 off「いえ、できれば、なんて言いますか、選挙の全体像ってあるじゃないですか。安冨先生だけの選挙のイメージ、もちろんそれが中核にあるのですが、もうちょっと外側と言いますか、人間群像的な狙い方をした方がむしろ…いいだろうという判断がありまして。

だから山本代表の映像を撮らせていただくことも十分あり得る、というイメージを持っているんですけども。節目節目で、そういうことを撮らせてくださいというお願いをする可能性は十分にあると思いますけれども、よろしいでしょうか？」

山本 off「分かりました」

原 off「はい。なんかそういう…なんていうか面白い選挙をしていただきたいし、その裏側も全部オープンにしますよっていうふうな姿勢じゃないと、面白い映画にはならないので」

山本 off「監督の映画を観てれば、そういうふうに…」

原 off「ハッハッハ。ありがとうございます」

T：ちょうど一年前

T：原一男のネットde『CINEMA塾』のゲストとしてやすとみさんを迎えた

（YouTube画面）原一男のネットde『CINEMA塾』＃011

原「えー、こんばんは。原一男のネットde『CINEMA塾』、今日は11回目になります」

安冨「よろしくお願いします」

原「よろしくお願いします」

原「50歳で始めた『女性装』を転機に、東大教授の安冨歩さん」

T：私は『女性装』についてしつこく聞いた

原「『女性装』という言葉ならいいんですか？」

安冨「まあ、それは私が自分で作ったんですけど。『女装』っていうのは、基本的には自分が男性だって認識していて、あえて女性の格好をっていうニュアンスだと思うんで。私はだから普通の格好をしたら、こうなっているっていう…」

原「自分に一番しっくりくる格好はこの格好だという」

安冨「男性の格好をしているとすごい不自然な感じがするので」

原「ビール飲みます？」

安冨「ああ何でも」

原「じゃあビールで」

安冨「はい。ありがとうございます」

原「で、しかし、しつこいようですが、ス

カートなんてもう典型的に見た目に女性って分かるじゃないですか?」
安冨「ええ。その格好で出た時に人がどう思うかっていうことは、あんまりもう気にならなかったですね」
原「そこをお聞きしたいんですが、気にならないんですか?」
安冨「そうですね」
原「はーん」

安冨、缶ビールを口にしかける

原「じゃあじゃあ、じゃあじゃあ」
安冨「先飲んじゃって…ごめんなさい」

安冨と原、乾杯する

原「いろいろ根掘り葉掘りお聞きしますけど…」
原「すいません、下着はどうする…」
安冨「だから、もう男ものは着られないので」
原「全部女性もので? ブラジャーもつけてらっしゃる?」
安冨「そうですね」
原「でも、セックスの場面ではどうなるんですか?」
安冨「それはだから、レズビアンなわけですよ。だからトランスジェンダーでレズビアン」
原「レズビアン?」
安冨「うん。だから、自分が女性だと思っているからといって、恋愛対象が女性であったり男性であったりするわけですから」
原「でも、肉体は男だから…」
安冨「そうです。そうです」

原　「男女のセックスの…形としては男女のセックスの形になるでしょう？」
安冨「もちろんそうですよね」
原　「ペニスを切っちゃえっていうところまでいくんですか？それはいかないんですか？」
安冨「それは私はいかなかったですね。多分それは性的対象が女性か男性かが結構大きいと思います。自分を女性だと思って、かつ男性を好きになる人が、性器を維持したままっていうのは、かなり抵抗があると思うんですよ」
原　「うん」
安冨「そうなると身体を変造するっていう…」
原　「そうなりますよね」
安冨「でも、それでも別に変えなくっても構わない人はたくさんいるんですよね」
原　「そうですね…。安冨先生が女性の格好をして大学に来た時の周りの…」
安冨「私のいるところは東洋文化研究所っていう文化関係の研究をしているんですけど、流石にそこの人たちは異性装というのは、全人類的に普遍的だし、それからその、特にヨーロッパの大学とかアメリカに行ったらそういう人はいるんですよね。だからそれが『女装』だとしたらそうだと思うんですよね。『私はおかしな格好をしている』っていうふうに思っているのであれば、それに対して目を向けられた時に『自分の方に原因がある』と思ったと思いますけど」
原　「選挙に対する関心は？」
安冨「はいはい。マック赤坂とか三宅洋平とか外山恒一…というような、今までにないような表現を選挙というメディアを使ってやろうとした人たちにすごい興味があって」

原　「そういう自己表現として選挙に立ってみて、なんかおもろいことやりたいって発想だった?」

安冨「そうそうそう。というのは選挙というメディアが封殺されていると思うんですよね。はっきり言って田舎の地元の人たちってみんな自民党に搾取されているのに…」

原　「ですよねえ」

安冨「搾取されているのに支持しているわけですよね」

原　「そこです今。今の日本の一番大きな問題。まさにそこじゃないですか?」

安冨「そうなんです、そうなんです。だから私が『あなたがた搾取されてるよね?だから、私が市長します』じゃ変わらないんですよね」

原　「まあそうなんですけど。そのことに気がつくために、気がついてもらうために誰かがやっぱり先頭に…」

安冨「はいはいはいはい」

原　「奥崎謙三…私は奥崎謙三って人を映画にしましたけど、ああいう役割を果たす人が必要じゃないんですか?」

安冨「そうですね」

原　「ショック療法みたいな」

安冨「だから、そのために選挙に出たんですけど…」

原　「出た!」

T：やすとみさんは当時　東松山市長選挙に

立候補して馬を使った選挙運動で話題になっていた

（YouTube画面）東松山市長選　やすとみ歩　馬とねり歩き　安冨歩

原　「私けっこう、あっちゃこっちゃすぐ首突っ込みたくなるんですけど、今話聞いていてすごく、一部始終を全部映像に回したかったなあって。もっと早くお目にかかっていれば『私全部密着します！』って」

安冨「そうですね、これ記録映画にしたかったなあ、みたいな」

原　「もう一回立候補していただければ！全部、記録しますんで」

安冨「いいかもしれないですね。そのためならやってもいいかもしれない」

原　「やってくださいよ！」

T：「瓢箪から駒」
まさか
ホントのことになるなんて!!!

T：れいわ一揆

◯選挙戦の前哨戦

T：公示日まで7日
T：立候補記者会見
T：東京　四谷
T：れいわ新選組　事務所

安冨、事務所に向かう

安冨、メイクをする

安冨「どうしたらいいいか。なんか…政治家向き、みたいな」
メイク「ええ」
安冨「どうなんですかね…あんまり…とにかくあれですね。地味な感じで…だけど綺麗みたいなかなぁと思ってるんですけど」
メイク「そうですね。でも衣装はそんなに地味じゃないですもんね」
安冨「ああそうですね」
メイク「藤岡ちゃんから『何に気をつけたらいいの？』って聞いたら『大丈夫！綺麗だから』って」
安冨「ハハハハハ、そうですか」
メイク「言いそうでしょう？」
安冨「そんな感じですよね」
メイク「うん！この色が…しっくりくる気がします」
安冨「ありがとうございます」

山本代表、安冨の元に挨拶に来る

山本「お疲れさまです。失礼します。進行をちょっとだけ…でも。先にいろいろ…」
安冨「もう終わりました」
山本「完了ですか？分かりました」

T：れいわ新選組代表　山本太郎

山本「お話しいただいた後に質問を受け付けるか…それとも、いきなり質問を受け付けるか、やり方はいろいろあるんですけど」
安冨「あとちょっとこの機会に。今まで2億円集まってるじゃないですか。その…（有権者が）何を求めて支援してくださってるんですかね」

山本「うーんとね…もうほんとこのままじゃ国が壊れちゃうと。まあだから今の、ずーっとこのまま…なんだろうな、これまでの政治を見てきた肌感覚として国が壊れていくんだろうなっていうことを…。今のままの政治だったら見る気もしないけど、あの厄介な奴がもっとおもろいことやるんだったら…とか」

安富「まあ、その二つがあるんでしょうね。リベラリズムのようなものの極端な形態を求めてる人と、それからもう…政治っていうもの全体にウンザリしていてその外側を求めている人と…。
この二つがね、もちろんこの何日間かいろいろ考えてて…というか感じてて、この二つがどっかでこう引き裂かれるような力を持つんじゃないかと思ってて、その時に太郎さんはどっちになる…どっちに乗るかなって」

山本「どっちっていうと？」

安富off「まじめなほうか、面白いほうかですよ」

山本「いやー、もう並行していきたいですよね、それ。ねえ、両方やる、感じで」

安富「その引き裂かれを…統合しながら進んでいかないといけない。その力すごい要るなあって。そこを超える人徳みたいなものがどっかで」

山本「人徳か…金で黙らす！とか一番簡単なんですけどね」

安富「そうそう。田中角栄とかそうでした」

山本「向こう側がやってる作戦なんですけどね」

T：異界のパワーを呼び込まないと

安冨「異界のパワーを呼び込まないといけないし、それを呼び込んだら本当に革命が起きるような」

山本「それを呼び込むエネルギー持ってはりますもんね、安冨さん」

安冨「自分でも努力はしてきましたけどね、そういうものをね。異性装とかも異界の力を借りるものでもありますけど」

立候補者たち、記者会見に臨む

山本「どうもありがとうございます。れいわ新選組代表の山本太郎です」

山本「『男らしさ』とか『女らしさ』とか、『子どもらしさ』とか『母親らしさ』とかっていうような、もう地獄のようなカテゴライズと言いますか、『こうあるべきだ』というような枠にはめられながら生かされ続ける現代はまさに地獄である、と。そのような中で価値観をブレイクスルーされた方」

山本 off「『自分らしさ』っていうものを最大限に開放されている、この方に立候補者になって頂きたいと思ってお話をさせていただきました。

というわけでよろしいでしょうか。候補者の方です。どうぞ」

安冨、登場し、記者らに一礼する

安冨「現代社会っていうのは…何て言うんでしょう、『豪華な地獄』みたいな。

T：豪華な地獄

国民国家システムの維持。つまり別の言葉で言うとですね、『富国強兵』っていうことなんですけど、

T：富国強兵

それがインターネットとかそれから高齢化とか、アジアの台頭。というような大きな波によってですね、崩壊の危機に瀕している。別の原則に移行しないといけない、と。その原則って何かって言うと、私は『子どもを守る』っていうことだと考えています。

国政選挙を通じて『子どもを守る』ということを、政治の原則にしようということだけをですね、皆さまにお伝えしたいと思っています」

記者との質疑応答

T：フリージャーナリスト　畠山理仁

畠山「安冨さん。去年ですね、東松山の市長選挙にお出になった時には、馬を使った選挙運動をされていましたけれども、今回はそういったことは予定されているんでしょうか？」

安冨「『子どもを守ろう』というのは政治的なスローガンですけど、『馬を都市に引き

込もう』というのは私の重要な政治…政策なんですけども。

私たちは勇気を持って自分たちの暮らしを立て、子どもを守り育てるっていうことを、どうやったら実現できるかっていうことをですね、考えないといけないし、それを実現するためにはですね、助け合いが必要です。どうやってもできないんです。お金では解決できないんです。そんなことは。

だから人と人との関係を取り結ぶ手段を…なぜ人と人との関係を取り結べなくなっているかっていうと、私たちがその能力を失ったからなんですよね。なぜならそういう能力を持っている人間は資本制生産システムにとっては不便なんです。友達のことを考えて会社に来ないようなヤツはダメなんですね。だから友達が一人もいなくてお金が頼りの人間がいなければ、私たちのこの経済は持たないいんです。

なので私たちは友達を作る力を失い、助け合いをする力を失ってしまったので、暮らしは立たなくなり『お金を稼がなければ死んでしまう』って思うようになってしまったわけですが、それをですね、改める以外に、私たちはその貧困『繁栄の中の貧困』という意味の分からない世界から抜け出す道はないと思っています」

T：公示日まで5日　寄付をYouTubeで呼びかける

T：東京　某所

安冨、ピアスを付けている

安冨「この間の記者会見はいかがでしたか？
撮ってて」

原　off「やっぱり私は本当に、先生の発言と後の太郎さんの発言を聞いて、すごく『ああ、いい。気持ちいいなあ』と思いながら」

安冨「ああ、それはありがとうございます」

原　off「聞いててうれしくなりましたね。ニコニコ笑いながら撮ってました」

安冨「そう。笑ってましたね。原さんはすごいご機嫌だと分かって」

音楽家・片岡祐介登場

安冨「ここにセッティングしちゃって」

片岡「はい」

T：音楽家　片岡祐介

安冨と片岡、YouTube に載せる動画撮影の準備をする

安冨「で、これをズラしてやれるようにしたら一番便利かなって」

片岡「ああ、なるほどね。ガーってね」

安冨「どう？ いい感じ？ なんか下から上からの影が、入るよね。あれを弱めたい」

安冨、部屋の照明を調節する

安冨「こういう感じで。これガムテープで貼りたいなあ」

Ｔ：馬に関する経費は　やすとみさん個人への献金で賄う

政治献金のお願い（YouTube）

安冨「記者会見をして参院選に出るということを発表いたしました」

「選挙という場を通じてですね、人々の間に私の考えとかいろいろなものを伝えながらコミュニケーションを展開して」

「その結果として当選するのか落選するのかが決まるという。そういうふうに思っています」

「私は馬を使った選挙を考えていて」

「その部分は私自身が皆さまに協力を仰いで、それによってですね、実現したいなあって思っています」

「『見たことのない選挙を見たい』と思われるかたから献金を募って、それでやったほうがですね、勢いが出るし面白いし」

「で（献金が）多ければ多いほど面白いことができます」

（Twitter 投稿画面）＃子どもを守ろうれいわ新選組から参院選に立候補するやすとみ歩です。

見たことのない選挙をお目にかけます。この世界の拘束には亀裂があり、そこから希望が見えることをお伝えします。そのために少なくとも５００万円必要です。

献金は、以下からお申し込みください。

Ｔ：公示日まで２日　街頭記者会見

T：東京　新宿

自民党の街頭演説。街宣カーの上から候補者たちが演説している

司会「それではお待たせいたしました。東京都選出の丸川珠代参議院議員に訴えをお願いします」

T：れいわの街宣場所に行くと　すでに自民党の街宣が始まっていた

T：丸川珠代

丸川「今を生きている子どもたちが未来を切り開いていく30年後、世界の姿はすっかり変わっていることだと思います。彼らの魂の中に我こそは私こそは、自分こそは日本人だ！そう思うアイデンティティがあればこそ揺らがぬ心の柱になるに違いありません。

三原、街宣場所に現れる

そして彼らが生きていく未来は人工知能やロボットが当たり前の社会になっています」

T：世耕弘成

世耕「日本の年金は世界の中でも最も安定した年金制度になっているんです」

司会「ご清聴ありがとうございました。いよいよ最後にですね、自民党女性局長三原じゅん子参議員よりお訴え申し上げま

す」

T：三原じゅん子

三原「ご通行の皆さま、お仕事帰りでお疲れの皆さま、大きな声でお訴えをさせていただいておりますことを、どうぞお許しをいただきたいと思います」

T：2019年6月24日参議院本会議　安倍内閣総理大臣問責決議案　反対討論

議長「本会議に対し討論の通告がございます。順次発言を許します。三原じゅん子君」

三原「自由民主党の三原じゅん子です。私は自民・公明を代表して、野党から提出された安倍内閣総理大臣問責決議案に対して断固反対。

野党の皆さん。はっきり言って、もう、うんざりです。

野党の皆さん。国民にとって大切な大切な年金を政争の具にしないで頂きたい。お一人ひとりの高齢者の皆さまの、生活への切実な不安を煽らないで頂きたい。猛省を促します。

政権交代から6年あまり。民主党政権の負の遺産の尻拭いをしてきた安倍総理に、感謝こそすれ、問責決議案を提出するなど全くの常識外れ。愚か者の所業という誹りは免れません。

野党の皆さんもう一度改めて申し上げます。恥を知りなさい。

T：恥を知りなさい

街宣を聞きに、支援者と反対派が集まり、声援と野次が入り乱れている

三原「年金問題もそうであります。年金と、そして…」

聴衆「か・え・れ！か・え・れ！か・え・れ！か・え・れ！」

聴衆「がんばーれ！がんばーれ！がんばーれ！がんばーれ！」

三原「経済というもの、それは両輪であります。車の両輪と同じように両方の…」

聴衆「社会を壊すなー。ネトウヨー」

聴衆「恥を知れ！恥を知れ！恥を知れ！」

三原「どうぞ、どうぞ、皆様方から…」

聴衆「うるさい！」

聴衆「恥を知れ、こら！」

聴衆「がんばーれ！がんばーれ！がんばーれ！」

聴衆「恥を知れ、こら！愚か者！愚か者ー！」

三原「もちろん、いろんな意見があっていいんですよ」

聴衆「恥を知れっ！恥を知れっ！恥を知れっ！恥を知れっ！恥を知れっ！」

聴衆「愚か者、こら！愚か者の所業なんだよお前が。こら！」

聴衆「ネトウヨと一緒にやってんじゃねえよ、自民党は！落ちたもんだよ！」

おじさんと青年が罵り合っている。青年はスマホをおじさんに向けている。

おじさん「ネトウヨー！ほーれ！」

青年「クソじじい。クソじじい」

おじさん「そういうことしか言えねえんだなお

前は。いやらしい男だからな。お前な。女の人の後ろとか付き纏ったりしてるんだろ？おい、もうおしまいか？ネトウヨ！」

青年がおじさんを煽る

おじさん「お？ニタニタしてんじゃないよ。いつもそうだよなネトウヨってそうやってさ、ニタニタニタニタしながら中国やさあ朝鮮や、韓国の人たちをさあ、『殺せ』だの『吊るせ』だのっつって楽しいんだろ？お前らは。自民党みんなそうだろ？この支持してる人たち。おぉ？」

T：自民党の街宣が終わると　れいわ新選組が街宣の準備を始めた

運動員「ボランティアで手の空いている方っていらっしゃいますか？ボランティアで手の空いている方いらしたらお願いします」

ボランティアが集まる

運動員「チラシを今まで皆さん配っていただきましたけど今日は配るのが最後で、なるべく残したくないんで張り切ってチラシ配りをしていただきたいと思います」

運動員とボランティア・スタッフが街宣の準備を進めている

ビラ配りや、献金の受付を行っている

運動員「山本太郎です。よろしくお願いします。どうぞお持ちください」

山本代表、登壇

山本「あ、あ。大きな音で失礼をいたします。お仕事お疲れ様でした。そしてこれからお仕事に向かわれる方もいらっしゃると思います。どうかお気をつけて行ってらっしゃい。

多勢の聴衆が集まっている

小沢一郎さんと離れ、ひとりで、ひとりで旗揚げをした『れいわ新選組』。8つの緊急政策を引っ下げてこの先の選挙、皆さんと力を合わせていき国会内でガチンコで喧嘩をする、できるような勢力を拡大していきたいとそう思っています。そしてこのれいわ新選組というグループに対して立候補を決めてくれた、素晴らしい人たちがいらっしゃいます」

T：元　環境保護NGO職員　辻村ちひろ

辻村「僕はいつも思っています。日本一個分の暮らしをしませんか？日本一個分の暮らし。これを僕は取り戻したい。そう思って今回山本さんのところから出馬を決意しました」

安冨「私たちの社会の目的は生き物としてのごくごく普通のことです。『子どもを守る』ということです」

T：元　J・P・モルガン銀行為替ディーラー
大西つねき

大西「だから消費税が『政府の借金が大変だから税金を上げなきゃならない』『消費税を上げなきゃいけない』、それから要するに『財源がない』全部嘘っぱちなんです。それ本気でやったら今の金融システムは崩壊するってことです」

山本「えっと…どうしようかな。15秒の質問に対して15秒で答えるのはどうですか？」

有権者　off「秋葉原で握手して頂いて、その時に写真一緒に撮らせて頂いたんですけれども、その時私は『頑張ってください』って言ったんですけど、後から考えると頑張らなきゃいけないのは私らなんで。なんて声をかけたら山本さんはやる気になって孤独感が薄まりますか？」

山本「『一緒にやろう』って『一緒に変えていこう』ってことですよね。一人ひとり自信が奪われすぎてるんですよ。何もかも奪われて、ってことですよね」

山本「ありがとうございます。ありがとうございます」

T：公示日まで1日　れいわ新選組ボランティアの集い

運動員たち、開場に向け準備をする

T：東京　永田町

T：星稜会館

車椅子に乗った有権者（障害者）が応援に来る

島野　off「今日はどなたの応援でいらっしゃっ

　　たんですか?」
付添人「木村英子さん」
島野　off「木村さんとはどのくらいの長さのお
　　つきあいなんでしょうか?」
　　有権者、文字盤を使用してインタビュー
　　に答える
　　介助者、代読する
有権者（代読）「30」
島野　off「30年前の木村さんはどういう方でし
　　たか?」
有権者（代読）「ひ、つ、こ、み、じ、あ、ん。
　　まさ、まさか。こ、ん、な、ば、に、で、
　　る、と、は」
島野　off「ああ。じゃあ引っ込み試案だった木
　　村さんを、今回たっぷり応援されるって
　　ことですね」
　　有権者、OKサインを出す
有権者（代読）「はい」

○立候補者たち、それぞれの声

T：この日れいわ新選組からの立候補者たち10名が初めて全員集合した

　　控え室で互いに挨拶し合う候補者たち
三井「三井義文です」
安冨「どうも。会見、拝見しました。住友銀行
　　の先輩なんですよね?」
三井「そうなんです」

候補者たち、控えている

山本「改めまして、山本太郎でございます。失礼します！よろしくお願いします。

なんとか風穴を開けたいと思って、多くの方々に力を貸していただいて、私は東京選挙区から出て、議席をいただいた。

でも6年前と同じ戦いをやるつもりは、私には、サラサラないんですよ。

どうしてか？その一議席あったとしても世の中の壊れていくスピードは緩められなかったじゃないですか、ってことですよ。これはガス抜きでしかないってことです。残念ながら、冷めた意見を言えば、やはりその数は増やしていくしかない。

と、今回ですね『特定枠』というような枠組みが作られました。


『特定枠』の解説文、図解がスクリーンに映る

『全国的な基盤を有するとは言えないが国政上優為人材あるいは民意を媒介する政党が、その役割を果たす上で必要な人材が当選しやすくなるよう優先的に当選人となるようにする』もう何が言いたいのか、よく分かんないですね。言いたいことは簡単なんですよ。『特定枠』っていうものが作られた場合どうなるのか？特定枠の中の人が、票数が少なくても、その人たちから優先に上がっていくってシステムになるってことです。

これ、並べてみます。こういう感じです。明らかに違いますね。これおそらく自民党ぐらいしか使わないいんじゃないですか

なって思ってます。

今回れいわ新選組でどなたが特定枠に入るのかということを、ご紹介したいと思います。もうご存知の方もいらっしゃると思いますが…出ますか？ありがとうございます。木村英子さんです。


木村英子、船後靖彦の紹介がスクリーンに映る

山本「船後靖彦さんです。特定枠です。難病ALS当事者…。この二人が受からないことには山本太郎は受からないということです。いやそれぐらいやるだろって話ですよ。

全員比例なの？っていうことなんですけど、そうではございません。選挙区で出てくださる方がいらっしゃいます。山本太郎が抜けた。その部分を、その票を引き継いでいただける方」

T：沖縄創価学会壮年部　野原ヨシマサ

山本「野原ヨシマサさんです」

野原ヨシマサ、登壇

野原「えー野原『しんのすけ』じゃなくて『よしまさ』と申します。よろしくお願いします。

日米安保条約のですねプラス面を肯定する方々はですね、そのマイナス面を一手に引き受けている沖縄の現状をですね、本当に真剣に考える時が来ているんじゃ

ないかと思います。立党以来、平和や福祉を掲げていた公明党が、いまや自民党と一緒になって暴走しております。本当に危ないことです。絶対に止めないといけません」

聴衆「そうだ！」

野原「真剣に頑張って参りますので、ご声援よろしくお願いします！　ありがとうございます」

聴衆「頑張れ」

山本「東京選挙区にあっつい候補立ててもうたでしょ。（山口）なつおさんにねえ、励まして欲しいですよねえ。山口の方のなつおさんですね。失礼しました」

T：（山口なつおポスター）公明党党首でありながら

公明党の文字が入っていないのはなぜだろう

山本　off「ね、熱い熱い夏にしようじゃないかって話ですよ。素晴らしい候補者だと思います」

山本「木村英子さんです。どうぞどうぞ、ずいーっと中の方へ…ありがとうございます」

T：木村英子

山本　off「そして続いて船後靖彦さんです」

T：ふなごやすひこ

木村と船後が登壇

二人の立っている部分が迫り上がる

山本 off「おっ、上がってるじゃないですか、これは。自分が下がっているのか？それとも地面が上がっているのか？」

木村「今の私の気持ちは養護学校から初めて外に出た時の怖さと、そして健常者社会の大海原に出る恐怖と期待、あの時の思いと今全く同じ心境です。

先ほど、インタビューを受けた車椅子の有権者、涙する

初めて一人で社会に出た時、通りすがる人たちに怖くて『階段を上げてください』の一言も言えませんでした。そんな何も知らない私が地域で生きる術を身につけるのに35年もかかりました。

私がしたいことは介護保険と障害福祉の統合を阻止して、介護補償制度を良くしていくことです」

船後（代読）「私の信条『自己の最善を他者に使い他者に尽くし切る』なので今回は当選すれば全難病患者を幸せにするために全力で働きます。以上です」

蓮池、壇上で演説する

T：元　東京電力社員　はすいけ透

蓮池「既得権益者だけが権力を持つ。で権力を振り回す、そしてそれに抗った人には『恥を知れ』と言う。そんな恥はなんだか私には分かりませんよ！真の政治家は山本

太郎しか今いないんです」

山本　off「安富歩さん。いらっしゃいますか?
ありがとうございます」

安富、登壇し山本からマイクを受け取る
安富、壇上で演説する

安富「この狂った社会をこのまま暴走させてい
くと、一体どういうことになるのかは誰
にも分からないです。そういう恐ろしい
状態に私は入っていると思います。この
暴走を止めるために何ができるかと思っ
て今回立候補させていただきました。
この選挙で私は馬という動物を都会に連
れて行こうと思っています。それは私た
ちのこのガチガチに固められてしまった
奇妙な、整頓された地獄を打ち破りたい
からです。
記者会見で私が馬を『飼う』と言ったの
を、馬を『買う』だと思った人がいて

T:馬を飼う
T:馬を買う

『選挙費用で馬を買うんですか?』って
愚かな質問をした人がいたんですけど、
当然ですけど選挙カー買う人いないです
よね?馬はレンタルします。レンタル費
用は別途、私個人でただいま寄付を募っ
ていて、3日間で、3日前に寄付を、献
金をお願いしたところ、今日の昼時点で
300万1109円集まりました。

T:寄付金300万1109円

本当にありがたいと思います。このお金で馬のレンタル費用、馬のレンタル費用自体は十何万なんですけど、馬の輸送費とかですね、人員とかそういうコストがかかって、それでもたぶん、れいわ新選組にご迷惑かけずにそれをカバーできるところまできたと思います。

最後にですね。もし、『もし』って言っちゃいけないんでしょうけど、当選したら、国政調査権を使って、私自身で日本の、私たちのこの国民国家という社会、この奇妙な豪華な地獄はどうやってできているのかということを詳しく解明する研究を6年間したいと思います」

辻村、インタビューに答える

辻村「発表は昨日の夜だったんですけど、お話『公認しますよ』って言われたのは6月の…半ばぐらいだったですかね、はい。実はちょっと早かったんです』

島野 off「そうなんですね」

辻村「早かったです」

大西「いちばん、いちばん長いですよ」

辻村、壇上で演説する

辻村「環境保護NGOでずっと仕事をして、自然保護というのをやってきましたけれど、時々感じていたのは環境問題っていうのはオプションなんです。どこ行っても、後なんです」

選挙後の辻村のインタビュー（インサー

ト）

原　off「聴いていると、日本一個分でも、もっと実は広すぎるっていうか、もっと小さい方が良いんじゃないかってことをおっしゃりたいんじゃなかろうか。っていうふうに聞こえてきますが、どうでしょう？」

辻村「僕は『東京をぶっ壊せ』って言ってますけど。…東京人です。東京生まれ、東京育ちですけど。東京をぶっ壊して、東京でもかつては周辺の地域では農業をやっていて、東京で出た肥料と農作物を交換するっていう、一つの大きな経済圏ができていたので、それをモデルに現代版の経済圏を東京でも僕は作れるんじゃないかと」

原　off「何か、もっと過激な言葉で言って欲しいっていうふうに私は思えてきますが」

辻村「えっと…そういう…なんて言うんでしょうね、革命的な言葉があったら逆に教えていただきたいなと思いますけど。…これからですね。今までの参議院選挙の中には、結構過激な言葉をしゃべる候補者がたくさんいらっしゃったので、その中で逆に過激な言葉を使わないほうが浮き立った、っていうのがあるので」

三井、壇上で演説する

T：元　セブンイレブン　オーナー　三井よしふみ

三井「『あなたも少額でオーナーになれま

す』ってコンビニ、これやれば定年はないんだから一生細々とでいいからやっていけると思ったんですが、その中身を知って本部に質問と説明等を求めたら、契約解除になっちゃいました。私の人生、変わっちゃいました」

大西、インタビューに答える

大西「昨日の朝9時半ぐらいに電話かかってきましたよ」

島野　off「『出てください』ってですか？」

大西「その段階ではまず代表が会いたい、と。2時に事務所へ行ってその場で話して決めて、っていう。そのあとメイクして写真撮ってそのまま会見の流れです」

島野　off「あの…西新宿？」

大西「そうです。西新宿」

島野　off「ほんとですか」

大西、壇上で演説する

大西「僕、今回の選挙は与党対野党ではなくて新勢力対旧勢力だと思っています。旧勢力、与党も野党も含めて、今までの古いことを言っている人たちの言っていることが本当に完全に色褪せて見えてくるんで、そしたらものすごくでっかく勝つ可能性、それこそ10人全員が通るくらいのことが起こると思っているので、それを皆で起こしましょう。ということですね」

渡辺、袖で待機

自分の番がきて、軽く息を吐く

山本 off「ありがとうございました。次の立候補予定者。次の方は渡辺てる子さんです」

渡辺、壇上で演説する

T：元　派遣労働者　シングルマザー　渡辺てる子

渡辺「皆さん、こんばんは。ただいまご紹介いただきました、私渡辺てる子と申します。名前だけでも覚えて帰ってください。なーんてね。

記者会見の後に新聞記者の人から『どういう肩書だ？どういう肩書だ？』って非常に詳しくっていうか、まあ、しつこくですね、聞かれちゃったんですけども、私にはしかるべき団体や会社の肩書なんて全くございません。元派遣労働者そしてシングルマザー。この二つです。

私25歳になるかならないかの時に幼児二人を抱えて、夫が突然、どっかにいなくなってしまいまして。もう探すこともできなくて突然シングルマザーということになってしまいました。その前はですねホームレスをやっていたんですよ。ホームレスやりながら子ども二人を生んで育てたんですね。下の娘…下、娘なんですけどね、12月に生まれた、出産した次の日に幼子を抱えて野宿しました。『次の朝日が覚めるかな、死んじゃってるかなあ』って思ったけど目が開きました。お日様は輝いていました。その時思いました。『人間って、死ぬまで生きているんだなあ』って。
なので必死に働きました。で、やっと辿り着いた仕事が派遣だったんですね。それで約17年働きました。正社員のように退職金もボーナスも手当も、それに交通費すらもらえなかったんです。で2年前に『あんたは派遣だからいつ辞めても良いんだけど今辞めて』って言われて突然クビを切られたわけです。『あんたは派遣だから何年勤めようが退職金は一銭もあげないよ』っていうふうに言われました。本当にボロ雑巾のように捨てられたんですよ。
こんな世の中おかしいなあ、って思います。子どもを育てるために一生懸命働いてきた私が、なんでそういう扱いを受けなきゃならないんですか?これを変えたいと思って。だから私はここにいます。

渡辺、歓声を受け涙をこらえる

私、子ども二人を抱えて本当に生きていけないなあ、って思って、はっきり言って母子心中しようかなんて思ったこともあります。でも今日この日を迎えられて生きていてよかったです」

山本「世の中変えられるって私本気に思ってるんですよ。皆さんどうですか?」

拍手が起こる
立候補者全員が壇上に集まる

山本「れいわ新選組ーーー!!!」

山本「こんなグループ見たことある？これは何かやらかすで、この人たち。見てくださ い。そんな匂いがプンプンします。これが『れいわ新選組』だ。御用改めである！」

安冨、会場の外で原の質問に答える

原　off「なんか本気度みたいなことはさあ、伝わるじゃないですか…それぞれの人がみんなやっぱり本当のことをやっぱりちゃんと喋ってるな、っていう」

安冨「私より他の方々の真剣さには打たれましたね」

原　off「本当に頑張らないと」

安冨「特に渡辺さんが素晴らしかった。あの演説がね。野原さんを出したのは面白いなあって戦略的判断としてね。公明党にダメージを与えられるっていうのが今までなかったので、つまり私が出たって野党を食うんですよね。それよりはやっぱり野原さんが出て公明党を食うっていうのは、これは面白いよね」

原　off「面白いよね」

安冨「理由はよく分かりました」

◯選挙戦スタート

T：2019・7・4　公示日

T：東京　新宿

T：選挙戦初日は東京選挙区から立候補した野原さんからの遊説からスタートした

安冨「ここにプロの合唱指揮者がいます。もったいないので合唱をしようと思います」

安冨と運動員ら、指揮者に合わせて合唱を始める

合唱「カエルの歌が　きこえてくるよ♪
ぐぁー　ぐぁー　ぐぁー　ぐぁー♪
ぐぇぐぇぐぇぐぇ　ぐぇぐぇぐぇぐぇ
ぐぁぐぁぐぁ♪」

野原、登場する

運動員「東京選挙区、野原ヨシマサ候補です。よろしくお願いします」
野原「どうぞよろしくお願いします。よろしくお願いします」

学会員「頑張ってください。婦人部です。応援しています」
野原「ああ頑張りましょう」

二人、抱擁をする

野原「頑張りましょう。頑張りましょう。よろしくお願いします」
聴衆「野原！野原！野原！野原！」

（垂れ幕）命ドゥ宝（命こそ宝）

山本「東京選挙区から勇気を持って立候補してくださった、野原ヨシマサさん。沖縄の方です。沖縄の創価学会の方。どうして野原さんがここ東京から立候補しなきゃいけないのか」

選挙後の野原のインタビュー（インサート）

野原「同じ学会員なんですけども、本当にもう信頼のおける方で、『これはやっぱり、仏の計らいだ』と」

原　off「はあ…」

野原「人間誰しも生まれながら使命というものがあるから、『野原さんの使命というのが、今ここで大きな使命というのが花開こうとしているから絶対に出るべきだ』ということで、仏意仏勅だから、

T：仏意仏勅

仏さまの、日蓮大聖人様の御命令なんで、『あんた絶対にこれ断りきれないよ。まず腹を決めなさい』と」

原　off「はい」

山本代表、新宿地下広場で演説する

山本「それは…公明党がちゃんと仕事してないからだろ！って話なんですよ。今やってることはなんだ!?自衛隊を米軍の二軍にするような平和安全法制を押し上げた。そのような小さな飴玉をもらうために権力を握らせていただいた、そのような存在じゃないか！ってことなんですよ」

聴衆「そうだそうだ」

山本「何やってんだ！公明党！福祉の党だろ！平和の党だろ！だから創価学会員の一人である野原さんが、東京から立候補してくれたんだと思います。どうぞこちらへ

上がってください。東京選挙区から立候補、野原ヨシマササさんです！」

聴衆「野原さん、頑張って！」

野原、創価学会の旗を持ち演説する

野原「創価学会の池田先生が沖縄に送られた随筆の一部を紹介させていただきます。『沖縄から見ると、日本の正体がよく見える。今も続く人権無視の重圧、日本はどこまで紅涙の沖縄を踏みつけにすれば気が済むのか。多数のエゴで弱い立場の人を犠牲にするのが民主主義なのか。人の犠牲の上に安逸を貪るのは人間として恥であり、罪ではないのか。20世紀にどこよりも苦しんだ沖縄を21世紀にどこよりも幸せにするために全身全霊を傾けなければ、日本に正義はない。民主主義もない。繁栄が続くこともないだろう』。アメリカ公民権運動のリーダーとして活躍したキング牧師は次のように言われています。『最大の悲劇は、悪人の圧政や残酷さではなく、善人の沈黙である』。良識ある学会員の皆さんに問いたい。良識ある学会員の皆さん、

T：いつまで善人の沈黙を続けるつもり？

いつまで善人の沈黙を続けるつもりでしょうか？おかしいものはおかしい、間違っているものは間違っていると、勇気を出して声をあげてください」

聴衆「野原！野原！野原！野原！野原！野原！」

野原、インタビューに答える

原　off「公明党の親分に喧嘩を売るってこと、誰が見てもそういう構図になりますが…」

野原「ああ、そうですか」

原　off「圧力ってないんでしょうか?」

野原「まぁ…圧力…圧力とかそういうことを考えてると前に進めないんで、はい。そういうのは気にしていません」

原　off「気にしてない!　ああ、いいな。何かワクワクします」

渡辺、演説する

渡辺「熱心な創価学会の方々、たくさんおられます。選挙のたびに、お電話がけ、個別訪問、本当に頭が下がります。その団結力、組織力、そして信心深さ、本当に敬服しておりますが、その皆さんの信心深さが今の公明党に本当に反映されているでしょうか?当事者が声を上げなくて誰が声を上げる?当事者が変えなくて誰がこの国を変えるんですか?私たちの税金で御馳走食べている人とは魂の込めかたが違うんですよ!」

聴衆「良いぞ!てるちゃん、いいぞ!」

渡辺、山本の手を借りて壇上から降りる

山本「最高!」

渡辺、インタビューに答える

原　off「たった一人の…何ていうんだろう、貧乏人の一人にしかすぎない私たちは…ただ、喧嘩を売る相手は強大な権力を持っている人でしょう？ そういう感覚はもちろんありますよね？」
渡辺「もちろんあります」
原　off「それで具体的にお聞きしたいんですけど、いつ電話かかってきたんです？ 聞いて良いと思うんだ」
渡辺「ディスるような記事も載ってたから、どうしようかとも思うんだけど…昨日が3日でしょう？ その前日の夜ですから…ええ。で、実務の人と連絡をとったのがもう日付変わってました」
原　off「子どもさんたちはお母さんの選挙の立候補ということに関して？」
渡辺「ただただびっくりしてたみたいです。いきなりほら国政だから」
原　off「いきなりだからね」
渡辺「っていうか、自分が一番びっくりしています。権力に抗うことがいけないことや怖いことなのではなくって、むしろそうするとこんなに楽しいんだっていうね。そのプロセスがね、皆と共有できればいいかなって思ってます」

T：同日　夕方　街頭演説
T：東京　秋葉原

秋葉原駅前にれいわ新選組の演説台が設置されている

司会「直接話もこの後お聞きください。6時45分からは、こちらで街頭演説会。山本太郎代表もやって参ります。れいわ新選組、こちらは今日始まりました」

山本代表、演説する

候補者たち、次々に登壇して演説する

山本「大人の喧嘩をしようじゃないか！選挙をもっと面白くしようじゃないか！聞いてますか、山口なっちゃん」

公明党山口なつおのポスター

野原「ファシズム前夜の様相を呈している現今の社会を変革するために、またこの世から『悲惨』と『不幸』の二字をなくすために…」

蓮池「この原子力ムラの内幕をどんどん暴露していきます！」

山本「元東京電力社員、原子力部門のプロフェッショナル。そのプロフェッショナルが原発はヤバいって言ってんですから。ほんとやめなきゃヤバいですよ、ね」

安冨「有給休暇をとって立候補をさせていただいております。子どもたちが誰一人泣くことがない、涙を流すことがない社会を、今すぐ作りましょう」

山本「みんな解放されるんだ！それを国政でやっていく…これは大きな変化をもたらします！」

三井「皆さん、こんばんは。今ご紹介いただいた三井よしふみです。残念ながらタスキの字が違ってました。今日はつけれません。ガチで戦うって言いましたよね？山本さん！いいですか？コンビニ問題ね、これから聞いてくださいよ。いろんな議員がコンビニ問題『私やってます、やってます』って言うと思いますよ。奴らは代わりで言ってるだけだ！俺は当事者だぞ！どんなヤツらよりも百倍、俺はこの問題を知ってる！」

山本　off「あまりにもひどい搾取の構造…力を貸してください！三井よしふみさんでした！ありがとうございます！」

辻村「環境問題ってマイナーなんです。生きていくために必要ないと思われています。頑張って欲しい環境省…弱いんです！」

山本　off「公共事業は質だ！そういう話だったと思います。ありがとうございます」

大西「嘘なんですよ、本当に。財務省のとんでもない嘘がずっと続いてきている。その嘘をぶち壊すために僕はここにいます」

山本　off「みんな騙されちゃいけない。財務省に洗脳されてる場合じゃない！財源はある！」

渡辺「2019年7月4日、このアキバで皆さんが立ってるこの地面が、民主主義の出発点だ！

我々が、当事者が、ど庶民が、働くものが貧乏人が

T：当事者が

T：ど庶民が

T：働くものが貧乏人が

今の日本を変えなくて誰が変える！変えるのは、あなた！あなた！あなた！貧乏人のど根性見せてやりましょう！よろしく！」

山本「渡辺てる子さん！貧乏人のど根性を見せ

てやれ！」

木村「太郎さんとだったらこの障害者の厳しい現状を変えていけると思って、一緒に戦おうと思いました」

山本「10人の仲間と戦っていきます。この10人の仲間で戦っていけるのは、本当に今日の千円、来週まで持たせなきゃいけない1万円。そういうお金を、本当になけなしのお金を皆さん絞り出してくださっている。あまりにもあり得ない、切り捨てられた世代、ロストジェネレーションを救え！ということを言っていたら、それに共鳴してくれた方が、『私の周り、本当にギリギリなんです。助けてくださ い』って、私に言ってきたんです。で、缶酎ハイ一本渡して『どうかこれ飲んでください！』って。

おそらくその缶酎ハイ、その人のその日の唯一の楽しみだったかもしれない。だから『もらえない』って言ったんですよ『いや、でも、もらってくれ！』って…グッときますよ！

100万円くれた人にも、グッとくる！千円くれた人にも、グッとくる！缶酎ハイくれた人にも、グッとくる！お金やものじゃなくてもあなたの力をボランティアでも貸していただきたい！受付そちら側にあります」

運動員「皆さまの御志ぜひご協力お願いいたします」

運動員「カンパの受付こちらでさせていただきます」

運動員「自分のお名前とメッセージを入れていただいて、この封筒にこうやって戻してください」

T：恒例の写真撮影が始まった　希望者に対しては一人残らず撮影を行った

運動員「れいわ新選組！」
一同「以上です。ありがとうございます」

三嶋「明日は…」
安冨「何も決まってない。何も決まってない」
三嶋「はいはい。岡田さんとこもね」
安冨「むしろ提案してあげたほうがいいと思う」

山本、明日の予定を候補者たちに説明する

山本「明日政見放送あるんですよ。撮影が。その原稿もまだできてないんですよ。なので午前中とか昼間ぐらいまでは、私は多分全く動きが取れない」

T：蓮池さんは　弟の薫さんが北朝鮮に拉致された
当時　家族連絡会の副代表として小泉政権時に交渉を行った

蓮池、インタビューに答える

蓮池「腹の底に怒りみたいなものはありますけどね」
原　off「ありますよね？あって当然っていうか」
蓮池「当然です。ただ不思議なのは、今の家族会が昔小泉さんに対して非常に罵倒したようなことを、なぜ安倍さんに対してやらないのか私には理解できない。ただ家族会の人たちが安倍さんを支持して、トランプさんを支持しているのであれば、私はもはや部外者ですからそこに私は異議を唱える気はないです」

原 off「なんか聞いてて…ちょっと胸が痛くなりますよ私」

蓮池「ですから余計なこと言うなってことでしょうね。私は部外者ですから。だってうちの弟は帰ってきているから。『（だから）お前はそういうこと言えるんだ！』って言われたらそれまでですけどね」

原 off「うわあ…」

蓮池「ちょっと複雑な面はありますけれど、私がね『ちゃんとやります』ってことは私には軽々には言えない。選挙では…」

原 off「選挙では」

蓮池「うん。『安倍首相早く（北朝鮮へ）行ってくれ！』とは言いますけれども…」

選挙戦後の蓮池のインタビュー（インサート）

原 off「うんうん。奥に見えるのが…柏崎原発ですよね？」

T：柏崎刈羽原子力発電所

蓮池「柏崎刈羽」

原 off「あ、柏崎刈羽原発」

T：みなとまち海浜公園

蓮池「ここ（公園の向こう）は弟が拉致された現場であり、その後ろには原発…柏崎刈羽原発というのがあって、数奇な運命…私の数奇な運命、数奇な人生を象徴するものが今ふたつ後ろにあるんですけどね、『原発賛成反対って、この地で言うことってタブーですね』って聞いたら、『蓮池さん違うよ。それマナーだよ！』って言われたんですよね。おや？って思って、マナーがそういうルールになってしまったら、それこそ物言えない社会になってしまうと思います。言ったら言ったで変人扱いされるしね…もっと田舎の方に行くと村八分みたいになったりとか。分断ならいいけど、差別まで起きてるって言う、そういう世の中ってのは…まぁ…今また戻ってきて、また新たにそう思いますよね」

T：開票日まで16日　この日選挙対策会議が行われた

T：東京　永田町

T：参議院議員会館　山本太郎事務室

安冨、ヘアメイク中に大衆紙を読む

安冨「なんかすごい…『山本太郎の金集め』」

T：この日　選挙対策会議が行われた

候補者達、会議室に集まっている

れいわ新選組の選挙参謀・岡田、具体的な選挙活動について説明する岡田「うちの場合はやっぱり表でやらないとっていうのがあるので、基本的にはプライオリティー1は天気ですね。マストはこの（れいわ）祭に帰ってくるのと最終日ですね。だからそれ以外はほんとにファジーにというか」

山本「これから街宣のやり方を変えていかなきゃならないってこと言った？」

岡田 off「そうですね」

山本、靴を履きながら答える

山本「基本的に『山本太郎』の票を伸ばさないと全員受かることできないんですよ。皆さんと一緒にずっと街宣をやってれば人は来るんだけれども、それでは『山本太郎に比例』っていうことを集中的に言えなくなる。結局全員沈むんですよ。『山本太郎』の票が伸びないと誰もあがれない。全員で一緒にやるってことは全員のそれぞれの魅力を短く伝えてはいけるんだけど、結局どこに票を入れていいかってことが迷う。だからこそチームを分けて『比例は山本太郎』。という活動を集中的にやっていかないと、全体的に底上げができない状態なんです。

5000サンプルとって電話調査やった時にも『山本太郎』の知名度は、5000サンプルのうち80％超えてるんです。けど10％程度なんです『れいわ新選組』（の知名度）は。やっぱり団体名は浸透しない。だからこそ、もう新党名は『山本太郎』っていうぐらいの勢いで広めなきゃだめなんですよ。

そうすることによって、皆さんの（当選の）可能性も上がっていくっていう部分をご理解いただきたいってことですね。そのための分ける作業。もちろん皆さんとドッキングしてイベントを大きくしていく…すごい盛り上がるんですよ、アベンジャーズみたいでおもしろいから。それはそれで重要だから週末とかの大きいところで打っていきながら、そうじゃないところは分離しながら全体的に底上げしていこうという作戦です。

すみませんありがとうございます。行ってきます」

岡田「今スタートでれいわ…3％位までいってると思います。共産党が7％ですよね。だから皆さんと一緒に3％を3倍増させたいんです。9％までいきたいです」

安富「だから個人…バラで…個人でやるってことですよね基本はね」

岡田「そうですそうです。おそらく今日が全員集合は最後でしばらくないと思います」

安富「れいわ祭までね」

岡田 off「れいわ祭まで」

T：東京　阿佐ヶ谷

T：安富さんの〝パートナー〟となる馬の牧場作りが始まった

T：選挙対策本部長　三嶋鋳二

住宅街に牧場が作られる

安富と三嶋、牧場地で打ち合わせをする

三嶋「ここ…バーンって、きちんと開けられるようにして。この動線確保するからね。

そうしようそうしよう」
三嶋「今業者さん来て見積もり出したので」
安富「持ってってもらうの？」
三嶋「撤去」
安富「早いなあ…すげえ」

T：阿佐ヶ谷駅に向かい街頭演説を行う

安富、タスキに自分でペイントする
安富　off「じゃーん…名前書かないといけない。中央選挙管理委員会って嫌な名前を消しちゃおうかな。そしたら標旗じゃ無くなってしまう…」
運動員　off「できた！」
安富、ペイントしたタスキを集まった人たちに見せる
「歩」のふりがなが間違っている
安富「はいこんな感じです！『あゆむ』って書いてある！」
運動員　off「あ！『（あゆ）み』にしないと」
安富　off「なんてことだ！3日の晩に『タスキってあるんですか？』って言ったら、『あぁ…ないです。指示します！』とか言ってて…徹夜で作ったらいっぱい間違っていたっていう」
三嶋　off「そうですね『み』ですよね！言ってあるのに…」
運動員　off「直った」
安富　off「直った！よし！」

T：やすとみさんはさっそく子どもたちに語

りかけた

安冨、子どもたちに話しかける

安冨「学校の帰りですか?」
子ども「はい!」
安冨「学校は楽しいですか?」
子ども「はい!」
安冨「マジ?」
子ども「けどちょっと…」
安冨「そうだよな!ちょっと何?」
子ども「宿題が多い!」
安冨「宿題が多い!最悪ですね。休み時間がものすごく長くて、忘れるようなことは勉強させられなくて、それから宿題がない学校…どうですか?そういう学校行きたい?」
子ども「うん!行きたい!行きたい!」
安冨「行きたい!そういう学校作りましょう!できたら…学校なんかないほうがいいと思ってます。できたらね…ないほうがいいよね?」
子ども　off「自分で好きなタイミングで勉強したい」
安冨「そう!自分で好きなように子どもたちが遊びたい時は遊び、知りたいことを知って、そしてすくすく大きく育っていくっていうところにしたほうがいい。と思っています。そういうところに変えない?」
子ども「変えたい!」

子ども、飛び跳ねて応える

安冨「変えましょう。変えよう。それには政府を変えればできます。皆さん一人のために年間200万くらい使ってます。子どもに200万かけてるのに、親に殴り殺される子どももとかいるんですよ」

子ども　off「え?」

安冨「おかしくない?」

子ども　off「貧しい子にあげてから学校作ろう」

安冨「貧しい子にあげてから学校作ろう!その通りです!その通りです。当選したらそれを国会で言います!親や先生の言うことだってしょっちゅう狂ってるので十分気をつけてくださ い」

子ども　off「はい!」

安冨「ちゃんと自分で考えて狂ってると思ったら、『それ狂ってるよ!』って言ってください」

安冨、電車で新橋へ向かう

運動員、次の街頭演説の情報をTwitterに載せる

T:東京　新橋

多勢の聴衆が集まる

安冨、新橋に到着し、準備を進める

辻村、インタビューに答える

原　off「ワクワクしてる、って感じですか?」

辻村「今、民主主義を声高に叫ぶっていう、この世の中で非常に苦しい人たちを助けるということ、その目標のために戦えているので気持ちがいいです。ワクワクしてます。本当に世の中変わると思っているので」

三井、インタビューに答える

原　off「いつ、山本太郎代表から、立候補の打診があったんですか？」

三井「初めて会った日です。6月27日。いろんな人に連絡して『こんな話をしてて』って」

原　off「はい」

三井「やめた方がいいという人が最初」

原　off「へー、いましたか」

三井「なぜかっつーと、ボロボロになるよって言うわけ」

原　off「はい」

三井「で、『あの変人（山本太郎）でしょ?』って言われるし」

原　off「へー、そうですか」

三井「『いやぁ素晴らしい保守だよ』って言ってくれた人もいました」

原　off「はい」

三井「保守っていうのは、民衆を大事にするんですよ。国民を大事にするんですよ」

大西、インタビューに答える

大西「僕はけっこう大きな歴史の変わり目の中でのこの動きだと思っているので、多分新しいものが生まれるだろうなと思ってますよ」

選挙後の大西のインタビュー（インサート）

T：（本の題名）　希望

T：（本の題名）　私が総理大臣ならこうする

大西「一番大事なのは、特にお金の仕組みを変えるなんてことは、意識から変えていかないと、それが当たり前の世の中をぶっ壊すっていう話なので。それをいうと、むしろ当選することよりも、多くの人にメッセージを発するとかっていう方が大事だったりするんですね。だから、バッジをつけるとか、政治家として当選するっていうのは、そのための切符を手に入れるっていうかそういう多くの人に声を届かせる、そういう立場に立てるってことの方が大きいかもしれないですね」

野原、演説する

野原「今の創価学会というのは人を幸せにするどころか全く真逆です。人を不幸にしてます。じゃ公明党はどうでしょう。平和福祉といいながら、辺野古の問題ずーっと傍観し続けてるじゃないですか。平和福祉と言うんだったら本気になって辺野古止めてみろ公明党！山口なつお！お前党首だろ！辺野古止めてみろ！」

山口なつおのポスター

選挙後の野原のインタビュー（インサート）

野原「創価のですね､平和思想､歴代3大会長の、牧口先生、戸田先生、池田先生の創価の価値観ていうの、それを引き継いでるのは太郎さん、太郎さんであり、れいわ新選組っていう感じがするんですよ、本当に。公明党の立党の精神ていうのが、もう何回も申し上げたとおり、『大衆と共に語り、大衆と共に戦い、大衆の中で死んでいく』というこの精神が、もう完璧に今の公明党にはありません。あるとしたら、れいわ新選組。太郎さん。不思議ですね。本当にね」

原　off「へー、そうですか」

野原「日蓮仏法のなんというか後継ぎというか、血脈というんですけど、流れというものは完全に今の公明党にはありません。完全に切れました。で、そこはね、じゃあどこに流れて行ったかというと、れいわ新選組。太郎さんのところに流れていってると。そういうふうな印象をほんと、強くしますね」

原　off「そうですか。それは聞いててなんか楽しくなりますね」

新橋駅前のれいわ祭りの会場

山本代表、演説する

山本「『あなた一人動いたって何も変わらなかったじゃないか今まで』とかってことを、ずーっと言われ続けるんですか？そんな社会こそ変えなきゃいけないだろってことですよ！

より労働者が安い賃金で働かされるようになった時に、この国にもともと生きていた労働者たちの賃金も、低いほうに合わされませんか？最悪の状況ですよ。世界中の低賃金競争にこの国を巻き入れる？巻き込むような話を国会で決めてるんですよ。『これ一番望んだのだれ？』って、経団連ですよ。あなたの生活をまず底上げすることを考えられずして、どうして政治なんてやってんだよ。

入管法だってそう。

派遣法の改悪だってそう。

原発の再稼働だってそう。

カジノだってそう

憲法改正だってそう。

ＴＰＰだってそう。

この国をどうするつもりなんですか？

この国を守るのが保守なんじゃないんですか？

パワーバランス圧倒的に向こうの方が多いわけですから、野党がいなくても、与党側のメンバーの数だけでもう、あの法律を可決することは可能なんですよ。

じゃあ数の力で負けていて、ここに抗うためには、もう体張る以外ないんですよ。

これを延長し続けることによって、日本津々浦々まで『とんでもない法律が今まかり通ろうとしているんだ』『それを体張って止めてんだ』『皆さん気づいてください』ということをインフォメーションするのが野党の仕事じゃないのか!!

壊れてますよ。壊されてますよ。

これは一部の人間の話じゃない。あなたのことなんですよ」

Ｔ：あなたのことなんですよ

船後、木村以外の候補者が登壇する

蓮池「山本太郎の今の演説に感動した。生まれて初めて『この人となら死ねる』と思いました」

山本「ありがとうございます。面白くなりますよ」

山本「東京選挙区、たとえば野原さんを立候補してもらいますって話になった場合には、入場料（供託金）だけで300万。そして比例のメンバー。比例のメンバーを立てるのにも10人の枠組みで立てなきゃなんない。私たち今回の10人のうち、1人は選挙区で300万になってますけれども入場料が。他の9人は1人600万なんですよ。入場料だけですよ？　つまりこれは何かというと、『自分たちの縄張りに入ってくんな』っていう既得権益にしてんですね。

これだけじゃ済まない。事務所を持つ、車を走らせる、ポスターを刷る、チラシを作る。いろんなことにお金がかかる。4月の10日から旗揚げをさせていただいて、『どうか皆さんの力を貸してください』ということで昨日までの間に2億5000万円集まりました。ありがとうございます！」

山本「全員合わせて『れいわ新選組』です！よろしくお願いします！」

聴衆「（れいわコール）れいわ！れいわ！」

山本　off「よろしくお願いしますね。（公選）ハガキですよ、ハガキです、これにかかってます。力貸してください！チャンスが欲しい！本当に…」

T：開票日まで15日　街頭演説

T：埼玉　東松山

T：やすとみさんは一年前　東松山市長選に

立候補したこの場所にこだわった

安冨、東松山駅前で演説する

安冨「今行われている参院選の比例区に、山本太郎さんが作られたれいわ新選組から立候補してます。私が皆さまにお伝えしたいことは、

T：しかし　人は集まらなかった

『子どもを守ろう』ということです。子どもは一人の人間でいることをやめて、小さな兵士に変えられていきます。そういうシステムは人間を食い物にするシステムです。…ありがとうございました。誰かしゃべって」

安冨「私の選挙の真似っこをして、隣の滑川市（注：「滑川町」の誤り）の町議になってくださった、上野はづきさんにお話していただきます」

上野「ありがとうございます」

T：滑川町議会議員　上野はづき

上野「去年の7月まさにこの七夕の時期に、安冨さんが東松山の市長選に立候補しました。私、選挙カー連呼とか嫌なんです。でも安冨さんの選挙を見て、『あ、これはいい』『これならやりたい』って思ったんです」

T：選挙スタッフ　金田慶子

金田「こんにちは。昨年の東松山の市長選、安冨さんが出られたのを、まずは動画で見てびっくりして」

動画T：2018／07／07　安冨歩　東松山市長選挙7日目　最終ライブ

音楽を鳴らしながらノリノリで街を練り歩く安冨一行の映像

金田、インタビューに答える

金田「選挙って普通人が避けていくじゃないですか。日本の選挙って、なのにチンドンパレードに参加して衝撃的な景色を見ました。みんな『何?何?』って言って『何が起こってるの?』ってこう顔をぴょっと出すと、心の扉が開く瞬間をたくさん見ることができました」

上野、インタビューに答える

上野「いちばん光景として残ってるのは、安冨さんが都幾川のリンチ殺人の現場に、すごい暑い中歩いて向かったんですよ」

原　off「そうだったんですか」

（Twitter画面）　東松山都幾川河川敷少年殺人事件の現場を視察した

#やすとみ歩からコメントがあります。

ぜひ、ご覧ください。

あらためて、被害者の方のご冥福を心よりお祈りします

安冨「そもそも生きるのも大変な階層に、生活を強いられている人たちに、学校でさらに圧力を加えるっていうことは、決して

やってはいけないと思います」

安冨、事件現場で手を合わせる

上野「『忘れないよ』って、『これ（事件）を大きな事件として自分は受けとっているよ』って、とにかく人がいようがいまいが自分の思いを伝えて回るっていう。安冨さんも言ってたんですけど、『本来選挙っていうものはこういうものだったはずだ』って」

T：開票日まで14日　街頭演説

T：東京　阿佐ヶ谷

T：ユーゴン（オス　11歳）

ユーゴン、牧場まで輸送される

通行人「お馬さんキレーイ」

三嶋「柵があるので気をつけてください」

安冨、スマホでユーゴンを撮影している

安冨「南フランスのカマルグから来たカマルグホース。オスです」

T：まずは阿佐ヶ谷駅前にユーゴンを連れて演説に向かった

安冨、ユーゴンと阿佐ヶ谷駅前に向かう

厩務員「車、車、車…通りますね」

安冨「フランスのカマルグ地方から来たユーゴンです。一緒に選挙を戦ってくれます」

厩務員がユーゴンの馬糞を片付ける

安冨「あの…ボロ（馬糞）というものをいたします。ちゃんと回収いたしますんで。あの…匂っていただければ分かりますが、ほとんど匂い…そんな臭い匂いはしませんのでどうぞご安心ください」

安冨「都市というのはあまりにも記号化されすぎていると思ってます。『記号化されている』というのは、人間が先にどこをどうするか決めて図面を引いて、図面という記号に合わせて世界を作ってます」

通行人、ユーゴンと触れ合う

安冨 off「それが『都市』です。自然の一部である人間もまた、その記号化された年から排除されてしまっているという…これが私たちが都会に住んでいて感じる孤独とか苦悩の原因じゃないかと思っています。だからぜひですね、この阿佐ヶ谷にも馬が何頭もいるような、小学校には馬が飼われてるみたいな状態を作って欲しいな思っています」

T：東京　新宿

安冨、ユーゴンを連れて演説する

厩務員、馬糞を片付ける

通行人、少し不安そうな様子で見守っている

安冨「馬と接するようになって、私はいろんなことに気づきました。自分自身が傷つけ

られたことや、自分自身が人を傷つけたこと。それから私の中に抱えていた、いろんな閉じ込められたもの。

例えば私が女性装をするようになったのも、馬に乗ってからでした。

私が音楽を始めたのも馬に乗ってからでした。

私が絵を描くようになったのも、馬に乗ってからでした。

そういういろんな自分の中に押さえ込んでいたものを、馬が解放してくれたと思っています」

T：開票日まで13日　街頭演説と音楽演奏
T：東京　渋谷
　ハチ公前にて

安冨、ユーゴンを連れて演説する
興味を示す若者
安冨「触ってくださーい。触りたい人」
厩務員「触りたい方」
人がユーゴンの周りに集まってくる
安冨「このへん触れば。こっちがいい。こっちがいい。こっちがいいです」
厩務員「…気をつけてください」
ユーゴン、安冨一行、スクランブル交差点を渡る
安冨「Twitter してない『原宿行くぞ！』って Twitter してない」

（Twitter画面）　渋谷センター街から、行くぞ

一行、センター街にさしかかる

三嶋 off「お馬来ます…馬通ります…馬通ります」
安冨「ただいま渋谷センター街通過中」
安冨「では今から音楽演奏しまーす」

T：代々木公園

安冨と片岡と金田、公園の一角に座っている
三人のすぐ後ろには『音楽演奏禁止』の看板

安冨「いえい、いえい、いえい」
片岡「パフパフパフパフー」

安冨と片岡、看板をたたいて楽器にする

片岡「あ、いいねえ」
男性「踊ってもいいでしょうか？」
安冨「もちろん踊ってくださーい」
男性「なんかやる人？」
片岡「♪音楽演奏♪音楽演奏」

通行人、一瞥する

記者「安冨さん、この看板（音楽演奏禁止）の前で演奏するっていう意味を教えてもらっていいですか？」
安冨「こういうウザいことを言うからつまんな

くなるので…」
片岡「からかってるわけです」
安冨「こうやって禁止するんじゃなくてね、うるさかったら『うるさーい！』って言いにくりゃあいい」
片岡 off「『ごめんなさーい』って言うから」
安冨「『うるさーい』って言いに行ったら怖いから、みんな黙って看板を立てるっていう」

T：明治神宮前　御観兵榎前

安冨、演説する
森まゆみ、ゲストとして参加

安冨「今日は明治天皇が棺を…ご棺が置かれたというクスノキの前にやってまいりました」

T：ノンフィクション作家　森まゆみ

安冨「どんだけ明治天皇に失礼こいてるのか、ってあたりの話を聞かせていただきたいと思います」
森「明治天皇は明治45年の7月に亡くなったんですね。お墓が京都の伏見桃山御陵というところに行ってしまうので、渋沢栄一たちが『明治天皇は日本を近代化した』、考え方いろいろありますけど、天皇だというふうに彼らは考えて、ここに明治天皇を記念するものを作りたいと思った」
安冨「基本的にまず明治天皇を偲んで、金持ちが一生懸命お金を集めて作ったところ…」

森　「いや金持ちだけじゃなくて、皆のお金…浄財を集めて。そして労働奉仕で全国の青年が来たから。『日本青年館』っていう…」
安冨「ぶっ壊して切り売りして金に替えて樹切って…とかっていうことを片っ端からやり始めているんですね」
明治神宮外苑の職員と支援者が話している
職員、立ち退きを求める
厩務員「私有地だから出て欲しいって言ってる…あの方…」
職員「すぐ出てもらえませんか？ここ…」
三嶋「分かりました！じゃあ向こうに…あの体育館の前に」
安冨「明治天皇のクスノキについて、お話を伺ってるんですけど…」
三嶋「馬がいて……」
職員「馬もだめでしょう！」
三嶋「行きましょう！はい」
職員「すいませんけど…」
安冨「ここに明治天皇の棺が置かれていたことはご存知ですか？」
職員「それはもう…ここの職員ですから」
安冨「その話を今、伺っていたところで…」
職員「ただ…大勢でされても困るんですけど」
安冨「じゃ二人でやればいいですか？」
職員「いやいや…そういう問題じゃなくて」
安冨「何で？大勢って言ったじゃないですか」
職員「駐車場なんですよ」
安冨「駐車場関係ないじゃないですか?!」

職員「関係ありますよ…だって安全のこともあるし」
安冨「ここになんで立っていたら危険なんですか！」
職員「いや…だからこういう集会みたいなものやめてもらいたいんですよね」
安冨「集会やめて二人でやりましょうか？」
職員「いやいやいやもう、やめてもらえませんか？しかも選挙絡みのことですよね」
安冨「いや選挙絡みじゃないですよ」
職員「さっき出してたじゃないですか」
安冨「畳んだ…畳んでるじゃないですか？」
職員「もう…あの…とにかく出てもらえませんか？」
安冨「何でそんな酷いこと言えるんですか？」
職員「いや、酷くないですよ」
安冨「法律的根拠示してくださいよ、じゃあ」
職員「法律的な根拠じゃなくて…」
安冨「何で?!根拠がないのにやるの？すごいっすね！」
職員「だってここ私有地なのに、なんか申請されました？」
安冨「私有地?!私有地?!!」
職員「はい、明治神宮の私有地なんですけど…」
安冨「私有地？でも、ここもともと国民の浄財で作ったところだし、公的空間じゃないですか？私的空間なんですか？ここは？」
職員「はい。でも管理しているのは明治神宮外苑ですから…」
安冨「明治天皇のお話を伺うのに、ここに来ないとしょうがないじゃないですか」
職員「…じゃあ、そういうことをするにあたって何か許可申請されました？」
安冨「そんな許可いるんですか？」

職員「そうですね…一応こういうことやるには」
安冨「どういう許可がいるのか、条文を示してくださいよ！」
職員「いや…条文なんかないですよ」
安冨「なかったら何であなたが許可を勝手にとれって言えるんですか？　教えて…規則は？規則は？」
職員「しかも…馬まで連れて」
安冨「馬だって別に届け出しても何も変わらないじゃないですか」
職員「じゃあ…とにかく…」
安冨「とにかく規則を教えてくださいよ。規則教えて」
職員「行きましょうか…」
安冨「規則教えて…規則教えてくださいよ！なぜあなたが、私をここで妨害されるのか、その規則を教えてくださいよ！」
職員「いや妨害じゃなくて、ちょっと…うちの…」
安冨「何で？何で連行されないといけないの？え？連行するんすか？なんの権限もないのに？」
職員「連行じゃないですよ！行きましょう…」
安冨「いや！行きません！行きません！行かないです！何で私を連行するんですか？」
職員「いや、連行じゃなくて…総務部に許可とってくれって言ってるんです」
安冨「だから何で許可がいるのか？って聞いたら、それは今から連れて行って説明するって言ったじゃないですか？」
職員「いや、だから許可申請を…ここは『園地使用』なんで、園地を使うにあたって…申請してくださいよって…」

一行、出口へ向かう

安富「いや分かったけどさ…駐車してるヤツは勝手に停めてんじゃん…」
職員「何ですか?!」
安富「とんでもない暴挙です!とんでもない暴挙」

T:新国立競技場（オリンピックスタジアム）

新国立競技場横で演説する安富

安富「本日は令和最大の環境破壊、明治神宮の、明治天皇が亡くなった時にですね日本の国民がですね、明治天皇を慕って一生懸命作ったこの明治神宮の森をですね、徹底的にぶっ壊すという『天皇なめてんのかよ、コラ!』みたいな『国民をなんだと思ってるんだ!』という…いくつものとんでもないことをやっている現場に参りました。大赤字、最初から決定…3000億ぶっ込んでまだ足りない…開会式やったらほぼ終わりみたいな」

バトミントン部の学生たちが隣のスペースで練習をしている

森　off「1500億ぶっ込んでる」
安富「1500億…3000億じゃないんですね」
森　off「前のが3000億でしたかね」
安富「前のが3000億…ケチって1500億にした?はい!1500億ぶち込んだ、オリンピック競技場建設現場です!明治天皇の棺をおいたクスノキに行ってお話を伺っておりましたら、ここのくその職員が集まってきて…追い出されました！『いやいやいや……明治天皇のお話伺ってるのに、駐車場だから出ていけ！ってどういうことですか？』っても、『駐車場だから出ていけ！』っていう感じで、何で明治天皇の棺を置いたクスノキの周りを駐車場にしてんだよ！っていう問題に対しては、なんの考えも持っていないようでした」

T：開票日まで12日　街頭演説
T：東京　板橋
T：桜の広場

安冨、鞭を手に、調馬索を行う

厩務員「鞭を持っているだけでも結構、馬は長いものとか怖いんで。棒状のもの」
島野 off「昨日言った『傘が怖い』って」
厩務員「そうそうそう。あれと一緒です。でも別に嫌がってるわけじゃないので。虐待とか（と違って）、痛めつけてるわけではない。痛みで教えるんじゃなくて、コミュニケーションを取るための鞭です」
島野 off「ふーん」
通行人「でかいなあ」

知的障害者の人たち、ユーゴンに興味を持って近づいてくる

三嶋「草あげて、触ってもらおう。みんなで」

知的障害者の人たち、ユーゴンと触れ合

う

通行人「うわあ、食べた食べた。腰引いてる。
　腰引いてるよ。大丈夫、大丈夫、大丈夫。
　はい、やってごらん。離しちゃだめ」
三嶋　off「いいんですよ、怖いのが大切なの」
通行人「ヨネカワさーん。よかったね、触らせ
　てもらえて。すごいねえ」

片岡、ジャンベを叩く

T：板橋駅

記者、安富を取材する

安富「おはようございます」
記者「フジテレビです。よろしくお願いします」
安富「よろしくお願いします」
記者「なんていうお名前ですか？」
安富「ユーゴン。何か喋るよりもとりあえず
　触ってもらった方がいいかな、と思うの
　で、マイクなしで馬だけでやっています。
　あとでもう一回マイク使います」
母親「触っていいよだって」

子どもがユーゴンに近づき、後ろ足に触
れる

安富「どうぞ、触って。あ、そっちは危ないよ」
厩務員「後ろは危ない」
安富「お馬さん、説明します。馬はですね、
　350度見えるんですけど、お尻の後ろ
　だけは見えない。ものすごく敏感な耳と
　目を持っていて、で、びっくりしたら逃

げるということに徹しています」
安富「子どもの夢を一つひとつ叶えてください。
子どもの夢を一緒に叶えましょう」

（YouTube 画面）片岡と子ども、板橋駅の棚の上に座っている

子ども「それがほんとだよ」
安富「それがほんとだよねえ」
片岡「それがほんとだよ」
安富「子どもの夢を叶えるのは簡単です。
大人は、核兵器を持ちたいとか、
空母が欲しいとか。
原子力発電所が欲しいとか、
訳の分からないことを望みます。
でも子どもが、核兵器を持ちたいとか
そんな変な望みは持たないんです。
子どもの夢を叶えるのは、
私たち大人が努力すれば実現できます。
子どもの夢を実現しましょう。
大人の夢は捨てましょう」

T：東京　中野

安富と片岡、ラップを披露する

片岡「我が国のッ♪ 我が国のッ♪ えー先ほどッ♪」

T：中野区役所前

（インサート）安倍首相の映像

片岡「トランプ大統領と電話で会談しましてッ

♪私たちの声は一致しました♪」

安富「一致しました♪」

安倍首相「完全に一致しました」

安富・片岡「意見は一致、しました。
トランプ大統領と意見は一致しました♪
トランプ大統領と意見が一致しました♪
えええええ意見ッ♪
意見ッ意見ッ意見ッ意見ッ♪
ジェット機買うぜ♪
戦闘機買うぜ♪
意見ッ意見ッ意見ッ意見ッ♪
農業売るよ♪
何でも売るよ♪
意見ッ意見ッ意見ッ意見ッ♪
富国強兵♪

アメリカの奴隷♪
富国強兵…
我が国のッ我が国のッ我が国のッ我が国
のッ」

T：開票日まで11日

T：北海道　美瑛

T：ヤム（メス　10歳）

トラックが来る
ヤムが出てくる

原　off「何歳？」

スタッフ　off「10歳」

原　off「人間で言うと何歳？」

スタッフ　off「40歳…」

原　off「人間で言うと40歳？」

安冨、ヤムを連れて歩いてくる
保育園児たちが散歩している

保育士　off「歩いてるー！あれー！」
子ども　off「あゆぃてるょ（歩いてるよ）！」
保育士　off「いや…あれは鳥…あれは鳥！」
スタッフ「おはようございます」
安冨「おはようございます。ヤムちゃん！ヤムちゃんって言います！」
保育士「大きい！うわぁ…大きい！おっきいねぇ…！」
スタッフ「触ってみよう！」
保育士「わあ、怖い怖い怖い…近い…近いね！」
安冨「凍ってるねみんな」
原　off「誰か触りたい人！馬に…馬に触ってください」
保育士「や、ごめんなさい、行きます」
原　off「行きますか、残念」

小学校の校舎

スタッフ「あ…子ども見てる！小学生！」
安冨「見てる？」
スタッフ「こっちに手振ってます！」
安冨「おーい！」
スタッフ「出てきた！」
安冨「出てきた！行こう」
小学生「うわぁテレビだ！テレビ！見る見る見る見る！」

小学生たちが駆け寄ってくる
一人、カメラを覗き込む

原　off「こっちじゃない。あっち！馬！」

子どもたち、ヤムに草を食べさせようとする

安冨　off「食べないヤツがあるんですよ！」

小学生「うわ…食べた!食べた！」

小学生「食った!食った!食った！」

安冨　off「食べた…食べる草だな」

学校のチャイムが鳴る

子どもたち、教室に戻る

安冨「3時間目が始まるみたいです。始まってしまいました。せっかく馬がいるのに」

片岡「細かく区切りすぎ…」

安冨「馬の授業をすればいいのに…行こう。行こう行こう。行きましょう。東大の先生いるのにねぇ…東大の先生の話聞いた方が良くない?行こう、動かないこいつ」

原　off「動かない。食事中です」

保育園児たち、馬を見つけて柵越に集まってくる

子ども「馬！」

子ども「何してんの?」

安冨「うん?これは『草くれ、草くれ』って言ってんの。草ちょうだいって!はい！」

安冨、子どもに草を渡す

子ども「うわあ…うわ…」

子ども「これあげて!馬さん」

安冨「はい食べて…食べないの?食べないの?あ…食べた…フフフ。はいこれは?パク

パク…じゃあね！バイバイ！」

安富、ヤムを連れ、その場を後にする

子ども「お馬さん！お馬さん！お馬さん！お馬さん！待って…ああ」

安富、雄大な風景の中、馬を引いて歩く

バイカーが３人休憩している

安富「れいわ新選組から比例区で出ております安富です。よろしくお願いします。こんなところでお会いしたのでぜひ…」

T：北海道　東川村

T：ひがしかわ「道草館」

安富とヤム、有権者たちに迎えられる

安富、有権者の人たちからサクランボをもらって食べる

安富、演説する

有権者「今ちょうどさくらんぼの時期なんです…上水道、国道、鉄道、三つの道がない。ないのが自慢」

安富「軍隊が馬を徴発するために、日本中で同じ馬に、揃ってないと軍隊が不便なので、在来馬をほとんど去勢してしまってですね、日本の在来馬がたくさん絶滅してしまった、と言われています。道産子が何でいっぱい残ったかっていうと、北海道の人はちゃんと言うこと聞かなかったからだ、というふうに聞いています。山にですね、ポイッと放して、軍

隊の人に見つからないようにしたんで、道産子が何千頭も生き残ったっていうふうに聞いていているので、ほんとに北海道の方の、そのいい加減さに、感謝していいます。そういうこともあって北海道にやってまいりました」

T：特別会計について質問が出た

T：石井紘基氏

安富「石井紘基さんという方はモスクワ大学で博士号をとられてその後国会議員になっていて、今から13年くらい前に自宅で暗殺された方なんですけれど、彼が特に注目したのがその特別会計という仕組みでした。それはその、戦争中に普通の一般会計で、長期にわたる戦争を処理できないので設けられ始めたものの勘定なんですけれども、その石井紘基が宮澤総理大臣にですね、『日本の財政規模は一般会計と特別会計を合わせていくらなんですか？』という質問に対して『分からない』っていう答えを宮澤さんはしてました。だから総額いくらなのか、相殺されるものをキャンセルして、いったいいくらが本当の予算なのかがよく分からない仕組みになっています。

その現在の大蔵省…じゃなくて財務省の主張によれば、『全体はほとんどはキャンセルされて数兆円しかないんだと。実際の規模は』というふうにホームページでは書かれてるんですけれど、それが本当にそうなのかということは、誰も検証してないと思います。

例えば高速道路公団は2000年くらいの段階で、十何兆円の、十数億円の借金があったんですね。その借金を毎年私たちの高速代で、ちょっとずつ返していくという仕組みになってるんですが、その会社がですね非常に汚染されてると。多数の子会社を持っていて、多くの業務がその子会社にばら撒かれていて、その子会社に役人が天下っているんだということを、石井紘基は指摘していたんですけれども、『民営化』っていうことによって、それを無くそうという動きがあることを彼は強く反対していて、なぜかっていうと民営化してしまうと、国政調査権が及ばないんですね。そうするとどんなに調べようと思っても調べられなくなってしまうんです。だから表面的な民営化というものは、ますます国民の財産が、国民の手から離れていくことになると言って反対してましたが、実際に民営化というものは、ますます国民の財産が国民の手から離れていくことになると言って反対してましたが、その、それは特殊法人とかを改革すると称して、ますます国民の目から国民の財産が見えないところに奪われていくんだ、という予言を石井紘基はしてましたが、それは事実になっています。

分からないものを統治することはできないじゃないですか。ですからそのことを、私はすべての政治家や国民の役に立つように研究したいと思います」

新聞記事『石井紘基議員　刺され死亡』

『自宅出た直後に』
『犯人の男は逃走』

T：2002年　石井議員が右翼団体所属の男に刺殺された
同氏が政界の腐敗を追及していたことから暗殺とも言われている

安富と片岡、ソフトクリームを食べる
安富と片岡、別の味もプレゼントされる

店員「はいお待たせしました」
安冨「はい、ありがとうございます」
安冨「これ何なの？食べていいんですか？」
女性「これはね豆乳…牛乳使ってないんですよね。豆乳と、ちょっとチーズが入ってるんでさっぱりしてる」

安冨「片岡さん。なんかあっちもプレゼントしてくださる…」
片岡「こんなことはね、一生ないかもしれない」

T：北海道　旭川
T：旭川駅

安冨、演説する

安冨「こんにちは。私は山本太郎さんの作った、れいわ新選組の比例代表候補、安冨歩と申します」
有権者「太郎さんは今日、『野党共闘を壊すんではない、公明党の票を食うんだ』と絶叫してましたけど。その辺、党としての形をちょっとお聞かせいただければ、と」
安冨「れいわ新選組としての党の形はないと思

います。ものすごい突貫工事で、ほんと奇跡みたいな話なんですけど、4月の1日に宣言して、7月の4日までたった3ヶ月で、少なくとも比例候補を9人と東京選挙区から1人擁立しているんですけど、その仕事ってふつうは、何十人かの職員が半年くらいかけてやるような仕事なんですねそれを太郎さんの事務所の3人くらいで、たった3ヶ月で、しかもお金も一銭もないところから始めて、実現してしまっているんですね。

でも太郎さんが持っている熱意や情熱と、支持者の人々の熱い思いというものが大きな力になって、少なくとも候補者10人の間には非常に強い絆があっという間に形成されたと思います。

だから、何か共通の政策とか共通の目的があって繋がっているのではない、ということが私はとても大事なことだと思います。言葉にできるもの、語り得るもので繋がっているなんていうのは、私は仮の関係でしかないと思います。そうでなくて、語り得ぬ次元で繋がっている。

T：語り得ぬ次元で繋がっている

そういう政治的な集団ができつつあるというふうに感じています」

参加者　off「愛だよね！愛！」

安冨「愛かもしれません」

安冨「立場を守るためだったら何をしてもいい、というこのイデオロギーが、まさに日本の軍国主義だと考えているので、その意味では、軍国主義国です。隠された軍国主義が、憲法を改正されると露呈します。表に出てきます。憲法が改正されたら、この国は危険な軍国主義の泥沼に転がり落ちてる可能性が、私は高いと思います」

T：2019．7．11　セブンイレブンの日
T：東京　千代田区
T：セブンイレブン・ジャパン　本社前

三井、演説する

運動員　off「一般のコンビニ経営者、どういう相談が入って、それで動いていたとか、少しちょっと話してもらいたいと思っています」

三井「れいわ新選組、比例で出ております、三井よしふみです。ちょっと、音を立てますがお許しください」

三井「食べ物が不法に捨てられている。コンビニやると、よく分かるんです。『24時間、365日、欲しい時に、欲しいものが、欲しいだけ』」

T：7月11日　セブンイレブンということでこの日11時から7時まで本社の前で抗議を続けた

三井「だけど今、山本さんと一緒にもう一度立ち上がろうとしてます。急に来て申し訳ないです」

選挙後の三井のインタビュー（インサート）

原　off「セブンアンドアイホールディングスという資本家と、そこの資本のもとで働いてらっしゃる『経営者』という名前ではあっても、『労働者』なんだな、っていうふうな実感を私は持ったんです。基本的にこの見方が誤っているかどうか？」

三井「実際に現場でやっている人たちに対する、いわば『尊厳』が失われているんですよ。いわば『やらせてやっている』っていうことでやってるので、これは正さんといかんというのが本質ですね」

原　off「その根っこにある価値観というのは、やっぱり労働者の権利を守るという価値観と同じものですか？」

三井「いや、人としての価値観です」

T：アメリカのセブンイレブンのオーナー達が日本の小売店に視察に来た

原　off「アメリカの人たちは、自分たちは労働者であるという感覚を、日本のたぶんセブンイレブンの経営者よりも、はるかに明確に持ってらっしゃるような印象を受けました。どうでしょう？」

三井「実を言うと、それは逆でして」

原　off「逆？」

三井「彼らは『自分らは経営者である』という意識が強いんですよ。彼らの方が」

原　off「そうなんですか？」

三井「経営者であるからこそ、逆に、人手不足になった時に、店でレジをやったり、トイレ掃除だって、全部やりますよというのは、それは経営者として必要な、店を守るために必要な行為だから、それは自分らは労働者として思って、やってはいないと。

考えは、彼らは事業主なので、自分が投下した資本に対してのリターンが本当にあるのかどうかだけで見ている、と。それに対して足を縛るようなことをするので、それは日本で起きていることなのかということを確認しに来たんですね。

要するに一部の人間が動いたところでこの仕組みは変わりません」

原　off「かなり強固な仕組みですよね。これは」

三井「そうです。それも長年にわたって構築された仕組みですから、あらゆる面からの彼らは防御を作り上げてますから。それを根底から覆すには、我々は民主主義の根底をもう一度思い起こせばいいと思うんですよ」

T：開票まで9日　街頭演説
T：東京　千代田区
T：皇居外堀

ユーゴンと安冨、外堀を歩いてくる
安冨「ロータリー行きます…駅前の…」

T：東京駅

警備員、東京駅前の安冨に、何やら指示している
原　off「警備員？」
島野　off「うん」
原　off「お…早速？」
島野　off「うん…早速…」

三嶋　off「じゃあ、どっかに出ましょうか?」
厩務員「そうですね…」
三嶋　off「えっとね、環境…」
　　ユーゴン、攻撃的になっている
原　off「何で機嫌が悪いんですか?　カメラが…怖かった?」
厩務員「違います!　この環境がクソだからです!　この環境がクソだからです!」
島野　off「ああ…この環境が…」
厩務員「都会の…街、音、すべてがダメなんです。馬が…馬が耐えられません、こんなの…」
原　off「人が多いからなぁ…びっくりするだろう」
安富「どうぞあのレンガ造りの美しい建物と馬との相性を見てください」

T：JRの職員まで出てきた

　　JRの職員、ユーゴンをひく厩務員に何やら指示を出している
安富「ずっと言ってるんですけど、東京という街は車がびゅんびゅん、びゅんびゅん…人間は車とお金をまわすための機械です。皇居の周りは車がものすごいスピードで、グルグル回っていて…」
島野　off「今、移動してます、馬!」
厩務員「もう喧嘩腰で『出てけ!』って」
安富「出てけって?何で追い出したの?何で?」
厩務員「『敷地なんで』って」

安冨「敷地なんでって…何でいけないの？もうすごいね」
島野　off「だって犬の散歩と同じなんでしょう？」
厩務員「動物を入れないんだって！」
安冨「入れないの？」
島野　off「ああそうなのか…」

安冨、移動する

安冨「この東京駅の前、もともと馬車がアプローチするためにスロープが作られた空間に来て、ユーゴン君は少し落ち着きましたが、警備員がやって来て追い出しました。馬がかわいそうじゃないいんだな？ひどいですね。『普通に考えてダメだろう！』って言いましたが、どれが普通の考えなんでしょう？どっちが普通の考えですか？白い馬が東京駅の前に居て…とっても可愛くて綺麗だっていうのと、『ここは入るな！』って言って追っ払う警備員と、どっちが普通の考えでしょう？東京駅の駅前のスペースはと言って追い出されましたが、人間は動物じゃない！って思ってるわけですね？」

ＪＲの職員が片岡にお願いしている（声聞き取れず）

安冨「何か御用でしょうか？ＪＲの方…え？でも、誰も歩いてませんよ」
安冨「流動を妨げるって言ったたって誰も歩いてないじゃないですか？」
職員「動物がいるってことが想定外なので」

安富「想定外だけど…悪いことだと思われますか?でも、すごく綺麗ですよ」
安富「もちろんそうです。よく分かります。お立場はよく分かりますが…お立場を離れて、あそこに白い馬がいたら、綺麗じゃないですか?ぜひJRで馬を飼って、ここに配置して欲しいと思います!お立場はよく分かりますので…皆さんのご迷惑にはなりませんが、ぜひそういう楽しいことを人間として考えて、立場を利用して実現していただければと思います。ありがとうございます。じゃあ、ちょっとなるべくおじゃましないようにやりますので」
職員「お願いします」
安富「この辺に馬が2、3頭いて、毎日草でも喰ってたら…中央線に飛び込む人の数も減るはずです。誰も歩いてないけど『流動の妨げになる』ということで、追い出されましたが…お疲れさまでした、お疲れさまでした」

ユーゴン、輸送車に乗り込む

T:同日　夕方　「れいわ祭」
T:東京　品川

品川駅前。大勢、人が集まっている
有権者、渡辺てる子に話しかけている

有権者「こんにちはー!あかりんです!どうもどうも!わー!」
渡辺「これ、れいわカラーじゃん!」
有権者「そう!れいわカラーで何個も出て来た

んで、あとはTシャツ、と思って」
渡辺「すごい！」
有権者「頑張って頑張って」
渡辺「ありがとうございます」
渡辺てる子、インタビューに答える
島野 off「今年の流行語大賞は『ど庶民』じゃないかって誰かが言ってたんですけど…『ど庶民』って、どこから出て来た言葉なんですか?…もう自然に？」
渡辺「でも『庶民』っていうのって、どっかバカにしてますよね…上から目線で。それを自ら使うっていうのは、どうなのかなって忸怩たるものもあります。『庶民』って言った時点で『自分は庶民じゃないですけど、庶民の皆さん』みたいなね。『私はそうじゃない人間ですけど、あなたがたのことも分かってますよ』みたいな上から目線があるから、それに『ど』をつけることで、上から目線の人が使ってる庶民なんてもんじゃないよ、みたいなね」
有権者（障害者）、インタビューに答える
島野 off「今日はどなたの応援でいらっしゃいましたか?
有権者「木村英子さんの」
島野 off「木村さんに何をして欲しいですか?」
有権者「やっぱり…介護…障害者の介護保障を…やって欲しいと思います。自民党の安倍政権が…強いものだけで、弱いものを全部、自助努力でやれと、弱いものは死んでも構わんと…あんなの…あんな態度で、僕たちの…国は…冗談じゃないと思いませんか？　やっぱり山本太郎さんに音頭をとってもらって、野党も連携して…今の政府を…政府を、政府に異議を唱えて欲しいと思います」

れいわ祭
大勢の聴衆が集まる
和楽器の演奏が始まる

T：女優　木内みどり

木内「山本太郎！」
山本「私たちれいわ新選組は本当に魅力的な立候補者が揃っております。山本太郎と書けなくても、ぜひ、他のメンバーの声に耳を傾けて、あなたの推しを見つけていただきたいんです」
渡辺「皆さん！こんにちは！」
聴衆「こんにちは！！」
渡辺「アリーナ、聞こえる？」
聴衆「おおお!!!」
渡辺「このタイミングを逃す手はありません！時間は待っていてはくれません。先延ばしにする理由も、いいことも、なんにもありません！立ち上がるのは今です」

T：立ち上がるのは今です

木内みどりが司会進行役で、れいわ祭が始まっている
候補者たちが、入れ替わり、登壇してス

ピーチをする

三井「皆さん！こんにちは！」
聴衆「こんにちは」
三井「橋の上まですごいね今日は。セブンイレブン本社の前で、8時間喋りまくったぜ！もういい加減ね、強いものが弱い人間を部品のように扱うのはやめてくれ！」
聴衆「そうだ!!!」
木内 off「こういうホントのことを言う人を送り込んでください！もうひと方紹介します」
辻村「もう僕はやはり誰かの犠牲の上に立つ繁栄、というものはやめるべきだと思います。そこに暮らしている人たちは、ただ単に普通の暮らしをしたいと思っているだけなんです。その暮らしを奪う、そんな権利は誰にもない！」
蓮池「選挙のことしか考えてない、特に政権与党。何ですか？選挙前に…急に福島県に現れる。急に新潟県に現れる。そこで言ってること、福島県で『復興』だ、新潟県で『この人は拉致問題の縁の下の力持ち』だ。ふざけるなって言いたいんですよ！」
聴衆「そうだ!!!」
蓮池「私は安倍総理には、福島をはじめとする被災地で、『復興』とかいう言葉は使わないで欲しいです！」
聴衆「そうだ!!!」
大西「今まで、国会議員がいなかった、ただの一般政治団体が国政政党になるなんてことはなかったんです。もしそんなことが起これば、これは革命になります。」

T：これは革命になります

ですから本当にね、愛のある革命を…ここから皆さんとともに、起こしましょう」

木村「親や教師の反対を押し切って地域へ出て行かなかったら、私はここで皆さんの前で話すことはなかったでしょう。これから私たち重度障害者が、皆さんと同じように、地域で当たり前に生きていく社会を作っていきたいと思います」

野原「安倍の悪事の片棒を担いで、ここまで世の中をダメにして来ましたよ」

聴衆「そうだ」

野原「だから政治改革をするための手取り早い方法は、公明党を潰すことです」

T：公明党を潰すことです

聴衆「そうだ！」

野原「創大生！学園生！真正の池田門下生！立ち上がるのは今だろ！池田先生の大恩に報いるのは今だろうが！池田先生の仇を討つのは今なんだよ！今立ち上がらないでいつ立ち上がるんだ！創価の変革！これですべて日本が変わる!!!」

聴衆「そうだ!!!」

野原「池田門下生！今すぐ立ち上がれ！前進！前進！前進！前進！前進！前進！以上でございます」

T：小説家　島田雅彦

島田「彼らは税金を私的に乱費し、国民の財産を盗みましたが本当の宝は奪えません。その宝とは、私たちの良心です。一方彼らが私たちから気前よく買ってくれたものがあります。それは、私たちの恨みです。私たちの良心を奪えぬまま恨みばかり買ったので、悪事を全うできず、再来週には断罪されることになるのです」

聴衆「そうだ!!!」

T：脳科学者　茂木健一郎

島野 off「茂木さんの、推しメン…推し候補は誰ですか？」

茂木「えー、安冨さんずっと友達だからな…うーん、でも、渡辺さん素敵だね。政治家ってある種のパッションみたいなものがないとやっぱりダメだと思うんですけど、渡辺さんはものすごいパッション感じますね」

渡辺、茂木の元へ来る

茂木「今渡辺さんのね、お話してたのよ」

渡辺「ええ」

茂木「でもスピーチの力でさ、みんなが注目したっていうのは、やっぱり民主主義の…オバマさんとかみんなそうだから」

渡辺「ああ、そうですね」

茂木「『てるちゃん』って呼ばれてるんだっけ？だから、てるちゃんもスピーチの力でみんな注目したわけだから…民主主義の本質ですよ」

渡辺「はいそうですよね。ありがとうございます」

木内「安冨歩さん！」

聴衆「あゆみー!!!」

T：野良音楽家　田崎建

片岡と田崎、壇上で演奏
安富、演奏に合わせて登壇

安富「人間は動物に入っていません。でもどんなに偉そうにしたって、どんなに頑張ったって、私たちはどうしようもない愚かな猿です」

T：愚かな猿です

安富「この記号化された都市に詰め込まれて、人間は平気かもしれませんが、猿は苦しんでいます。私たちは一匹の猿として、幸せを追求すべきだと思います。
私たちの目的は子どもを守ることでしかない、

T：子どもを守ることでしかない

と思います。それは、すべての生き物の鉄則です。少しだけ、10秒間だけで結構です。今もたくさんの子どもたちが世界中で死んでいっています。その命に少しだけ黙禱させてください。
（黙禱）
ありがとうございました」

安富と茂木、話をしている

安富「20年以上前の友達なんですよ。30年くらいかな」

島野　off「ああ、そう…」

木内　off「この方です。茂木健一郎さん」
茂木「あ、俺？俺？」
島野　off「行ってらっしゃーい」
茂木「僕が今日ここに来た理由はたったひとつなんですよ。山本太郎さんね『あなたを幸せにしたい』って言ってるでしょう？これね大事なんですけど、僕はね『あなたを元気にしたい』ってことを言ってたんだと思うんですよ。『まずは一人ひとりを大事にしましょう』と。このメッセージだと思うんですよ。これ、素晴らしくないですか？」
茂木「山本太郎さん、来てくださいよ！」
山本、壇上に上がる
山本「すみません、茂木さんちょっと。茂木さん、珍しすぎませんか？こういう展開」
茂木「いいの！」
山本「普通、選挙の応援演説で途中、質問タイム、クエスチョンタイムが…」
茂木「いいの！皆が聞いてもらいたいって思ってること、聞きますよ。僕ね太郎さん、僕は太郎さんの人柄知ってるけど、世間の人は、太郎さん極端な人だ、変なことする人だって思われてるんですけど、そのあたりどうですか？」
山本「まあ、一部正解です」
茂木「なんか、なぜか、あそこに原一男監督いるんですけどね、これ、言っちゃって良かったのかな」
山本「『ゆきゆきて、神軍』素晴らしい映画でした！」
茂木「『ゆきゆきて、神軍』の。これ何か企んでますね。ネットとか映画界はこうやって報道してくれますけど、テレビねさっきから何社も来てるんですよ。テレビ一切やってくんないんすよね。それについては？皆さん、報道各社の皆さん」

山本「あの、ちゃんと撮ってくれてるんですよ。カメラマンの方もディレクターの方も一生懸命」

茂木「でも、出ないねえ」

山本「出る時決まってます」

茂木「いつ？」

山本「開票速報です」

木内　off「船後靖彦さんの登場です」

介助者の代読

船後（代読）「皆さま、はじめまして。世界でたった一人の全身麻痺ギタリスト、船後靖彦でございます」

T：22歳当時のふなごさん

当時の船後さんの写真

ロングヘアーで、タバコを咥えながら、ギターを弾いている

T：噛む力の強弱を特殊な装置を通じてギターに信号を送り　演奏を可能にした

船後（代読）「さて、まずは私の政策を発表させていただきます。それは日本の全患者、障害者が幸せになるための教育改革。生産性は、学歴や学校歴など見えるものでは人の真の価値、言葉を言い換えれば、

その人の持つ生まれながらに有する本質的な価値は、計れません」

山本「ありがとうございます。本当に勇気あるご決断していただきました舩後さん、ありがとうございます」

聴衆「頑張れ！頑張れ！」

山本「生産性で人の価値を計るなんて、あまりにもエグい世の中ですね。

だからみんなが生きることを諦めたくなる。それを変えたい。

それを変えるために政治があるんじゃないの？

それを変えるために選挙があるんじゃないかってことなんですよ。

一人ひとりが持ってる力を、あまりにも過小評価してませんか？

『私なんて』私なんて、何ですか？あなたがいなきゃ始まりませんよ。

あなたがいなきゃ世の中なんて変えられないんだってことなんですよ！

力、貸してください！

死にたい世の中から生きていたい世の中にするために。

T：死にたい世の中から生きていたい世の中にするために

一回の選挙でどうにかなる話じゃない。

でもこの10人が国会の中でしっかりと仕事をやっていける、本当の人々のための政治家が揃った政党だということが認められれば、次の選挙は大躍進するはずですよ」

聴衆「そうだ！」

山本「1年以内に衆議院選挙、その先の3年後にはもう一回参議院選挙がある。このスパンで政権取りに行くってことをやらせてもらえませんか？
その鍵を握るのは私たちじゃない！　あなたたちです！　力を貸して欲しい！」

T：休憩

原　off「皆さーん、これから休憩に入りまーす。トイレに行きたい方はどうぞ行って来てくださーい」

T：開票日まで　8日　街頭演説
T：東京　吉祥寺

通行人たち、片岡と安富の演奏を見守る

片岡「かん、かん、かん、かん、かんかんかんかん、かんかんかんかんかんかん、…ワン、ツー、ワンツースリーフォー♪」
片岡　off「なんかテキトーに始まっている」

支援グループ、音楽を演奏している
子ども、シャボン玉にハシャぐ
みんな歌いだす

支援グループ「ゲロゲロゲロゲロ、グワッグワッグワッ♪ゲロゲロゲロゲロ、グワッグワッグワッ♪
カエルの歌が、聞こえてくるよ♪グワッグワッグワーッグワッグワッ、グワッグワッグワー♪」

T：吉祥寺駅前

安冨、演説する

安冨「ユーゴン君が来ました。見えないな？」

安冨「ちょっとこの辺を開けていただいて、道行く人にもお馬さんを見せていただけると…。東京という町は、もう馬が来るだけで、みんな大騒ぎになってしまう。大騒ぎというのは、とても喜んでくださる方もいれば、怒り出す方もいます。私がこの選挙を通じて皆さんに見て欲しかったことの一つは、この馬に対する私たちの反応を見て欲しかったんです。喜びであったり、怒りであったり、でも何で単に一匹の動物が来るだけで、こんな感情になってしまうのか、それは私たちが記号化された世界に閉じ込められてしまっていて、その異質なもの生《なま》の生命というようなものを目にすると、大きな反応をしてしまうようになっています。

それは私たちが、この世界が、いのちが欠乏していることを示しているんだと思うんです。そのいのちの欠乏を放置し、その欠乏した空間に子どもたちを育てるのは、とても大変なことです。この国は民主主義国でしょうか？　見た目はそうかもしれない。しかし一人ひとりの人は政治に関わろうとしません。それは怖いことだと思っています。

子どものために何をしたらいいか、それを政治的な判断の中心に置くことが、私たちが真に民主的な国家を構築する上で、有効な方法だと私は考えています」

T：井の頭公園

安富、演説する
片岡、電子ピアノを弾く

安富「私、選挙運動は大っ嫌いなんで。スピーカーでがなるとか、白い手袋で何か手ぇ振ったりするとかっていう、意味のない行為を見ると凹むので、そうじゃない方法でないと…えーと、意味がないことをすると、暴力になると思ってるんです。だから選挙そのものが暴力的だと、政治も暴力的になるんじゃないかと思っているので、選挙を暴力無しにやりたい、と。そもそも国会というのはほとんど意味のない場面です。ほとんどの法案は官僚が作るし、それぞれの審議時間が決まります。この法案は30時間の審議のあとに可決、いやいや、投票します、とか言って決まっているわけですよね。何で30時間ってあらかじめ分かるんだよ？ってことで、そのお決まりの会議に、賛成と反対の質問時間20分とか。それに対して安倍晋三が『えー、あのー、そのー、何とかかんとか』って言ってる間に質問時間が終わっちゃうんですよ。そんなことやってですね、子どもの命を救うことは不可能です。

しかもですね、衆議院で決めたことは、参議院はただコピーするだけです。だから参議院議員になんかなったって、子どもは救えません。子どもを守るというようなことを、私が実現することはありえないんです。

だけどこうやって選挙に出たり、あるいはそれから政治家になっていろんな場面で皆さんとお話したりとか、あちこちに行ったりとかする中で、『子どもを守るっていうことが社会の基本だよね』『だって、それなくなったら社会なくなるじゃないか』という当たり前のことを皆さんに思い出していただくための活動はできると思います。
私はもうここで政治活動を始めていると思ってます。それは別に政治家で当選する必要はないんですね、それは。関係ないんです。政治家であるか、つまり、議席を持っているか持ってないか。それは副次的なことだと思います。私たちの近くにいる大切な子どもたちを守りたいと、その彼らの夢を一つひとつ叶えていきたい、と。そういう革命的行動にですね、皆さん参加して欲しいと思っています。ありがとうございます」

歌う安富と演奏する片岡
聴衆、井の頭公園に常設されたステージのベンチに座っている

安冨「あんまりおっきな声で歌うとね、ご迷惑なんで…

聴衆、楽器を手に取り演奏に参加する
子どもたち、自由に遊ぶ

『子どもを守ろう』かなあ…
子どもを守れば　何かと楽しい♪
子どもを守ろう　子どもを守ろう♪
子どもを守れば　何かと楽しい♪
子どもを守ろう　子どもを守ろう♪

子どもを守ろう　子どもを守ろう♪
子どもを守ろう　子どもを守ろう♪
子ーどーもーを守ろう　子ーどーもーを守ろう
子ーどーもーを守ろう　子ーどーもーを守ろう」

片岡「よっ！」

T：開票日まで7日

T：東京　銀座

銀座の歩行者天国
一人の通行人が怒っている

通行人「ここ歩行者天国でしょ。だから道あけろって言ってんだけど、ねえ、何考えてんのあの人」

通行人、自民党陣営を指差す
自民党の丸川珠代グループ、集まってミーティング中

自民党運動員「じゃ、名前。名前言って。腕章をつけている人はビラを配ります、かつ…」

自民党運動員　off「歩行者の方に、またお買い物中の方に、迷惑かからないように、しっかりとアピールできるように」

T：石原伸晃

石原「自民党が責任を持って推薦させていただいております、公認させていただいております参議院候補の丸川珠代さん。今日

は銀座通りを、本人、最後の日曜日、ラストサンデーですけど、元気に歩いて歩いて、お訴えをさせていただきます」

ウグイス嬢「丸川珠代でございます。丸川珠代、ただ今、歩いて皆さまに、伺わせていただきました」

安富、自民党運動員からビラを受け取る

ビラの角に穴が開いている

安富「いいのか？ これ。ウチワっていうやつじゃん」

金田「ウチワ」

安富「ウチワじゃん、これ。有名なウチワだけどいいの？」

金田「映画出してあげる」

自民党運動員が安富と金田を丸川の元へ誘導しようとする

映画のスタッフを邪険に扱う

自民党運動員「ねぇ写真、ちょっとやめてくんない？ もう邪魔しないで。どうぞせっかくなんで。邪魔しないで。選挙妨害だから。どうぞ」

T：やすとみさんを候補者と知らず丸川珠代とのツーショットを勧める自民党スタッフ

安富「写真撮ってもらおうよ」

T：ニアミス！ツーショットならず！

安冨「ちゃんと映ってましたね、自民党の暴力性が」

選挙後の安冨のインタビュー（インサート）

安冨「銀座で遭遇した丸川さんとかが選挙に出て勝ったからと言って『自分が人々に支えられてる』って感じるかっていうと、感じないいんじゃないかなとは思いましたけどね。それはその力によって支えられているのであって、人によって支えられてるっていうふうには感じないいんではないですかね。あの選挙運動と遭遇して感じたことです」

安冨、れいわ陣営と合流する

安冨「すいません。何でこんな端にいるの？……やっと着きました」

安冨、スピーチする

安冨「ありがとうございます。やっとユーゴン君が到着しました。私も遅れていたんですけど、ユーゴン君も遅れました。私はこの選挙で『子どもを守ろう』ということを、『子どもを守る』ということを、国家の主導原理とすべきと訴えてきました。それはもちろん、マイケルジャクソンの思想に影響されてのことです。マイケルジャクソンという、私は彼は偉大な思想家だと思っています。彼は自分自身の子ども時代や、そして自分自身の、青春時代の苦悩の中から全ての問題、全ての人類の問題、満員の刑務所から大きな戦争に至るまで、すべては子どもの、子どもから子ども時代が奪われていることにあると主張しました。

私たちが最もよく知っている『スリラー』という作品があります。それはおそらく何十億という人が見たんじゃないでしょうか。あの映像に出てくるゾンビは、ゾンビを描いているものではありません。子どもの頃に子ども時代を奪われた大人たちがこのシステムに飲み込まれ、そのエネルギーを吸い取られ、ゾンビとなってシステムを動かすために作動している、その様子を描いているんだと思います。私はそのマイケル作品に触れることで、自分自身の痛みに気づきました」

Heal the world Save our children

T：この後モブシーンが描かれます

T：現場ではマイケルジャクソンの「スリラー」が流れます

しかし楽曲使用料が超高額のために私たちの資金力では到底使用できません

T：大変心苦しいのですが　映像のみで　楽曲は

皆さんのイマジネーションで補いつつ鑑賞してくださるようお願いします

ダンスグループ、マイケル・ジャクソンのスリラーを踊る

T：『スリラー』のゾンビは

子ども時代に子どもらしい生活を奪われ

た大人が
T：社会システムを動かすために働き
活力の無いさまを表現してると
安富さんは考えている

T：演説中何者かが演説中止を　スタッフに
訴えてきた

スタッフと何者か男性二人とが言い争っ
ている

T：警告でやってるんですけどこれ以上…
T：選対長：やると逮捕？
T：選対長：止めたほうがいいなら止めるけ
ど　何か示してもらわないと
選対長　off「止めないといけないから」

T：私の名刺渡したから　もらえるならくだ
さい
T：こちらのって事ですか？ちょっと待って
頂いていいですか？
T：おかしいですよ　受けとりましたよね？
私の名刺を
T：名刺切らしてて　口頭でもいいですか？
T：口頭じゃダメですかね？
T：はい
T：名前を見せるのでそれを控えるのはどう
ですか？
T：写真撮ります
T：写真はちょっと申し訳ないんですけど
出来たら控えて頂きたいんですよ
ペンと紙お貸ししますんで
T：いや一緒じゃないですか
T：撮影スタッフ：あなたたちが肩書きを

名乗らないほうが違法だと思います

T：いいです良識にお任せします

T：いいと思います　撮らせてもらったんで

男性二人、去っていく

撮影スタッフ　off「お疲れ様でした」

選対長　off「嫌がらせかもしれない」

撮影スタッフ　off「うん、そうだと思います」

正体不明の女性、カメラで馬の様子などを撮っている

T：こういうことやっていいんですかね？

T：REPLAY

T：先程の妨害者の仲間がもう一人いた

T：どういう人ですか？法律的にはいいんですけど

T：さっきの男性と一緒でしたよね？

T：ええ

撮影スタッフ　off「さっきのあの男の人とはどういう関係ですか？」

T：警察に通報したんです

撮影スタッフ　off「はい？」

T：警察に通報したんです

撮影スタッフ　off「そうですか！じゃあ、警察に通報して結果が出たらいいですね」

女性「はい」

撮影スタッフ　off「はい。楽しみにしてます」

女性「違法なことはやらないでください」

T：違法なことやらないでください

撮影スタッフ　off「違法ではないですよ！　違法ではないですよ」

女性「違法です」

T：結局　彼らが何者だったのか　なぜ中止を求めたのか　わからなかった

T：※その日のやすとみさんのツイートより

（Twitter画面）銀座で警視庁と名乗る男性2人と110番したと名乗る女性1名がきて、道交法違反だから馬をホコ天から出すようにと言ってきました。根拠を示さない言いがかりは選挙妨害と話し、名前と身分を求めたら逃げるように消えました。映像があります。選挙妨害の上に、警察を名乗っているので深刻な犯罪です。

安冨と支援グループ、音楽を奏でる

片岡「子どもを守ろう　子どもを守ろう♪
子どもを守ろう　子どもを守ろう♪
ウンチャカ　ウンチャカ
ウンチャ　チャチャチャチャチャカチャカ
銀座♪」

安冨「お馬さんがご飯の時間です」

聴衆「ああ…」

安冨「ユーゴン君がついに東京から去っていきます」

聴衆「ユーゴン君！」
安冨「ユーゴン君、お疲れ様でした。ひどい街に連れてきてしまい申し訳ありませんでいた。今度はユーゴン君が楽しく遊べる街に、作りかえておきます」
聴衆「ごめんねー」

ユーゴン、輸送車に帰っていく

T：同日　ユーゴンお別れ立会い演説
T：東京　阿佐ヶ谷
T：ザムザ阿佐ヶ谷
T：ユーゴンが東京から去る日なのでお別れ会のトークショーが行われた

子どもたちが自由に遊べる屋内の空間
安冨とよだかれんのトークショー

安冨「ちょっと選挙の話を、させて頂きたいと思います、すごい盛り上がりだなあって。特に太郎さんが演説するとですね、もう最初は数百人いてすごいって言われてたんですけども、軽く千人超えるようになってきて、この一週間でそれがどこまで広がるかにかかってます。おそらくメディアは最後まで黙殺すると思います。メディアが全然取り上げていないのに、皆さん怒り狂ってますけど、私はまあ、そこで怒ってもしょうがないかなって思ってます。
形成された私たちのシステムを壊す戦い、その作動を変える戦いですから。そのメディアが変化して取り上げられるんならいいですけども、今のメディアに取り上げられるとしたら、それはまあ敗北なんですよね、ある意味」

T：新宿区議会議員　よだかれん

子どもたち、参加者は自由に楽器を演奏している

よだ「35過ぎるまで自分のことをゲイだと思ってたんですね。

『男性として生まれて男性のまま男性を愛する』それをゲイって言うんだよ」

安富「ゲイなんかそうですよね。ゲイなんていう人がいるから差別されるんじゃなくて、それを口実にして、男が男を好きだったりするのを口実にして、攻撃する人がいるだけなんです。カテゴリーそのものを…なんていうかな、認めてしまうと自分がゲイだって思うと、その暴力も一緒に内在化してしまうんじゃないかと思っていて…差別されるているっていうことをカテゴリーだと思って、それを自分のアイデンティティだと思うと、暴力性も内在化してしまう」

よだ　off「すごく分かる気がしますね」

安富「だけど生まれてからずっと白い目を向けて、社会的に傷がついちゃったから、その怪我は直しましょう、と」

よだ　off「だからみんなが人それぞれののびのび『いいじゃん』ってなってれば、その怪我は生まれないってことですよね」

安富　off「そうなんです、だから、そうしたらもう保険は要らなくなるはずなんです」

よだ　off「そうなりますね」

安富「そのカテゴリーを受け入れてはならな

いって、私がずっと言っているのはそういうことなんです。それは差別する人の口実にすぎないんです。『お前、男のくせに男好きだろ?』っていう口実で差別する人がいるだけで、ゲイだから差別されているわけじゃないんです。差別されているってことをカテゴリーだと思って、それを自分のアイデンティティだと思うと、暴力性も内在化してしまう」

参加者、ユーゴンを囲む

三嶋「普通は去勢してしまいます」
参加者「馬の種類によって性格の違いが出たりしますか?」
三嶋「個体一頭一頭によって違います。走るのが得意とかねそういうのはあるから、もちろん性格も」

ユーゴン、阿佐ヶ谷の町を歩いて、牧場に戻る

三嶋「馬来ます、ご飯食べます。こんにちは。馬、通りますよ!ご飯食べますよ。こんにちはこんにちは」
三嶋「はーい帰ってきたよ。(よいしょ。危ないよ、よいしょ、危ないよ…)ここですね、一週間ほど暮らしておりました」

T:ユーゴンとの別れを最後まで惜しむ人々が牧場までやってきた

ユーゴン、草を食べる

T：開票日まで6日　街頭演説

T：静岡　浜松　（画面ＪＲ浜松駅）

日本共産党系民主団体の人たちがアピールしている

片岡も返礼する

片岡「比例は日本共産党～♪

比例は日本共産党～♪」

共産党のスタッフもこれに返す

T：♪やすとみ先生

T：♪ありがとう

T：♪やすとみ先生

T：♪ありがとう

安冨、タンバリンでリズムをとりながら演説をする

安冨「浜松の皆さん、こんにちは。山本太郎さんのれいわ新選組から立候補している安冨歩です。比例区です。

子どもの夢を実現しよう。学校は子どもを守る基地にしよう。

知りたくもないことを教えられて座ってるなんて！拷問！拷問！拷問！拷問！

大人、やってみろ！

毎日5時間も椅子に座って訳の分からない奴の話を聞いてみろ！

できるか?!宿題もあるんだぞ。耐えられない！

今の時代、必要なのは創造性だけ！

みんなアーティスト！

みんな芸術家！みんな音楽家！音楽をやりましょう！
音楽をやっていたら、金を使う暇はありません。

子どもも大人も各々楽器を手に取り、演奏に参加する

その子の声を聞きましょう。
この子の声を聞こう。ちいさな子どもの声を聞こう。
一人ひとりの中にいる押し込められた子どもたちを街に引っ張り出そう。
音楽をやりましょう。
芸術をやりましょう！
政治をしましょう！
話をしよう！

友達を作ろう。
泣いたり笑ったりしよう。
それはコンピューターにはできません。
子どもを守ろう。
あなた自身の子どもを！あなたの中にいる子どもを！
守りましょう！」

安冨「政治家というのはセミみたいなもんで、4年とか6年とか地面に潜って、何をしているか分からないのに、突然季節がやってくると2週間とかだけミンミン鳴いて去っていきます」

T：ϟ民　民　民　民　民　民　民　民ϟ

（イメージ）ミンミン鳴いて、飛び立つ

セミのおしっこが、政治家の顔にかかる

安冨「そんな人好きになれない。だからせめてミンミン鳴いている間は、楽しい音を出したいと思います」

聴衆、湧く

安冨「楽しいことを2週間やったら、みんな政治が好きになってくるかもしれない」

支援グループ「ラララーラ♪ラララララーララーラ♪ララララーララーラ♪クィル・ヂ・ノーヴ・カンター…踊っちゃえ！」

聴衆も輪になって踊り出す

支援グループ「ラララーラ♪ララララーララーラ♪ララララーララーラ♪クィル・ヂ・ノーブ・カンター…もう一回！ラララーラ♪ララララーララーラ♪ララララーララーラ♪比例はれいわ！」

音楽に合わせて一体になる

ユーゴンも登場する

聴衆「馬！馬！」

女の子「馬！待て待てー！なんかお尻についてる！あとが！」

選挙後の安冨のインタビュー（インサート）

安冨「子どもたちがいろんな形で関わってくださって、つまり私が直接ではないにしても、YouTubeで流れていた私の演説を小学生とかが聞いてくださっていたんですね。お母さんが見ているの横で見て、ずっとそのままお母さんがご飯作っててても見てた…とか、そういうことをいろいろ、Twitterとか直接のお手紙で聞いてますけど、だからまあ、そこまで子どもたちに直接通じるとは思ってなかったんですけど、選挙というカンヴァスの上にアートを生み出すっていう、でその選挙がなかったら…カンヴァスがなければ描けない油絵というものがあるように、選挙がなければ生み出せない作品を生み出すっていう…」

T：愛知　豊橋

T：高師緑地公園

安富、雨の中演説する

安冨「私は子どもたちが今一番苦しんでいるのは、やっぱりその学歴差別の問題だと思うんですよね。もはや軍隊がないから行く必要のない学校に、学歴差別ゲームに勝つためだけに子どもたちが行っているという恐ろしい状況は、一刻も早く解消しなければならない。そして私たちが学校に使っている予算を使って、全ての子どもたちにまずご飯を食べさせないといけないと思います」

雨の中集まった人たち

安冨「安倍政権はトランプ大統領から訳の分からない飛行機を何百機も買うことにして、

そこに何十兆円…何兆円もつぎ込んでいます。それだけのお金があれば、日本中の子どもたちにご飯を食べさせることが十分に可能です。

しかし現代において国防は戦闘機で守れるものではないのです。そもそも最も彼らが仮想敵国だと思っている中国には、たくさんの核兵器があります。そのミサイルは日本を狙っています。日本の保守政治家たちは現在のシステムを支配していて様々な悪辣な意思決定をしている。それが世の中を悪くしていると思ってる人は多いかもしれません。でも、そんなことはないんです。彼らはただ、

T：権力の九官鳥にすぎない

『あべちゃん』とか言って、『わかりました！』とかって言っている九官鳥（の動画）がYouTubeにあるんですけど、

（YouTube画面）あべちゃん：仕事の電話に出ておいてやった

『はい、わかりました〜』

あの二代目は『すがちゃん』って言うんです。『あべちゃん』も『すがちゃん』も権力の九官鳥にすぎないんです。そのシステムの九官鳥に腹立てたってしょうがなくって、私たちがやらないといけないのは、19世紀に出来上がってどんどん巨大化し肥大化していって、人間を飲み込んでしまって、わけの分からない形で暴走しているこの国民国家というシステ

ムを、理解し、止めることです」

聴衆、聞き入っている

安富「子どもが学校に行きたくないっていう時に、『そんなこと言わないで、ちゃんと行かないと』という行為は、国民国家に薪を焚べる行為です。

私たちの日々の生活は全て政治性を帯びています。政治性を帯びない活動はないです。『私は政治なんかに興味がない』という発言ほど強烈な政治的表現はありません。それはそのシステムを肯定し、それに巻き込まれ、薪を焚べるという信仰告白に他ならないのです。

政治に興味を持たないというのは、最も政治的行動です」

T：開票日まで5日

T：沖縄辺野古

T：辺野古基地建設場ゲート前

辺野古埋め立てへの抗議集会

デモ隊「生コン帰れ！生コン帰れ！生コン帰れ！生コン帰れ！」

T：米軍基地を建設する為　辺野古の海に大量の土砂や生コンが投入され続けている

デモ隊「海に入れるな！海に入れるな！生コン入れるな！生コン入れるな！海が死ぬぞ！海が死ぬぞ！安倍を倒そう！安倍を倒そう！」

ダンプカーがゲートをくぐる
大勢の警備員がゲートを塞ぐ

T：沖縄平和運動センター議長　山城博治

デモ隊、警備員の目の前で抗議を続ける

山城「増税反対！（増税反対！）
給料上げろ！（給料上げろ！）
年金上げろ！（年金上げろ！）
給料上げろ！（給料上げろ！）
税金上げるな！（税金上げるな！）
デモ隊、強烈な日差しの中練り歩く
警備員、静観している

暮らしを作れ！（暮らしを作れ！）
暮らしを作れ！（暮らしを作れ！）
みんな生きられるぞ！（みんな生きられるぞ！）
かもめも生きられるぞ！（かもめも生きられるぞ！）
老人は生きられるぞ！（老人は生きられるぞ！）
野垂れ死にさせるのか！」

安冨、山城からマイクを受け取る

安冨「マイクをいただいて、ありがとうございます。れいわ新選組、比例区候補の安冨歩です。
本当に…前にも一度、辺野古には来たことがあったんですがこのダンプカーの大きさと数だけで、本当に胸がいっぱいになります。これだけの生コンとか土砂を、あの美しい沖縄の海に入れているということの、その絵の恐ろしさに胸が痛みます。私は本当に恥ずかしいと思います。どうぞ地球を守る仕事をやりましょう」

聴衆「そうだ！」

安冨「子どもたちを守る仕事にスイッチしましょう。アメリカ軍を守る仕事に、日本の警察を使っているというようなことが、本当に恥ずかしいと思います。ここの基地にはそう書いてあります。『アメリカ軍の基地に侵入したものは、日本の警察によって取り締まられる』と書いてあります。軍隊のくせに警察に守ってもらっているのは恥ずかしいと思いませんか？アメリカ軍の皆さん。もう一度、警備員の皆さん…本当に申し訳ありません。

警備員たち、突っ立っている

こんな仕事に就かせているのは、私たち日本人のやっている政治が狂っているからだと私は思います」

山城、拳を掲げる

山城「全国における各地の選挙区の勝利と、比例区における圧倒的な反安倍の議員が多く誕生することを願って…我々も選挙戦、共々に頑張っていきましょう！そして辺野古の新基地建設を止めて参りましょう！

団結！

頑張ろう！（頑張ろう！）
頑張ろう！（頑張ろう！）
頑張ろう！（頑張ろう！）
ありがとうございました。
お疲れ様です！また明日！」

安冨、辺野古の海を訪れる

安冨「これに生コン入れてんですもんね…信じられないですよね」

T：ビアンコ（メス12歳）

安冨、基地に接する砂浜に
馬を連れて、フェンスに近づいて行く
フェンスの先を見つめる安冨
目線の先には大勢のアメリカ軍兵士たち

T：沖縄　読谷

T：平和運動家　知花昌一

夜になる
安冨と知花、屋外のテーブルを囲む

知花「『新撰組』ってのは、まあ有名だからな！宣伝しなくても分かるだろうしな！」

安冨「そうそう！『新撰組』のファンがいるし、なんかかっこいいっていうのもあるし」

知花「そう言って考えると、巧みだね」

T：知花氏は１９８７年に開催された
沖縄国体で　日の丸旗を焼いた
（新聞紙面）
炎上げる「日の丸」
過激派と右翼が騒ぐ

知花　off「2人の障害者を指定で、上に入れてるわけでしょう?」
三嶋　off「そうですね」
知花　off「それはどうなんですか?それ、ちょっと心配で」
安冨「いや落ちる可能性は非常に高いと思いますけど…現状では。でも何かが起これば…太郎までいって3人入ったらすごいよね…」
知花　off「すごいよ!」
安冨「本当にとんでもないことだ」
知花「3人入ったら、すごい…もうこれは革命だよ!」
安冨「革命ですよね…でも、2人でも…2人通るってことは、2%超えるってことになるので、政党になるんですよ!」
知花　off「あぁそれが分からんかった」
安冨「そうすると太郎さんは党首になるので…落選しても」
知花　off「あぁ、あぁ」
安冨「そうしたら何が起きるかっていうと、衆院選の準備ができる。国会行かなくていいので。東京のどこかの選挙区決めて、それで次の選挙まで太郎さんが準備すれば、そりゃ絶対通るんで」
安冨「だから私も出る気になったのは、それが…何万票かでも集めれば、少しは貢献できると思ったので」
知花「はあ、はあ」

知花、三線を抱える

知花「沖縄が日本になる前と、日本になってからの違いを…歌った歌です、これは僕が歌詞を…」
原　off「作ったの？」
知花「作った！2番目だけの歌詞」
原　off「ああ2番…はい」
知花、三線を弾き、歌い出す

T：唐ぬ世から大和ぬ世　大和ぬ世からアメリカ世
T：ひるまさ変わたる　此ウチナー
T：アメリカ世や嫌らんりち　又ん大和世成いびたしか
T：何が良しやら　むる解からん
T：銭や円からドルに成て　またん円に成いびしか
T：変わるか度に　損るする
T：車あ昔え右通い　今や左るる通やびん

T：何時ぬ何時までん　戸惑ぬう
T：山や昔えウチナー物　蜜柑ん苺ん取らりたしが
T：今や基地成て　アメリカ物
T：海ん昔やウチナー物　我達や何時やて入らりたしが
T：今やリゾート　勝手なてぃ
T：変わい変わたる事やしが　何ん変わらん基地ぬ島
T：何時が変わゆが　良しなゆが

T：翌朝
T：チビチリガマ
知花「ここはね、今から35年前までは誰も近寄れない、分からない、地域の中で完全に隠された、タブーにされていた場所です。

僕も…今年で71ですよ！僕も35年前までは、ここは分からなかった」

T：チビチリガマは読谷村にある鍾乳洞 戦中に83名の住人が集団強制死を遂げた

入り口付近にはたくさんの千羽鶴が供えられている

知花「これもね、みんなね…これも2年前に、みんな引きちぎられたんですよ」
安富「ああ…」
知花「それはね一応…遺族会に出てもらって、みんな紐をくくり直してですね…あるんですよ」

知花、鍾乳洞の奥に安富たちを案内する

知花「こういうところで火を焚かれたんですよ…酸欠ですよ」
安富「はいはいはい…』
知花「85名が、一応、犠牲になって、83名が集団…強制死です。だからそのうち半分は、おそらく窒息だったんじゃないかと」

T：2017年9月 少年4人によってチビチリガマが荒らされて異物が破壊される事件が起きた

遺物の破片が散乱している

知花「これ…みんなビン割れてるでしょう？これ少年たちがね、めちゃくちゃに割ったんですよ」

懐中電灯を当てる

T：茶碗

T：瓶

知花　off「これ…あの包丁があるしですね…」

T：包丁

T：クシ

安富「歯。歯と入れ歯」

T：歯

安富　off「鍋の蓋か…」

原　off「鍋の蓋か」

安富　off「これ何でしょう?」

知花　off「ランプ…石油の」

安富　off「ああ石油ランプか」

T：石油ランプ

原　off「おしろいか…」

T：おしろい

安富　off「これは、毒薬の入った瓶じゃないか…」

T：毒薬の瓶

安富　off「燃えて歪んだ瓶」

T：熱で歪んだ瓶

知花　off「これ茶色いのみんな骨です」

壺の中に入っている人骨

T：人骨

知花「これ、少年たちがですね、肝試しとして。他の人たちは『やるな！』と言っている人もいたんだけど、『いやできるんだ！』ということでということで、夜入り込んできて、それで棒でね…バカバカバカバカ、みんなやったんです」

鍾乳洞の外へ出る

知花「お地蔵さん。お地蔵さんが…」

鍾乳洞の周りに白っぽいお地蔵さまがぽつぽつ立っている

知花「3年、2年前か…に少年たちによって、これが荒らされたときの、その少年たちが更正事業として作っているお地蔵さんです」

T：2年前　ガマを荒らした少年たちが謝罪を込めて作った12体の野仏が置かれていた

知花　off「12体あるんです」

T：開票日まで3日　街頭演説

T：大分　由布院

鉄橋の上を赤い列車が走る

T：こぶし（オス8歳）

安冨、白い馬を連れ川縁を歩いてくる

片岡「選挙じゃなければ」
安冨「仕事で呼んでほしいなあ」
片岡「仕事で呼んでほしい」
安冨「ライブで、『小笠原順子とセントマリアージュ』で」

T：金鱗湖

緑豊かな湖畔

安冨　off「ずっと川縁を歩いてきましたけど、絶滅危惧種の水生植物がもう、わんさか生えてて、すごいとこです」
安冨「経済発展のために、歴史や文化や自然環境を破壊するというのは論理矛盾だと思っています。なぜなら経済発展のために資源を食い潰しているのであって、そんなことをしたら、経済は衰退します。由布院のような、ここが日本の未来のモデルなのであって、日本中を由布院化しましょう」

安冨と片岡、楽器を演奏する

T：由布院駅

こぶしより大きな白馬が馬車を引いている

安冨「すいませんどなたかこれ持っていただけないでしょうか」

安冨、こぶしの綱をスタッフに渡し、馬車を引いて来た馬と触れ合う

安冨「かっこいい。でかい」

安冨、聴衆から質問を受ける

安冨「…はい、はい」

聴衆「お金を介在してやらなきゃいけないっていう、経済に巻き込まれてできている部分が多いかなあと」

安冨「そうですね。だから、人間、友達の代わりがお金なんですね。だから、お金がなかったら、友達とか知り合いがいなかったら、何も手に入らなくなってしまうんですけどお金があったら人間関係を薄くして、お金で何でも手に入るようになって、すごく便利になった。でもそのお金に頼るようになると、友達がますますいなくなるので、ますますお金に頼んなきゃいけなくなる…っていうのを百何十年かやってきたのが私達のいまの成れの果てです。お金を使って友達を作らなければならない。

つまり、全然知らない人から安い値段で買うのではなくて、友達から高く買わないといけない、ということです。そうやって感謝される、感謝しあうって風にお金を使い、それによってお金を使って人間関係を豊かにするっていう戦略を私たちが身につければ、この問題は解消されて

行くと思います。で、最終的にはお金はなしで、友達だけで経済が回るようにしたい」

拍手が起こる

安冨「民主党政権っていうのは、ちょっと、そうやって回っていたものを変えようとして、そしたら元々の官僚システムとかが総サボタージュ、ストライキに入ったんですね。なので全く機能しなくなってしまった。国民は『変えるためには一回止まらないといけない』っていうことを理解せず、で『あいつらバカだ』ってことになって、みんなでバカにして、解体して、バラバラにして、自民党に戻したら『動き出した、良かった』って、それ全然良くないから。それがもう動かないから変えたんでしょ?で変えようとしたら止まったから、また元に戻したら、ホンと元の木阿弥なので」

馬がモゾモゾしている

安冨「社会っていうのはフィードバックシステムなので、具合が悪くなったら戻らないといけないんですね。ちゃんとした方向に向かって、ここに行け、ここに行かないといけないんだから、こうずれたら、戻らないといけない。おかしくなりかかったら戻らないといけないんだけど、その社会にはセンサーがついていないんですよ。おかしくなったよってことが、分からないんです。

でもそのセンサーになる人が現れるんです。それはどういう人かというと『弱者』です。何か社会が歪んだら、その歪みの力のかかるところにいる人が苦しむんです。その人達が『これは困る、嫌だ』って言った時に『お前ら少数者なんだから黙ってろ』って切り離したら何が起こるかっていうと、センサーとしての作動がなくなって、どんどんおかしくなって行くってことです」

馬の鳴き声

安冨「だから『少数者、当事者の声を聞け』っていう必要があります。じゃ悪い聞き方はどういうやつかっていうと、苦しんでいる人がいたら、『あー、じゃあ分かった、分かった。じゃあ君たち金をあげるから黙って』って言ってお金をあげちゃう。制度を作って『まあしょーがねーな、黙ってるよ』ってみたいなことになると、センサーに金を払って停止させてることになります。結局は金を掴ませれば大人しくなるってことを官僚システム側は学んでいるわけですね」

（新聞紙面）「金目」発言を謝罪　石原環境相　大熊町長に

銀座での石原伸晃

T：石原伸晃

安冨「だから『最後は金目でしょ』っていう、石原伸晃さんの言葉、まさにその通りで、

『声が上がってる、声が上がってる、声を聞け』と。『分かったよ金払うから』って、これが日本の民主主義なんです」

選挙後の安冨のインタビュー（インサート）

安冨「いわゆるマルクス主義の論理にしても、リベラリズムにしても保守主義者にしても、論理は完全に崩壊してるって思っていて、その崩壊している論理同士でぶつかり合えば、当然力比べになるんですよね。力くらべになると当然だけど、システム、権力に合致しているほうが勝つに決まってるわけです。そのほうが力が強いんだから。

なので、力に対応するためには論理でしか、言葉でしかないと思ってるし、その言葉としては、言葉は言葉でしか通じないと思ってるんですよね。だからそれをどうやって、言葉というものを、相手の思い込みとかを超えながら通じさせるかっていうことが決定的に大事だと思っていて、そのために馬だとか、マイケルのダンスだとかですね、音楽とか、いろいろなものを動員しながら言葉を通じさせるっていう、そういう実験だったわけですけど」

T：大分　別府

安冨と支援グループ、音楽を鳴らしながら別府の街を歩く

「Ｙｏｕ（湯）～入っちゃいなよ～♪Ｙｏｕ（湯）浴びちゃいなよ～♪
別府の温泉～♪エブリバディ入ろう～♪
一度入れば～あいつもこいつも～お湯の虜さ～♪

Ｔ：ピカピカおじさんこと　油屋熊八

（銅像の銘板：子どもをあいした　ピカピカおじさん）

Ｙｏｕ（湯）～入っちゃいなよ～♪Ｙｏｕ（湯）浴びちゃいなよ～♪
別府の温泉～♪エブリバディ入ろう～♪
一度入れば～あいつもこいつも～お湯の虜さ～♪
Ｙｏｕ（湯）～入っちゃいなよ～♪Ｙｏｕ（湯）浴びちゃいなよ～♪
別府の温泉～♪エブリバディ入ろう～♪」

一行、歌いながら別府駅に向かう

Ｔ：同日夕方　渡辺てる子　と　コラボ演説
Ｔ：兵庫　神戸

渡辺の街宣車が停まっている

渡辺「今、やすとみ歩さんが登場しました！歩ちゃんありがとう！ありがとう」

2人は握手をする

渡辺「すごいんだよ！対話集会、今やっちゃってんの。それでねえ、民主主義の壮大な実験進行中でね、ガチで成功しまくってんの！すごくない？みんなすごくない？もう皆さん素敵、一人ひとり素敵。本当に素敵。もう愛してる！大好き大好き大好き大好き大好き！みんなステキ！本当に素敵だよね？みんな素敵だよね？」

安冨「ええ」

渡辺「何でこんな素敵なんだろう？みんなどこに隠れてたの？どこに潜ってたの？何で出てこなかったの？」

安冨「今『何かをしたい』『何かをすべきだ』って思ったら今やるってことを、私なんかは東大教授なんで余裕もあるし、別に自由だしある意味簡単なこと、でも誰もやらないんですけど。でも、てるちゃんが立候補されているということは本当に大変なこと、でも『今やらないとできない』と思って踏み出されたっていうことが皆さんを感動させて、こうやってたくさんの人が集まってくださってるんだと思います。

日本の政治というのは何かが起きるかと思ったら起きない。その絶望と希望、小さな希望とがっかりの繰り返しでした。でも、れいわ新選組は違います。この結果は選挙の結果がどうなろうと、私はこれはもう世界は変わり始めているって確信しました」

渡辺、うなずきながら拍手をする

安冨「それは本当に私が今まで感じたことのない、政治という場面で人と人とが繋がり始めている。もちろん政治は投票で決まるので、勝たないといけません。皆さんもお友達に、お知り合いに『こういう人がいるんだよ』ってどうぞ伝えてください。でもそれは議席を増やすためにお願いするのではありません。政治という場面を使って、政治という場面を使って、政治という言葉でそれをメディアにして、皆さまが人々と繋がる機会にしていただきたいんです」

渡辺「そうです！」（拍手）

安冨「山本太郎さんが作ったれいわ新選組から比例区で立候補している、やすとみ歩、渡辺てる子、です」

聴衆「やすとみさん！」

安冨「2人ともぜひ国会に送ってください。それには奇跡が必要です。でも奇跡は起きるんです」

聴衆「起きる！」

安冨「私たちは奇跡があるから、生きているんです」

渡辺「そうだ！」

T：私たちは奇跡があるから生きてる

渡辺「もう、何の恥も衒いもなく言わさせていただきます、みんな愛してるよ!!」

選挙後の渡辺のインタビュー（インサート）

原　off「今もあれでしょう？バイトしながら、お母さんの面倒見てらっしゃるわけだ」

渡辺「はい。もう段々…認知症が進行してきまして、これはまぁなかなか止めることはできないわけですよ。ですから私がこういう選挙に出てるってことは、まったく分かってないですね。まったく理解してないです。『今日は何時に帰ってくるの?』って…『9時』って言うと、『どこ?』って…『どこそこ』って言うと、『気をつけてね』って言って、また『今日は何時に帰ってくるの?』って…もうオートリバースが延々続く。だから出かける前に10回は同じ会話を繰り返す…っていう日々ですね。

身の回りのことであたふたするっていうことが自分のアイデンティティだと思っているし、それは大事にしてるし、だから、だから日々の生活がある意味、なんていうかな…生活のやりくりが厳しいねって思うことすら愛しいですよ。この

感覚を忘れるとか忘れないじゃなく、もう常にそうだから、でも、それこそが私が国政に挑む原点なので。貧しさが、貧困が、財産ですよね」

T：開票日まで2日　街頭演説
T：京都　左京区
T：百万遍交差点

安冨、雨の中京大の前でスピーカーを持ちながら演説をする

安冨「京都大学の卒業生として、また、東京大学の教授として、一言、京大当局に申し上げようと思ってまいりました。何よりも問題なのは京大の立て看ですけども」

（立て看板の写真）

1：対話しない京大もうこりごりら。

2：立て看板をどんどんつくってどんどん立てよう

3：違反広告物　タテカン撲滅。

4：何が景観条例だ　俺が景観だ

5：学費が高い

6：学費が高い！

7：コレがオレたちの「景観」

等々の立て看

他には政治的なメッセージが書かれている

安冨「あの条例はですね、京都の伝統的な景観を守る条例に従って立て看を撤去してるというんですが、どう考えても立て看は京都大学の伝統的景観です。伝統的景観を守ると称して伝統的景観を破壊するのはまったくの愚行だと思うので、京大当局に、反省を促したいと思います。いい加減にしろ、こら！京大をなめるな！

この立て看板にいろいろ好きなことを書いて立てておくっていうのは、京都大学が自由の場であるということの象徴です。その象徴を当局自ら踏みにじって、大学を権力の走狗であるかのように見せかけてなんの意味があるんでしょうか？

私は京都大学がもし学生の自由を守る砦ではなく、権力を学生に押し付ける、そういう機関に変わってしまうなら、日本における知的自由を守る場は、なくなってしまうのではないかと心配しています」

安富と支援グループ、楽器を演奏しながら正門に到着する

●京都大学　正門前

警備員「もうちょっとね、授業があるので、あの…時間だけ。45分なんですよ。もう授業が始まるんで…」
安富「いいから。そんなの関係ない。私の授業、聞かせますから」
警備員「ちょっとまずいと思いますよ」
安富「何が悪いんですか。法律的に触れるとなにか書いてますか」
安富「私は京都大学の学生として、学部生としての4年間、それから大学院生としての2年間、人文科学研究所の助手としての6年間、京都大学でお世話になりました。京都大学で学んだことは私の人生の、そして私の研究の、基礎です、基礎になってます。その基礎は京都大学の自由によって与えられました。権力の思う通りに動く人間を作り出すのでは、京都大学の存在価値なんかありません。秩序の裂け目がなかったら、人間は考えることをやめてしまうんです。京都大学はその巨大な秩序の裂け目でした。文部科学省の官僚が理事に入っているからといって、権力の言うことを聞くのであれば、京大の存在意義なんかありません！京都大学を、学問を、学問の自由を守る砦として維持してください。それは日本社会にとって何よりも大切な貢献です。ありがとうございました」

拍手が起こる

安富「…熊野寮に」
三嶋「はい。車回しますか」

警備員、近づいて何やら安富に言う
安富、警備員に食って掛かる

安富「やかましい！」
警備員「授業中ですから…」
安富「黙れ。黙れ！」
警備員「いやいや。授業中ですから…」
安富「うるさい。選挙妨害するな！」
警備員「いやいや…」
安富「選挙妨害するな！警察呼ぶぞ、こら」
警備員「授業の妨害…」
安富「選挙妨害するな！」
警備員「授業の妨害…」
安富「授業の妨害なんてしてない！」
聴衆「そうだ！」
安富「授業してやってるんだ」

T：兵庫　西宮

安富、小走りで登場する

安富「お待たせいたしました。こんなにおられるとは。ありがとうございます」
安富「つい最近まで京都大学は、たくさんのですね、立て看板、『立て看』っていうんですが、立っていて京都大学の自由を作り出していて、その『秩序の裂け目』みたいなものがなかったら、人間はちゃんと物事が考えられないんです。

でもこれは京都大学に限ったことではない。と言うより、日本全体が、どんどん秩序化されていって、つるつるになっていって、裂け目がなくなって、ものを考えるきっかけをなくす方に進んでいっています。

どうぞ皆さん一人ひとりで考えてください。世界の裂け目を見つけて、その裂け目の中からものを考えてください。お一人お一人の知的好奇心こそが、この世界を救う最後のよりどころです。私たちは自分自身の意思に従って、自分自身の良心に従って進む権利があります。それがシステムの都合とぶつかった時には、常にシステムの方が変更を迫られています。それが人類の歴史を前進させてきました。私たちがシステムの作動に、禁止事項に順応している限り、私たちの子どもたちもまた、ところてんに突っ込まれて、真四角になって、透明になって、ずるずると滑り落ちてきます。そのような子どもたちに次の世代を切り開く力はありません。世界の裂け目を作るのが大人の仕事です」

お母さん、赤ん坊にミルクを準備する

子ども、おにぎりを食べる

安冨「子どもたちをシステムに順応するロボットにするような抑圧から逃すためには、私たちがこのつるつるの世界に小さな穴を開けていく必要があります」

聴衆「そうだ」

安冨「『宿題がなくって、休み時間がたくさんあって、友達と遊べて、大人たちがいて守ってくれて、お小遣いをくれたり、おやつを出してくれるようなとこがあったら、どう?』って阿佐ヶ谷の小学生に聞きました」

大人たち、聞き入っている

安冨「そしたらその小学生は、三年生ぐらいの男の子は、ぴょんぴょん跳び上がって『そしたらもう天国だよ』って…」

安冨、涙を堪える

安冨「…『そしたらもう天国だ』と彼は言ってくれました」

こぶし、拍手の音に反応する

安冨、胸に手をあて、息を吐く

安冨「大人の天国を作るのは大変です。大人を天国に連れて行くのは大変です。不可能です」

女性、うなずく

安冨「だけど、子どもたちの天国を作るのは簡単なんです。私たちが学校に投入している予算があれば、子どもたちの天国を簡単に作ることができます」

T：同日　夕方　れいわ祭2

T：東京　新橋

大勢の聴衆が集まる
壇上には手話通訳もいる
舩後のステージ

司会「今日、ALSの橋本操さんと、子どもの頃に脳梗塞になった天畠さんのお二人が、舩後さんの応援ステージに駆けつけてくれました」

橋本と天畠、各々に介助者が付き添う
橋本、応援スピーチ

介助者「い、き、し、ち、に、ひ、み、
あ、か、さ、た、な、あ、か、さ、ん、
お、こ、ん、い、き、し、ち、に、ち、は、
あ、か、さ、た、な、は、
い、き、し、お、こ、そ、と、の、ほ、も、
お、こ、そ、と、
い、き、し、ち、『はしもと』?え、け、せ、て…です」
橋本（代読）「皆さんこんにちは橋本です」
介助者「えい、える、えす…え、け、せ、て、ね、へ、め。め?ALS…ALSえ、け、せ、て、ね、へ、め…れき…あ、か30…4、だよね、です」
橋本（代読）「ALS歴34年です」
介助者「え、け、せ、ん、い、き、し…ますように…」
橋本（代読）「皆さん、候補者の皆さん全員当選しますように応援申し上げます」

天畠、応援スピーチ

介助者「あ、か、さ、た、な、は行のは…あ、か、さ、さ、し、『はじめまして』でいいですか?」

天畠（代読）「はじめまして」

介助者「あ、か、さ、た行のた、ち、つ、て、あ、か、さ、た、な、は、ま、や、ら、わ」

天畠（代読）「天畠」

天畠、体に力が入っており、介助者がサポートする

介助者「あ、か、さ、た行のた、あ行のあ、い」

天畠（代読）「大輔と申します。ふなごやすひこさんと木村英子さんの応援で参りました。私は自分で発話することが一切できません。しかし、介助を通して、特殊な方法で、時間をかけてでも、毎日自らの意思を確実に伝えて生きています。この原稿も、私が事前に準備したものです。このように私たち重度障害者が生きて行くためには…」

天畠、だんだん口が大きく開いてくる

介助者「はい閉じますよ」

介助者、下顎をおし上げて、口を閉じさせる

天畠（代読）「必ず、ヘルパーが必要です。そのヘルパーを使うための…」

介助者が天畠のメッセージに気付く

介助者「ありますか？ある？あ、か…か行でいいですか？ヘルパーを使うための、でありますか？あ、か、か行のあ、か、あ行

のあ、い『介助者』でいいですか?.あ、か、さ、た、な、は、は、あ、か『介助者は』あ、か、か行のか、き、く、け、『派遣』…でいいですか?.ありがとうございます」

天畠（代読）「介助者派遣制度、これをよりよいかたちで後世に残していかなければならないと考えています。しかし、現在はこの制度を使って、私たち重度障害者が働くことさえも認められていません。私はこれを変えてもらいたいです」

介助者「ありますか?.あ、か、さ、た、な、は、ま、や、ら、ら行でいいですか?.ら?.ら行?.ら、り、る、れ、れ?『れ』でいいですか?.あ、あ、い『れいわ新選組』でいいですか?.」

天畠（代読）「れいわ新選組に変えてもらいたいです」

天畠（代読）「私たちが、健常者と同じように、普通に学び、普通に働ける世の中は、結果として誰もが生きやすい社会になると信じています。歴史的な第一歩となる、船後さん、木村さんの議員当選に、皆様のお力添えをいただけましたら幸甚です」

船後（代読）「船後靖彦です。僕は今回の出馬に文字通り命をかけています。僕がなぜ立候補しようと思ったか…思ったのか、それは僕と同じ苦しみを障害者の仲間にさせたくないからです。人の価値が生産性で計られない社会を目指します。皆さん、力をお貸しください。ありがとうございました」

司会　off「ありがとうございました。船後靖彦さんです。もう一度拍手をお願いします」

渡辺、控室で辛そうに目を閉じている

安冨が声をかける

安冨「大丈夫ですか？テンパっちゃった？」

渡辺「そう…今日すごいから…人が…」

渡辺、水を口に含む

三井、インタビューに答える

三井「みんな求めています！改革を絶対、求めている！だから、こう…我々に一歩勇気を持って、我々を国会に送り込んだら、必ず世の中変わる！人数関係ないから。国会で本当のことを言う人を求めている」

島野 off「では日曜日、三井さんは当選するでしょうか？」

三井「本当のムーブメントを起こしてくれたら、必ず当選しますよ！行くべき人が選挙に行って、同じ人間を入れなければ、我々が行くことになるから」

辻村、インタビューに答える

島野 off「日曜日に当選すると思いますか？」

辻村「冷静に『はい』と言える部分と、『んん…』という部分が混在してます、はい。すごく皆さんの反応はあるんですけど、ただそれが実際の投票に繋がるかが分からないので」

ステージ上からバンドの声が聞こえる

ミュージシャン「あきらめちゃダメだー!!!」

インタビューに答える木村

木村「ちょっと分からないですけど…ただ、こんなに大勢来てくれてるので、期待してます」

船後、インタビューに答える

島野　off「手応えはいかがですか?」

船後、介助者が持つ文字盤で質問に答える

介助者「『ば』『ば』の次…」

船後（代読）「バッチリあります」

島野　off「リアルな話…船後さんが一番乗りで当選しそうというニュースもたくさん出てます。船後さん自身が…ご自身が当選すると思いますか?」

介助者「当選すると思う?『はい』って。もう目が…もう『当然だ!頑張るんだ!』って思ってます」

島野　off「もう目線の先は国会ですね」

船後（代読）「はい」

山本、大一番を前に険しい表情

大人数のミュージシャンが演奏している

渡辺、三井から肩を揉まれ、辻村に声をかけられ、拳を掲げてステージに上がる

渡辺「怒りをパワーに!痛みをパワーに!我々庶民こそが!この世の中の!社会の!政

治の！民主主義の！主人公だ!!!」

大勢の聴衆が一斉に湧く
聴衆、バンド演奏に合わせリズムに乗る
新橋駅のホームからもれいわ祭を見ている人たちがいる

木村「障害福祉制度と介護保険を統合しようとしている国の動きの中で、地域で暮らしている障害者の生活は、今、壊されようとしています」

演奏、盛り上がる
山本がステージに上がる

山本「福祉の党の旗を掲げながら、消費税をなぜ10％にできるんだって話なんですよ！」

歓声が上がる

山本「福祉の党を掲げながら、どうして生活保護引き下げに賛成できるんだって話ですよ！」

創価学会の旗がたなびく

山本「福祉の党を掲げながら、どうして年金が目減りするような、マクロ経済スライドの発動に賛成できるんだって話なんですよ！」

歓声が上がる

山本「平和の党という旗を掲げながら、どうして辺野古の新基地建設に賛成なんだよって話なんですよ！」

聴衆がどんどん増える

山本「どうして平和の党を掲げながら、アメリカの世界戦略に日本の自衛隊が二軍として参加をするようなことになる、安保法制に賛成するんだってことなんですよ！」

ミュージシャン「今やらないと、今やらないと、本当に10年後、大人たちが今やらないと、10年後に子どもに顔向けができないぜ！」

候補者たち、演説を控えている

山本「れいわ新選組より立候補！東京選挙区！野原ヨシマサ!!!」

歓声が上がる

野原「これまで公明党がやってきたこと、山口なつおさんがやってきたこと、私がこの選挙戦でずっと主張していること、どっちが筋が通っているのか、どっちが正しいのか、今回の選挙戦で、東京都民の皆さまに判断してもらおうじゃないかって話なんです」

聴衆、新橋駅前広場を埋め尽くす

野原「ここでですね、あの、生の声…婦人部の生の声を聴かせたいと思います。内部告発の声を皆さんにお聞かせしたいんです！いいですか？」

婦人部員「創価学会員は大変苦しみました。私たちは、平和のために、皆さんに、もしかしたら非常識かもしれない選挙活動までして、平和を作ろうと思って、非常に選挙に関心の高い、信仰を持った、でも、この国の平和を目指す一員の、創価学会員です」

歓声が上がる

婦人部員「この場を借りて、創価学会員の婦人部の方に言いたいよ！いいですか？みんな教えられてる。池田先生が作った公明党さえ守っていれば、安全なんだっていうふうに教えられてるみんな！違うよ！

私はね地区の…地区部長さんに聞いた。選挙はね、自由だよって！いいですか？自由なんです！考えてください！そして今までガンガンがんがん電話をもらっていた皆さん！もし…電話きたら…電話こなくっても…よく考えて！違うよ！違うよ！って叫んでください。最後まで戦ってまいります！れいわ新選組のなかで、野原、野原ヨシマサ！どうか！よろしくお願いします！」

聴衆が湧く

婦人部員、深々とお辞儀し野原にマイクを渡す

野原「皆さん、本当今、創価学会の執行部のメンバー、ビビってるでしょうね！」

山本「創価学会大集合in新橋でございます！こ

こまで選挙運動で、創価学会内部の話を聞くなんて、なかなかないことでございます！これは創価学会の集会ではなく、れいわ新選組の選挙運動でございます」
山本「政権をとりに行きたいんですよ！」

駅前の電光掲示板に自民党のＣＭが映る
候補者たち、反応する
新橋駅前に大勢の人がいる

Ｔ：開票日まで　１日　街頭演説
Ｔ：大阪　西成区
Ｔ：萩之茶屋南公園（三角公園）

厩務員が手綱を持ち、馬が公園内を走っている
地元民、輪になって見守っている

安富「調馬索もできてる…素晴らしい」
三嶋 off「素晴らしい場所なんです。馬がね、自由に走ってね…少し運動もできて…素晴らしい！」

安富、スピーチしている
おっちゃんがタバコを吸いながら安富に話しかけてくる
安富「東京に住んでるんですけども、もとは大阪の出身です。住吉の出身なので…」

Ｔ：住吉？
Ｔ：やすとみさんに興味を持ったらしくおっちゃんが寄ってきた

安富「この辺りには、大学生…京都大学の学生

だった時に、アルバイトに、家庭教師に
　毎週来てました」
おっちゃん「毎週？」

T：毎週？

　馬を撫でるおっちゃん

安冨「そのご縁もあったので、ここの場所がいいよってていうことで…西成におります。正確な名前は、萩之茶屋南公園という名前で…」
おっちゃん「南公園？」

　安冨、思わず笑ってしまう

T：南公園

地元民「今日おっちゃんたちね、ここまわりいっぱいおったんやで、ほんとは。みんな、ひいたでしょ？どうもね、嘘臭いなって…臭いがしたんですよ。だけど私、ちゃんと伝えますから。みんなほんとはすごくピュアな人ばっかりですし」

　おっちゃんが、ベンチに座っている女性に話しかけている

T：安冨さんには申し訳ないけど　おっちゃんが気になって…

地元民「そんでここ追い出される時は、ちょっとおもろいことやったろうと思ってますので、よろしくお願いします」
安冨「ありがとうございます。ここ追い出すと

かありえへん」

安冨「だからみんなで子どもを守って、元気にするっていうのが…」

支援者、安冨のTwitter用に動画を撮っている

安冨「わたしたちの社会の当然の目的というか…自然な目的だったはずで」

T：安冨さんのTwitterも　おっちゃんが気になっていた

（Twitter画面）地べたに座り、ベンチの女性に甘えるおっちゃん

安冨「それを忘れてですね、子どもを…子どもの意に沿わない、ヘンな学校とかに入れて、わけの分からないことをさせたりするのは、ダメなんです」

女性に諭されて自力で起き上がろうとするおっちゃん

安冨「そうじゃなくて、みんなを楽しくさせるっていうことが、子どもたちを幸せにするっていうことが、私たちの目的で、そのために政治はあるはずなんですよ。でもそれは、中央政府がですね、参議院議員が直接頑張って子どもを救うなんてことはできないんです」

（Twitterの画面）おっちゃん、気になる行動をとり続ける

安冨「『そんなことをします』って言ったら、それは嘘です。子どもを救えるのは、それぞれの子どもを助けている人々で、そして子どもと共に暮らしている人たちで、その人たちを支える人たちを支えるのが、政治ができることです。せめて、そういう人を邪魔するのをやめる…その邪魔している制度とかをやめることは可能かなと思っています。
でもこうやって釜ヶ崎にもですね、もうじき…私は、子どもたちが溢れかえる、そういう街になって欲しい」

T：同日　街頭演説

T：大阪　堺市

T：堺東駅

安冨、故郷の街並みを眺める

安冨「全然違うな、昔と…」

T：やすとみさんは故郷の大阪　堺東を街宣場所に選んだ

駅前にはガラス張りのビルが建っている

安冨「…堺の出身です。若松大小学校を出て、若松大中学校を出て、三国丘高校を出て、それから1年浪人して、京都大学に入りました。ですから、この境の街は、本当に私にとって故郷です。かつて私が、泉北ニュータウンに来た頃、中百舌鳥の、そこから見える丘陵地帯は本当に美しかった。田園が広がっていて、古墳があって、夢のように美しいところを通りすぎて、泉北ニュータウンに行って、驚きました。でも電車に乗るたびに、その田園はどんどん家に建て替わっていって驚きました。みるも無残な、どこにでもあるような街に変わっていき…」

『人権擁護宣言都市　堺市』と書かれた大きなモチーフ

安冨「そうなってから世界遺産になるって…本当に私は『なんて皮肉なことなんだろう』『どうしてあの田園を守ることができなかったんだろう』と本当に残念に思います。でも、今から始めればいいんだと思うんです。もう一度あの景色を取り戻しましょう」

拍手が起こる

子どもがシャボン玉で遊んでいる

安冨「皆さんが『もっと豊かな暮らしがしたい』『もっと意味のある暮らしがしたい』と思い、一人ひとりの人が自分の暮らしを求めていくなら私はあの美しい田園地帯、古墳に囲まれた世界で最も美しい風景が…」

安冨、鼻に手を当て、涙を堪える

聴衆「安冨さん、頑張って…」

安冨「甦ってくる…甦ると思います」

拍手が起こる

安冨「私の卒業した三国丘高校も、破壊されてしまいました」

安冨、涙を拭く

通行中の自転車を止めて安冨の話を聞くおじいさん、自転車に乗りながら話に聞き入ってうなずく

安冨「堺第一中学校（※正しくは堺中学校）ができたのは、昭和…確か10年くらい…12年くらいか、そのくらいの時です（※昭和7／1932年）。非常に立派なコンクリート造りの建物でした。馬鹿馬鹿しすぎます…」

安冨、涙が溢れる

聴衆、泣き出す

安冨「あの建物は、戦争中に堺が空襲に遭った時に、市民が逃げ込んで、多くの人がそこに並べられて、死んでいった場所です」

子ども、肩車されて話を聞く

老若男女が安冨のスピーチに聞き入る

安冨「『老朽化したから』と言って、あの文化財を壊してしまったんです」

聴衆、聞き入っている

安冨「どうしてそんなことをするんでしょう。馬鹿馬鹿しい…もう本当に馬鹿馬鹿しい…」

安冨、涙が溢れる

泣き出す聴衆

安冨「この国は狂っています」

T：同日　最後の街宣演説

T：大阪　浪速区

T：新世界　通天閣

安冨、繁華街を歩き、通天閣を指差す

安冨「おお。おお、ついに通天閣に来たぞ、いくぞ！」

島野 off「行くぞ！」

親子が安冨に声をかける

母親「応援してます！」

安冨「ありがとうございます」

母親「宿題大嫌いなんです」

安冨「ああ、そう。廃止しないとね」

母親「よかったらこれどうぞ」

安冨、ウチワを渡す

安冨「やんなくていいよそんなの、そんなの」

T：うちわの文字：しゅくだい　なんてだいきらい　じゆうにさせて

安冨「しゅくだいはいし。ほんまにいらんで」

安冨支援グループの演奏が始まっている

聴衆、安冨を囲むように座っている

安富「選挙運動もですね、最終日、今日は全員が東京に集まってファイナルをすると決まっている、と聞いた時に『いくら何でも全員集まることはないだろう』と思って『一人くらい大阪にいた方がいい』と思ったので

拍手が起こる

それで大阪で、『すみません勝手に大阪でやります』ということで、特にご了承もなくやっております」

おじいさん、笑顔で聞いている

安富「本当にこれ普通の政治団体だったらあり得ないと思うんですよね。自民党で『なんか集会するぞ』『いや、ちょっと大阪でやりますんで』とか言ったら『クビ！』みたいなですね、

聴衆も和やか

公認取り消し、みたいなことになると思うんですけど、れいわ新選組は、ほんと私がやる馬の選挙とか、

三嶋、ユーゴンの世話をしている

いろいろなやり方を別に何も言わないでやらせてくださってるので、本当に普通の政党とは違うってつくづく思います」

拍手が起こる

子どもたち、楽器で遊んでいる

安富「この選挙を通じてずっと言ってることですけど、アリの社会だってハチの社会だって、その目的はですね、子どもを守る、次の世代を育てるっていうことにあるわけです。なぜなら、そうしないと生き物って絶滅するんですね」

子ども、真剣な顔で聞いている
お母さん、乳児を抱っこしている

安富「だから人類の社会だって当然、子どもを守るということが目的のはずなわけです」

子どもをあやすおもちゃの音
子どもが楽器で遊んでいる音

安富「1918年が近代のですね、子どもの死亡率、幼児死亡率が一番高かった時代ですけど、その時はですね、今の200倍くらい、子どもが死んでいました。幼児死亡率は下がったんだけど、子どもの数がどんどん減っちゃったんですよね。それ何か？つまり、『生まれる前に殺した』っていうこと？ていうことですよね。子どもなんか産んだら子どもがかわいそうだ、大人もひどい目に遭う、だから産まないというふうに考えてる人がどんどん増えているということです」

子ども、楽器で遊ぶ

安富「もともと私たちの社会の原理である『子どもを守る』っていうことが、社会がある、存在している理由はなんだということを、あるいは、もうちょっというなら、『大人が存在している理由は何か？』『大人は子どもを守るために生きてる』というふうに考えざるを得ないわけです」

拍手が起こる

T：最後にやすとみさんは　こんなことを訴えた。

安冨「立場の話です。立場を…自分の立場が、人の立場がどう変遷していくか、それが興味の対象になってしまいます。そうやって何年も何年もやってると、その人が自分が自分でものを考えるのをやめてしまいます。立場に沿ったものの考え方しかできなくなってしまう。それを私は立場主義社会と呼んでいます。日本国の本当の名前は、『日本立場主義人民共和国』です」

T：日本立場主義人民共和国!!!（雷鳴）

安冨「自民党は、本当の名前は『立場党』です。『あなたの立場を守ります、自民党』みたいな感じです。だからみんな自民党を支持するんです。人権だの、平等だの、そんな話をみんな言っても耳に入らないんです。だって立場を守りたいんだから。『私の立場を守ってよ！』『分かりました！あなたの立場を守ります』と言えばそれで票が入るわけです。だけどそれはもう機能しません。なぜ機能しないのか？立場主義者がもはやいらないんです。なぜか？70年代、80年代、日本が繁栄していた時代。それは立場主義のおじさんたちが朝からラジオ体操して工場で必死に働いて、繁栄を生み出しました。どうしてかと言うと、たくさんの複雑な機械があったからです。それを動かせるのは人間だけでした。だから、立場上、与えられた役を命をかけてでも働く日本の男性の労働者が有効だったんです。モーレッツに働いて、誰にもできないような生産性を示しました。だから日本はこの経済大国になったんです。

でも、そうやって日本人が生み出したコンピューターとロボットで、立場主義のおじさんたちの仕事は全部消えてなくなりました。だからシャープが潰れちゃったんです。現代ではロボットが働いています。コンピューターが働いています。だから今私たちがしないといけないことは、立場上の役割を果たすことではなくって、人間らしく生きることです」

拍手が起きる

安冨「コンピューターにできないことは何か？怒ったり泣いたり笑ったりすることができないんです。ごはんを食べることができないんです。ウンコをすることができないんです。寝ることができないんです。それが人間の価値なんです。

れいわ新選組には、マークには猫の足跡が、肉球がのっています。それは、太郎さんが『猫ちゃんに救われたからだ』と言ってます。

猫は、寝て食べてウンコしてるだけですが、私たちを幸せにしてくれる素晴らしい生き物です。馬もそうです。馬は草喰って走ってウンコするだけですけど、素晴らしい生き物です。人間も、猫や馬や犬と同じように、誰だって可愛いんです。誰だって美しいんです。それが、コンピューターの時代の人間の価値なんです。

子どもを守りましょう」

拍手が起きる

安冨と支援グループ、ユーゴンを連れ音楽を演奏しながら街を練り歩く
通天閣に灯りが灯っている

○決戦の日
T：2019．7．21　投票日／開票日
T：東京　麹町

山本、カメラに気が付く

山本「どちらさまですか？」
カメラ　off「原一男監督の」
山本「ああ、どうも」
カメラ　off「よろしくお願いします」
スタッフ　off「野原さん、こっちいいですか」
野原「撮ります？」
カメラ　off「はい、撮ります。ありがとうございます。今のお気持ちはどうですか？」
野原「ああ、気持ち。緊張してます」
カメラ　off「やっぱり、はい」

野原「むちゃくちゃ緊張してますよ。『頑張ります』って今頃言ってもアレか。どうもありがとうございます」

カメラ　off「ありがとうございます」

開票センターの前
大勢の人が応援に駆けつけた

受付「2列でお願いします。2列でお願いいたします」

車椅子で応援に駆けつける有権者

受付「受付はこちらになります。お名前など書いていただきます。受付こちらになります」

応援に来た有権者、インタビューに答える

有権者1「まあじっとしてられなかったっていうところかね。見届けたいなっていうところかね」

開票センターの席はどんどん埋まる
候補者の旗
マスコミ、何社も取材に訪れる
会場の人々、テレビの開票速報を注視している

T：20：00

会場「3、2、1、0、スタート…」

Ｔ：テレビ画面：自民　公明　改選議席の過半数　63議席越え確実

会場「ええ〜！（ブーイング）」

Ｔ：テレビ画面：当選　丸川珠代候補（48）東京・現

会場「（ブーイング）」

会場の人々、不満を言う

Ｔ：20：05

Ｔ：ふなごやすひこの当選確実がテレビで報道された

会場、一気に盛り上がる

拍手と歓声が起こる

マスコミ、状況を実況する

会場の歓声が受付にも届く

受付「ええ？何、何？」

山本が登場する

山本「どうもどうも。見た？見た、今の？みんな見た？今の見た？」

会場「見た!!!」

高まる歓声

山本「船後さん、当選ですって！みんなの力ですよ！これ！ねえ、世界で初めてじゃないですか？すごいことになりましたねえ」

船後、登壇し、祝福をうける

山本「世界初、ALSの国会議員、船後靖彦さんです」

女性の代読

船後（代読）「有権者の皆さま、ボランティアの皆さま、れいわ新選組の皆さま、そして、山本代表。本当に今日というこの瞬間が来たことに胸がいっぱいです。ありがとうございました。心より御礼を申し上げます」

山本、壇上でスピーチを聞く

船後（代読）「必要な支援とは何か、今一度考え直していただける制度を作っていきたいと思います。弱々しく見える僕ですが、根性だけは人一倍。命がけなのですから」

T：20：15

会場「木村さん？」

会場「木村さん」

有権者、開票速報を注視する

T：木村英子の当選確実が報道された

歓声が上がる

「やったー!!!」

（テレビ画面）当確：船後靖彦
当確：木村英子

T：23：20

船後、木村以外の候補者が壇上に上がる
候補者、歓声に応える

山本「ややこしいメンバー。れいわ新選組のメンバーでございます。ありがとうございます。皆さんのお帰りのお時間もあるでしょうから、ちょっとここで記者会見。全体的に、短めに。あ、そっか、写真撮ろうか。じゃ、どうぞ」

一斉にスマホで写真を撮る

野原「生身の人間の真実の叫び、魂の叫びっていうのに大勢の方から共鳴していただけたんじゃないかなあという、そういう手応えがほとんどあります。本当にありがとうございました」

辻村「今回、全国を回って、いろんな人の思いを僕の肩の上に乗っけてました。今日の結果がどうであれ、その思いを僕は伝えていかなきゃいけない。だからこれがスタートラインです。これからも走り続けます。よろしくお願いします」

山本「三井よしふみ！」

三井「結果はどうあれ、私はセブンイレブン本部で8時間喋り続けた！でもこれが第一回目だから」

大西「僕終わったら代表とも話をしたいと思ってますし、本気で、どうやって勝つかっ

てことを、ちょっと考えていかないとい
けないと思います」
山本　off「渡辺てる子さん！」
渡辺「皆さんという宝物に出会いましたが、そ
の宝物、今後いかに磨きをかけ、さらに
その宝物を増やしていくか、これが鍵だ
と思ってます。ここから私のスタートで
す。よろしくお願いします」
安冨「『見たことのない選挙』をお見せできた
かと思います。れいわ新選組、次の選挙
は全員で『見たことのない選挙』をやり
たいなあ」
蓮池「私にとって本当に素晴らしい方々と出会
えたというのは幸せなことだし、まだま
だ繰り返しますけど票は空いてないので、
太郎を落とすわけにはいかない！」

会場、候補者一人一人の言葉に湧く

会場「そうだ、そうだ！」
山本「あ、あちらか、すみません。ごめんなさ
い、普通ならこっちが最初なのに、私た
ちは一番こっちが大切なので、ずっとお
尻を、私たちの可愛いお尻を見ていただ
いてました」

山本、マスコミ席に向かって尻を突き出
す

会場が湧く

山本『俺たちのケツでも撮れ！』みたいなね、
ねえ、そういうつもりはございませんよ。
すいません、ホントに。B会場の皆さん
も失礼しました。ありがとうございま

す」

山本「質問の幅を広げるために、皆さんからの質問にもお受けしようかなと思います」

藤原「こんにちは朝日新聞の藤原と申します。先ほど代表もおっしゃってましたけども、新聞、テレビ、メディア、各紙があんまり取り上げない現実と、

マスコミ、一斉にシャッターをきる

それと打ってかわってですね、これだけ盛り上がったっていうこともあると思うんですけど、この古い、この報道スタイルに関してですね、改めて代表の見解をお願いします」

山本「もっとガチンコで喧嘩して欲しいなと思いますね」

有権者、声を荒げる

有権者2「上！上！上！と喧嘩しろ！上と！」

山本「明らかにおかしな報道が続いていると私は思うんですよ。皆さんメディアに言いたいこと、ちょっと一人ずつ」

山本、安富にマイクを渡す

安富「今回の選挙のひとつは、インターネットというものの力が、日本でも広がってきたことの、一つの表現だと思います。それがなかったられいわが2議席とることは絶対なかった。ということはメディアの皆さんが、まもなく、あなた方の存在

基盤が失われつつある、っていうことを認識して欲しい」

会場「そうだ！」

安富「いろんな既存のシステムそのものがですね、崩れ始めているっていう現実をメディアが認識し、それに対して対応していかないと、この国ごと崩れてしまうと思います」

大西「今回れいわ新選組が『消費税ゼロ』って掲げた時に、そこにね、ちゃんとロジックがあるということをつっこんでくれれば、いかに既存の政党が言ってること、今の政府・与党が言ってることが本当に間違ってるかって分かるはずなんですよ。皆さんの仕事っていうのは、そういう真実をしっかりと知って、暴くことなんですよ」

メディア関係者たちの表情は変わらない

大西「そのねぇ、根本的な努力が足りないんですよ」

渡辺「市民の側が褒めて褒めそやして、包囲網をするんですよ。そうやって私たちは、市民はマスコミを味方にする。が支持基盤広げればいいんじゃないですか？　私はそう思います」

有権者3「私、今日、兵庫県の淡路島というところから来たんですけど、あちらにいるメディアの方々に聞きたいんですけど、皆さんが、そういうメディアとかっていう仕事を志されたきっかけってあったと思うんですよ」

有権者3、質問の途中で声を震わせる

有権者3「それはどういうきっかけにそれを志して、今、その志してた、憧れてた状態になれているのかどうか、ということを聞きたい」

山本「どうでしょうか、今の答えられる方いらっしゃったら。メディアの中で」

メディアの中から手は上がらない

安冨、手を上げる

山本「安冨さん。じゃ安冨先生に」

安冨「代わりにお答えしようと思うんですけど、この国は人間でできていなくって、立場でできてるんです。で、立場上のお話しかみんなできなくなります。で、立場が重ければ重いほど、その人の意思とかは関係なくなるんです。この中で多分自由にやられてるのは、お金あんまりもらってないフリーのメディアの方」

有権者3、聞き入っている

安冨「お立場上のメディアしかなくなってしまうのは別に、ここの方が悪いんじゃなくって、私たちの国が狂っているからだ、というふうに思っています」

拍手が起こる

山本「やっぱちゃうわ！ストンと落ちた。ストンと落ちた」

有権者3の笑顔

有権者3「なるほどそういうことでした。えっと、ごめんなさい」
田中「私が答えましょう」
山本「はい」
田中「私が答えましょう」

会場、湧く

山本「あら！ちょっと酒でも持ってきて、みんな車座になってだな」
田中「私はフリーランス記者です」

T：フリージャーナリスト　田中龍作

田中「記者クラブ制度の中では市民権はございません。犬ころ扱いです。それでもですね、弱者目線に立った取材で、取材・報道を続けていて、全国各地の読者から『龍作さん龍作さん』って支援していただいてとっても幸せ、充実した気分でジャーナリストをやっています。ですんで、やろうと思ったら皆さんもやれますから、皆さん、続きませんか、私に」

記者たち、顔を伏せている

田中「そこのNHKの方、僕を馬鹿にした顔しないで、続いたらどうですか？以上です」
山本「そんな不安定な働き方したくないでしょう、みんな…最悪な状況として、もしも衆議院、じゃない、2議席以上今回得られなかった場合、皆さん再チャレンジしていただけるんですかね、ここにいるメンツは。大丈夫ですか、創価大戦争、またやっていただけるんでしょうか？」
野原「ありがとうございます。頑張ります」
山本、マイクを一人ずつに向け、聞いていく
各々の言葉に歓声が上がる
山本「環境問題、いかがでしょうか？」
辻村「頑張ります」
山本「セブンイレブンをぶっ潰す、どうでしょう？」
三井「ローソン、ファミマもぶっ潰す！」
大きな歓声が上がる
山本「話デカくなってるやん、もう。ありがとうございます」
山本「どうでしょうか？お金の嘘」
大西「はい。それはもう、すぐやんないといけないですね」
山本「非正規で苦しむ、ねえ、そしてクビを切られてきたシングルマザーいかがでしょう？」
渡辺「ガンガンいきます」
山本「選挙でスリラーやられた方どうでしょう？」
安冨「まったく新しい選挙っていうものがなかったら、人々の関心を惹きつけることはできないと思うんだよね。そのことを私だけじゃなくて多くの人にやってほしいし、それからやっぱり『子どもを守る』という人類普遍のですね、社会の原理を基礎にした政治というものを作っていき

たいと思ってます」

安冨「ありがとうございます」

山本「薫さん、じゃなくて、透さん、いかがでしょう？」

蓮池「仮定の質問には…『やります』」

笑いが起きる

山本「ありがとうございます。という感じですね、やる気満々です。めんどくさい人たちです。私含めて。そういうめんどくさい人たちが国会に行かなきゃ変わりませんからね。ということで政党要件を得たということが、いかに相手側にとっては地獄のような気分になるかっていうことを、次の衆議院選挙で味わっていただきたいというふうに思います」

拍手が起きる

T：01：00

山本「れいわ新選組の2人目の当選者、木村英子さんです！」

木村、壇上に上がり、祝福をうける

木村「もし私の姿見て、少しでも地域に出ようっていう夢を叶えたいって、思える人が増えていったらいいなっていうふうに思います」

安冨、拍手を送る

山本「次はもう朝まで分かんないと思うんです

よね。最終的にはね。ありがとうございます」
安富、壇上で木村と握手をして言葉をかける
安冨「素晴らしい！」
別室、渡辺、大西へのインタビュー
島野 off「明日からも毎日、どうするって…？」
渡辺「なんにもノープランです。だってそもそもこの国政に出たことによって、途中から職を失ってるから、もう無職状態、無業状態で。なので職探しをどうするかっていうことと、まあ日常に戻るっていうことと、プラス、やっぱり次の選挙に向けて、もう今からがスタートっていう感じでいます。無関心層を投票行動に向かわせたっていう、れいわの可能性はこれからもっと広がると思いますね。私はね」
島野 off「スタートライン？」
渡辺「スタートラインです、スタートラインです」
大西「今回の戦略に関しては、基本的に我々、他の候補者とは関われてないので、それは今後、一緒にやるのであれば、ある程度考えていかないと。いろいろたぶん今回反省点とかあると思うんですよ。だから最初の突破口、最初の突破口」
島野 off「突破としては？」
大西「開いたと思っています。そのあとに何を打ち込むかっていう…」

T：02：00

野原、山本記者の質問を受ける

山本「開票率が98％くらいになりましたので、もう、はっきりしたかな、ということで」

T：野原ヨシマサ　落選確実

野原「私としては、うーん…まあ分からんな、やっぱりでも悔しいですけどね本当に。ほんとに悔しいは悔しいですけど、どう捉えるかなんで、まあそうね…私としては21万、やっぱり実力不足だったかな、という思いが強いですね。どちらかと言うとね」

記者　off「山本さんはどのように？」

山本「ありがとうございます。『実力不足もな何もないですよ、野原さん』ということですね、私からしたら、だってこれだけ急な展開ないですからね」

会場、野原を労う

山本「逆にこの無茶振りよく受けましたねって話ですよ。山口なつおさんを引きずり下ろしに行く創価学会員の物語ですからねこれ、いやぁ…ホントに。ま、もう野次馬っていう人たちの心には火がついたと思うんですけど、この先も私としては、政治に関わっていただきたいと、そして信濃町を揺らしていただきたいというふうに思っています。これは次に衆院選でどうするかって部分ですけれども、これは野原さんにはまだ了解を取れていない状態ですね。野原さんやってくれますか」
野原「あ、はい」
山本「ちょっと、待ってくださいね、今ね、マイクオンにしないまま…」

笑いが起きる

山本「もったいない、もったいない、マイクオンにしてから言ってください…もう一回聞きますから。ちょっと待ってください、ちょっと待ってください。もう一回、やり直しますよ」
山本「野原さんやっていただけますか?」
野原「喜んで」

会場、拍手をして盛り上がる

T:04:45

山本「すいませんね、本当に皆さんね、おはようございます」

会場にはまだ人が残っている

T:山本太郎　落選確実

山本、会見を行う

山本「大丈夫ですか?戻ってきてますか?10人立候補して、10人通せなかったっていうのは、完全に私の力不足だなというふうに思っています。それに加えて、私も自身も議席が得られなかったというのは、非常に残念ではあります。これはもう皆さんに本当に全力で頑張っていただいたその結果ということなので、当然それは私の責任なんですけれども、そうは言いながらも2議席、2議席を頂戴しました。政党要件を持たないグループがですね、諸派が議席を獲得したというのは多分、新制度に移ってからは初めてその中において2議席を手に入れ、政権要件も満たしたということを考えれば、これは決して負けてはいないというふうに思います」

選挙後の三井のインタビュー（インサート）

三井「あのご自分も落選は予想外だったようですが」

原　off「そうですか？」

三井「そうです、それははっきり言ってました。自分までは大丈夫だと思っていたみたいです」

原　off「思ってた？」

三井「99万もとって当選できない、この選挙の仕組みね」

原　off「おかしいよねえ」

三井「とにかくおかしいんですよ」

開票センター

山本「カンパをいただいたのは4億円です」

T：カンパ4億円

山本「このカンパをいただいた人数が3万3000人」

T：3万3000人が寄付

山本「公選ハガキってありますよね。公選ハガキ。あれは法廷枚数っていうのが15万枚なんですよ」

T：公選ハガキ1万1000人が記入

山本「これを1万1000人の人方々が実際に公選ハガキをいろいろ書いてくださって、結局22万人分返ってきたんですよ」

T：公選ハガキ　22万人分

山本「法廷枚数15万枚なのに22万人分返してくださった。だからもうそのくらい、もう上回ってってんですね」

記者　off「その話聞いてますよ」

山本「聞いてますか。すみません他の方聞いてないんで言わせてもらいますね、他にはポスター、個人ポスターが7万枚と」

T：山本個人のポスターが7万枚

山本「政党ポスター2万枚の9万枚」

T：政党ポスター　2万枚

山本「ビラが個人、山本個人ですけども、20万枚」

T：山本個人ビラ20万枚

山本「政策ビラは250万枚、合計270万枚」

T：政策ビラ250万枚

山本「ボランティアは実際はもう数は数えきれないほどなんですけれども、あくまでも事務所に来ていただいたボランティアは17日間で3500人以上ということですね」

T：ボランティア3500人以上

山本「だからこの数週間の戦いの中で、これだけの数の人々が助けてくださったと。私のポスターを貼ってくださったり、ビラを配ってくださったり、本当に自分のことのように、自分が候補者になり変わって、一生懸命走り回ってくださった方々が、全国にいらっしゃることを、私は知っています。6年前の私たち、というところの出発点から考えるならば、非常に大きな力を持つことになったのではないかと。このような状況で今からの戦いをさらに進めることができるっていうのは本当に皆さんのお力以外にない。そう思っています。もう足向けて寝られない。今日からは立って寝ます」

会場、笑いが起こる

山本「ありがとうございます。ございますか、他に」

T：東京選挙区
野原ヨシマサ　214，438票

比例代表　特定枠
ふなごやすひこ　4,165票
木村英子　5,211票

比例代表
山本太郎　991,756票
はすいけ透　20,557票
大西つねき　19,842票
やすとみ歩　8,632票
渡辺てる子　5,073票
辻村ちひろ　4,070票
三井よしふみ　3,907票

○初登院
T：登院日　2019．8．1
T：東京　永田町

T：国会議事堂
記者、カメラマン、大勢のメディアが木村の到着を待っている

（壁：参議院）
福祉車両が国会議事堂に到着する
木村の姿が車内に見える
メディアが殺到し、記者と警備員の怒号が飛び交う

警備員「下がってください。ダメダメダメ。下がってください、下がってください、危ないですから下がってください。降りれないから、下がってください、下がりなさい！移動してます移動してます、下がってください。移動しますから下がっ

てください」

木村、もみくちゃになる

記者「何で前入ってくんだ、このやろう！」
記者「オフィシャルです」
警備員「危ないってば！」
記者「すみませんよろしくお願いします。はじめさせていただきます。初めまして。今回ご当選にあたって、おめでとうございます。改めて初当選の気持ちをお願いします」
記者「低い、低い」
記者「もっと引けばね、取れるのに」
記者「うるさいよ」

木村にたくさんのマイクが向けられる

T：怒号に書き消されて　木村さんの声は聞こえなかった

記者「もういい加減交代してくれませんか、前の方」
記者「ちょっと聞こえないから」

記者たちの怒号は、取材が始まっても収まらなかった

選挙後の木村のインタビュー（インサート）

木村の議員バッジ

原　off「日本の政治はやっぱり怒りを持って喧嘩を売らないとまず変わらない、っていう大前提があるんですよ。そういう意味

で木村さんは今のところはまだ怒りというエネルギーが突き動かしているわけではないんですか？　まだ」

木村「いや怒りですね」

原　off「やっぱり怒りはありますか？」

木村「はい」

原　off「じゃ、やっぱり怒りが立候補する決め手になったっていうふうに…」

木村「そうですね。怒りがなかったら、多分ここにいないんです」

原　off「やっぱり怒り？」

木村「そうですね。私、養護学校で育っているので、『人に嫌われないようにしなさい』って言われて育ってきてますので、『怒りってなんだろう』っていうか、怒りを持つってことがいけないことだと思って生きてきたので、分からなかったんですね。だって地域で生きていて虐待受けないじゃないですか。でも施設では日常茶飯事なので、それが当たり前だと思っていたんですけど、地域に出たらそんなことする人いないし、地域ではそれが犯罪だということが分かったというか、地域に出て、自分が置かれてきた状況はおかしかったんだなっていうことを、知れば知るほど怒りが出てきて。で、少しずつ怒りを出せるようになってきて、で、

木村、少し笑顔になる

やっとなんか普通に『イヤなことはイヤだ』っていうふうに言えるようになったかなあって思ったら、『選挙に出ませんか？』っていう」

船後、国会議事堂前に到着する

船後、木村同様多勢の記者に囲まれる

船後「皆さんのご期待に添えるようにしたいと思います。ありがとうございました」

船後、取材を切り上げ、登院する

選挙後の船後のインタビュー（インサート）

原　off「船後さんや木村英子さんを迎える先輩の国会議員たちが、皆が皆ね、心から「よく来た」と迎え入れたわけじゃなさそうですよね」

船後、目玉をギロッと動かす

原　off「そういう先輩の議員たちがですね、船後さんに対してどんな眼差しを向けたか、っていうことが、船後さんから見た時にどんなふうに映りましたか？」

船後、目線を感知できる機械を使って質問に答える

船後、回答を設定し、少し微笑む

機械が読み上げる

船後（画面の文字）：まぁしゃねー(｡▽｡;)

そんな人もいるもんだね(T_T)

船後の回答が笑いを誘う

原　off「そんな国会議員の連中が集まってですよ、つまり、差別法案を作っているわけ

ですから、怒らないといけないと違うかっていうふうに私は思いますが？」

船後（画面の文字）：(^○^)寛容・寛大を信条にしていますので、その形も大きな心でゆるし…

（読み上げ）：…て差し上げます
原　off「だけど、敢えてしつこく反論します。その寛容であるっていうことはですね、議員、議員、っていうのはつまり国民の代表ということで言えば、国民に対してってことになると思いますが、国民に対する絶望感というものは船後さんの中にかなり大きくありますか？

船後（画面の文字）：心の奥底には憤怒もあります。ですが、それをしょっちゅう見せたら相手は警戒してスキを見せません。私どもがとる戦術は、島津義久が得意とした『釣り野伏せ』と確信してます。

T：釣り野伏せ　全軍を三隊に分け　うち二隊は左右に伏せさせておき機を見て敵を三方から包囲殲滅する戦法のこと

船後、微笑む
船後、木村、山本　記者会見
大勢のマスコミが集まっている
山本「もうわけ分かんなかったでしょう。すぐ分かるようになりますから。私でも分かるようになりましたから」
田中「選挙期間中マスコミからは黙殺され続けました。ところがこうやって初登院の時はもう物凄い数、あの殺到してきました。

驚かれてると思うんですが、今日のご感想をお聞かせください」
木村「選挙期間中にもっと報道されるとよかったなって思ってます」
山本「おそらく今日の朝の正門前くらいの勢いの報道の力があれば、私だけではなく、他のメンバーも上がれていて、もっと違う景色が見れてたんじゃないかなと、っていうふうにはちょっと頭の中をよぎりましたが、でも今このように取り上げていただけるってのは非常にありがたい話で」
舩後（代読）「驚きで、やる気が湧きました」
山本「火つけたって、皆が。そういうことですね、本当にありがとうございます」

T：同日　夜　街頭記者会見

T：東京　新宿

（画面：れいわが始まる）

大勢の聴衆が集まっている

山本、登場。拍手と歓声が起こる

山本「こんばんは。こんばんは！何されてるんですか？皆さん。こんなにたくさん。小沢一郎さんと何年もやってまいりましたが、一人で旗揚げ。その理由は何か？政権をとりに行くためです」

聴衆、盛り上がる

山本「ネットと草の根、あなたが横に広げてくれたんですよ。それで200万票を超える得票を得た。そして政党になったって、これすごいことですよ。本当にありがとうございます。そして時期、衆議院選挙に向けて、党の体制を、しっかりと作っていかなければなりません。1議席を争うという選挙区が289箇所。そして比例もございます。こういうところで山本太郎、100人。100人を立てたいんだ。そして、衆議院でしっかりと数を確保していきたいんだ。そしてその先に、政権交代を目指していきたい。ということをもうすでに、皆さんに宣言させていただいております。私たちだけの力でひっくり返すということは、なかなか一発では難しいと思います。だから野党で横に手を繋いで、仕留めにいきましょ。仕留めにいきましょ」

聴衆、盛り上がる

山本「政権交代する気もなくて、どうして政治なんてやってんですか?当たり前ですよ。野党のお尻を叩きましょ、仕留めにいくんですよ、次の選挙は。政権交代するために全力で行くんですよね。やってやりましょうよ。元気ですかっ!元気ですかっ!……」

山本、聴衆を盛り立てる

○戦い、終えて

T：2ヶ月後

T：長野　泰阜村

T：やすおか命の牧場「てんま」

馬は地面に体をこすりつける

猫、鶏、アヒルなど様々な動物が暮らしている

安冨、馬のお世話をしている

安冨、選挙活動中に子どもたちから受け取ったメッセージを見せる

原　off「これは？なんて書いてある？」

安冨「おうまさん、おうまのちんちんはなぜくろいんですか」

原　off「はぁ。…で、これは…」

安冨、ウチワを見せる

安冨「『そのとーり!!』って書いてますね」

安冨、うちわを裏返す

安冨「こちらも『そのとーり』って書いてある」

安冨、手紙を読む

安冨「今まで歴史の中の人しかすごいと思いませんでした。でもれいわ新選組が生まれて初めて、今生きている人をすごいと思いました。っていう」

クレヨンで何やら書いたウチワ

安冨「これはなんの絵かもよく分からない『やすとみあゆみさんがんばってください』って書いてますよね」
原 off「ですよね。はい。ウラは何ですか？」
安冨「こっちも『やすとみあゆみさんがんばってください』って書いてます」

安冨、封筒を取り出す

安冨「これは綺麗な字で『やすとみあゆみさんがんばってください』って書いてます。この封筒に」

エンドロール（スタッフタイトル※）

安冨、馬を乗りこなしている
安冨、馬を操り林道から歩道に出てくる

原 off「どんな気分なんですか？馬に乗って走ってて」
安冨「そうですね、だから…」
原 off「爽快感？」
安冨「うーん…だから、飛んでいるような感じですよね」
原 off「飛んでるような感じ？」
安冨「ええ、鳥になっているような…」

T：2019　風狂映画舎

（採録　青木遼真＋平嶋洋一＋原一男）

※スタッフタイトル

監督……原　一男
プロデューサー……島野千尋
アソシエイト・プロデューサー……有馬　顕
撮影……原　一男
島野千尋
岸建太朗
掘井威久麿
長岡野亜
毛塚　傑
中井献人
田中健太
古谷里美
津留崎麻子
宋　倫
武田倫和
江里口暁子

金村詩恩
編集……デモ田中
小池美稀
整音……高田義紀
南裕貴弥
臼井　勝
音響効果……北摂サウンドプロダクション
小池梨沙
字幕・エンドロール制作……石川真吾
今井　真
三上　翔
題字・宣伝美術デザイン……川原樹芳
WEBデザイン……古谷里美
字幕翻訳……待場京子
Lynne Hobday
荒木拓郎
法務……四宮隆史

協力……片岡祐介
竹田麻衣
高橋謙一郎
千葉泰博
田中すみれ
金田慶子
畠山理仁
鈴木耕太
平良斗星
鴨居理子
椎名綾子
平嶋洋一
Don Brown
日下部圭子
Maria Roberta Novielli
西尾陸
奥田しゅんじ

安富歩演説集書き起こしチーム
cchp
株式会社ドワンゴ
デモクラTV
疾走プロダクション

制作協力……株式会社エル・エー

製作……風狂映画舎

心、揺さぶられる——映画『れいわ一揆』

澤地久枝

それは、二〇二〇年三月七日、土曜日のことだった。友人Iさんに誘われ、十一時の開演に間にあうよう、十時半に渋谷についた。

ＬＯＦＴ９渋谷がどこか、よくわかっていたわけではない。原一男監督の映画「れいわ一揆」の特別試写会があるという。「一揆」という言葉は、わたしには問答無用のつよさをもっていた。四時間の長尺。そのあとに監督をいれた討論があるという。

寒い朝だった。

映画は間に「休憩」をはさむ。女性トイレは長蛇の列で、並んだあと、上の階へ行って用を足した。

はじまるとすぐ、昨年の参議院議員選挙を描いているとわかったが、なぜ四時間もの長尺なのか、疑問を抱いたまま、じっと見ていた。

冒頭、エンドロールが出てもさらに見つづけてほしいとアピールがある。

結論から書けば、これは「二〇一九年馬と人間の選挙・一部始終」であった。

参議院選挙当時、わたしは「れいわ新選組」にも山本太郎にも、他の九人の公認候補者についても、まったく関心はなかった。

選挙の結果は、意外だった。新橋の街頭演説を聞いてきた身内のものが、「山本太郎はすごい！いい！」と熱くなっていても、わたしの心は動かなかった。野党が一本になってはじめて、安倍政治はおわると思っていたが、そこから動こうとはしていない。「意外！であった」と正直に書く。選挙民に理性と敏感な感性があったことになる。わたしはペケ。

映画は、山本太郎と九人をうまくアップする。

「怒りがなかったら、ここにいない」と言った車椅子の木村英子。養護施設で長年生きてきて、いまはじめて「怒り」があるという言葉に、この人がかこまれてきた被差別の社会が見える。

北朝鮮拉致被害者の兄蓮池透の決意もよく伝わってきた。

候補者のほかに応援「弁士」がいて、森まゆみ、島田雅彦、茂木健一郎をとらえている。

安富歩は「忘れられた死者たちに」と黙禱を求めた。聴衆をふくめて一同黙禱。

明治神宮の絵画館はおさなかったわたしの遊び場だった。遠い日のことだ。

ここでの安富歩の街頭演説をとがめる人がいる。この建物と一帯の土地が明治神宮の管轄下にあるとは知らなかった。

安富は明治天皇ゆかりの大木の前で話していて、とがめられ、追われる。ここは所有のはっきりしない、いわば公道である。動いてはじめてわかる現実をつきつけられた。

山本太郎以下全候補の発言が、「タブー」にふれる。時代をおそれていない。とくに公明党批判は口をきわめてくりかえされる。当然の非難だが、昨今、これだけ堂々と言われることはない。日頃、沈黙している人びとと野党を非難しているのだ。

言っていることは激しいが、山本はいつも笑顔だ。質問にも逃げない。

街頭でのこの党への意味不明の抗議、いやがらせは、映画では正体不明の人びとと語られるが、常識的に右翼ないしは反左翼のグループである。名刺を出す出さないの話になり、捨て台詞をのこして姿を消す。その一人は女性だった。

化粧するシーンではじまった安冨歩は、太郎の政治に関心はないという。十人それぞれが、やりたいことをもち、人生を生きてきていた。落選がきまったあとのインタビューに、渡辺てる子は、「なにもないですよ。立候補したと同時に仕事も失った。その日常にもどる。つぎの選挙を目あてに生きてゆく」と答えている。この人の素朴な祈りと思いが議席につながる日がくるのだろうか。

選挙運動中、幟十本が並ぶ新選組の会場も野外も、若い女性が多い。聴衆の共感ぶり、手の振り方、涙を拭う姿をカメラは追う。ルツボに叩きこまれたような熱狂は、この六十年間、目にしたことのないものだった。

つまり、れいわ新選組にあったのは、神経ハゲが出来るほど、政治の世界に没入してきた山本太郎の「一揆」の精神だった。

その声に応じた九人を全部公認して出発した「れいわ新選組」。ＡＬＳの重度障害のふなごやすひこは、視線で一文字一文字を確認する発言をし、そのあと片頬をすこしゆるませて同意と賛成を表現した。

「野党が一本になって政権を奪おう」という太郎に当方大賛成。沖縄出身の野原ヨシマサの激しさ。沖縄はまた、辺野古へ行った安冨をとらえる。肩を寄せるのは沖縄基地断固反対の山城代表。かつて全国体育大会のポールにあがる日の丸の旗を焼き、とらえられた知花昌一。彼もとしをとったと思う。時間はすぎ、戦後七十五年、沖縄は基地から解放されず、新たな基地がつくられようとしている。知花は三線《さんしん》をひき、うちなぁぐちで、アメリカと日本本土にさんざんやられ、ドルと円とでカネを奪われた沖縄を歌いおさめる。

「山本候補が九十九万票とって当選しないとは！　おかしい」と落選した一人が選挙全体への疑問を口にする。しかし、選挙は選挙だ。自民、公明両党が与党となり、投票がむなしく思えるようなマスコミのキャンペーンがつづき、投票率がさがるのは当然の選挙をやっているのだから、結果は見えていた。れいわ新選組が異分子であった。

その異分子に寄せられたカンパは四億円。三万三千人からという。

安冨は子どもの明日のために、世の中を変えようと訴える。「子どもはひとりの人間であることをやめさせられ、ひとりの兵士にされてゆく」という安冨のアピール。

死にたい世のなかから、生きたい世のなかへ変えよう！　安冨の声であり、山本の声でもある。

画面転換は目まぐるしく、終って頭にあるのは安冨歩ひとりであった。

安冨の同行者の馬に手を出す人びとのおびえを、安冨は「いかに生《な》まのいのちとふれあうことがないか」のあらわれと言う。馬たちは安冨の移動さきへ連れてゆかれ、急ごしらえの「馬場」で草を食み、やさしい目をしている。

この作品は、選挙運動の周辺にいあわせた子どもたち、学齢前のおさない子から高校生まで、その表情の変化を追いつづける。

「二〇一九年の子どもと馬」

とタイトルをかえたいと思うほど。子どもたちが正直な反応を示し、親（おとな）からはなれて安冨たちのまわりに集う景色がいい。

安冨あての子どもの色紙「ありがとう」も示される。おさない文字に表情がある。おとなは子どもを守るために生きていると語った安冨が、心揺さぶられる姿が見えるようだった。

郷里の堺の街頭に立つ安冨歩。街はかわった。空襲で破壊されつくしたかつての街を語り、「かわった」と口にした安冨の顔が揺れ、涙がこぼれる。

「残念だが、いまからたて直しをはじめればいい。どうしてこうなったか、一人ひとりが胸に聞けばいい」。安冨の涙が聴衆に「伝染」する。

日本の憲政史上はじめての、重度の障害のある二人が当選。「れいわ新選組」は政党として出発した。

安冨も山本太郎も落ちた。

ラストシーンのあと、愛馬に乗って樹林をかけぬける安冨の姿がずっとつづいた。つぎの選挙は

「れいわ新選組」と思いたいわたしがいた。

二〇二〇年三月

「れいわ一揆」論——終わりに代えて

原一男

　ドキュメンタリーを作る、という生き方を二十代の頃に選択して、早いもので五十年が経とうとしている。長年やってきたからこその感慨だと思うが、〝一本の作品が世にでるとき、それ自体が奇跡のようなものである〟と考えるようになった。人生の、ある局面を切り取ったとき、その布石になった場面がある。で、その布石を切り取ったとき、その布石になった場面がある。そして、さらに……。この布石は永遠に連続して行くわけだ。この布石は、出逢い、という言葉と言い換えてもいい。あえていえば、この連続こそが人生さ、と言うのだろう。さて重要なことは、この布石＝出逢いが絡んで絡んで、火山が噴火するように、ある一点で爆発点が訪れることがある。それが、映画が作品という形をとって世に出て行くときなのである。「れいわ一揆」もまた、そんな布石＝出逢いが生んだ作品である。
　話が前後するが、この作品をイベント上映で観た、ドキュメンタリーの作り手である人がメールを寄越して来た。

　休憩までの前半展開がなかなかついていけませんでした。

特に主人公のやすとみさんの「言葉」と「行動」が、この人は何をしている人なのか、何を目指している人なのかが、よくわからないまま進んでいったと思います。

上映後トークでやすとみさんの生い立ちや両親との関係性等を聞いて、ようやく「なるほど」と思ったのですが、前半段階でやすとみさんのそれらが映像シーンで出ていれば、後半の神戸や大阪での演説中の「涙」や「子供を守る」の重みや意味も、もっと増したのではないかと思いました。

他の候補者も言葉自体は確かにいいのですが、彼らの普段の生活やこれまでの人生が、前半段階に映像シーン（演説の言葉やインタビューではなく）で表現されていれば、彼らの言葉ももっとその重みや意味が増した（刺さった）ように思います。

彼も作り手なので、当然、彼なりの方法論を持っている。その方法論のもとで作品を作り発表して評価されているので、その方法に彼は自信を持っている。引用したメールの文章は、その彼の方法によって私たちの「れいわ一揆」が批判されているわけだ。彼の方法とは、要約すると、主人公格の安冨さんや他の候補者の普段の生活やこれまでの人生が描かれていないから、候補者たちの言葉や重みが伝わらない、つまり安冨さんや他の候補者たちの普段の生活やこれまでの人生を描くべきだった、と読める。この文章を読んで私はガックリした。作品を批判的に指摘されたからではない。「れいわ一揆」の作り手である私の狙い、意図を全く読み解いていないことに愕然としたのだ。

彼の考えている方法自体を私は否定しない。私もむしろ同じ考え方をもっている。〝ドキュメンタリーとは人間の感情を描くものである〟と、私は大阪芸術大学でクラスを持っている頃、学生たちに繰り返し語ってきた考え方である。そして私たちのこれまでの作品は一貫してその考え方で作ってきた。「ニッポン国VS泉南石綿村」が好例だ。だが今回の「れいわ一揆」は違うのだ。彼の言う、そして私もずーっと採用してきた考え方を、今回は私は採用しなかったのだ。理由は、その方法は、撮影時間を長くかける必要があるからだ。今回の私に与えられた条件は、選挙期間の十七日間であること。劇映画なら物語の時間がたとえ十年だろうが二十年だろうが、短い撮影期間であっても描くことは易しい。だがドキュメンタリーの場合は、そうはいかない。十五年かけてその登場人物の変化を表現しようとしたら、実時間を十五年かける以外にない。〝人間の感情を描くものである〟と私がいうとき、それは感情の変化を劇的に描くことだ、と理解しているわけだが、感情の変化とは、その人の生の時間をぎゅっと凝縮することだからだ。二年前に発表した「ニッポン国VS泉南石綿村」は撮影期間八年、最近完成したばかりの「水俣曼荼羅」は、撮影に十五年間かかっている。それを今回は、わずか十七日間の撮影期間で描こうというわけだから、私が人間の感情を描く、という方法で作品を作るのは、難しいと考えたことを理解して頂けるだろうか。

ここで断っておかなければならないことがある。私は十七日間で、と再三繰り返していて、この十七日間は絶対で、それ以上の日数をかけてはいけないことのように書いているが、実は、もっと日数をかけたいと思えば、それは私の判断で可能なのである。ならば、振り出しに戻っていうと、選挙後も長時間かけて〝人間の感情を描けば〟いいではないか、という理屈になる。理屈上は、確かに、そうである。だが私は選挙運動という場で駆使する言葉とは、どういうものだろうか、という主題を選んだのである。だから十七日間こそが私に与えられた条件である、と考えたわけだ。私は、人間の感情の変化を狙うのではなく、言葉に焦点を当てて撮ろうと考えたわけだ。

ドキュメンタリー作品において言葉とは、如何なる意味を持つのか？　これが今回、私が選んだ主題である。

二十代の頃。私がまだドキュメンタリーを作ることなど考えたこともない頃。小川紳介と小川プロダクションの「三里塚シリーズ」の新作が来るたびに、勇んで上映劇場に駆けつけたものだ。固唾を飲んでスクリーンを見つめたものだが、ディスカッションのシーンになると、我慢できずに眠くなってしまう。モノクロの画面で、夜のシーンが多く、画面は暗い。電灯の明るい光が顔に当たって、あとは闇の中に沈んでいて、ボソボソと語る青年たちの表情を観ながら言葉を聞き逃してはいけない、と自らを叱咤激励するのだが、睡魔が襲って来る。映画が終わって帰り道、ああ、自分は知的なタイプではないんだなあ、としみじみと我が身を呪ったものだ。

後年、自分が映画の作り手になろうとした時に、知的でない私が作る映画を知的な人は観てくれないだろう。だけど、知的でない人の中にも映画好きな人はいるはずだ、私は、そんな知的でない人に向けて作品を作ろう。決して知的でない人が眠りたくなるような映画を作ってはいけない、と言い聞かせた。この決心を具現化した方法が、後の〝アクションドキュメンタリー〟として結実することになる（苦笑）。だが現実は皮肉なものだ。私の思いを裏切るように、一本ごとに私の作品の内容に言葉の量が増えていくのだ。一本目の「さようならＣＰ」こそセリフの量はそこそこだったが、三作目の「ゆきゆきて、神軍」は、主人公の奥崎謙三が、まあ、なんと饒舌なこと。四作目の「全身小説家」に至っては、主人公が作家ということもあるせいか、これまたセリフ＝言葉が多い作品だった。そんなふうに作品を作る度に、言葉が増えて行くことに、毎回後ろめたさをおぼえてしまう自分が嫌になってきていたのだ。だったら、わずか十七日間という厳しい（？）条件に対して逃げずに挑んでみようではないか、と考えたわけだ。だから今回の作品は、観た人が気付かなくても、私には冒険的、かつ実験的作品だったのだ。

完成した作品が、東京国際映画祭で上映されたこと（ＴＩＦＦで上映が実現したのは、島野Ｐの強い意志とそれを受け止めてくれた矢田部PDの計らい）がきっかけでロッテルダム国際映画祭で上映され、さらにN・YのMoMAの「Doc Fortnight 2020」でも上映された。MoMAでの上映を誰よりも喜んだのは安冨さんだった。自費でN・Yへと飛んできた。上映後のQ＆Aに答えて安冨さんはこう語った。今回の立候補は、六〇年代〜七〇年代、赤瀬川原平の千円札事件に大いに影響を受けたことが原点である、と。この事件は「千円札事件」として裁判所で争われた。安冨さんは、この事件から、権力に対しての風刺、社会への批評などのアートの本質について学び、今回の立候補で安冨さんなりの応用を試みたわけだ。映画の冒頭部分を観て貰えばわかることだが安冨さんは、山本太郎代表に対して「れいわ新選組」の政策には興味ないから、とはっきり断言し、山本太郎代表もそのことを受け入れた上で候補者として要請している。安冨さんにとっては自分のアート精神を参院戦の場でパフォーマンスとして試したかったわけだ。だからこそ私が映画作品として安冨さんのパフォーマンスを記録して形にしておきたい、と願ったのだと思う。

この安冨さんの考え方、態度に対して、他ならぬれいわ新選組のファンから痛烈な批判が寄せられている。

安冨さんはれいわから候補者として出馬しました。票を投じた人、寄付をした人たちのほとんどは国会議員になるために出馬したと考えていたはずです。　映画撮影が目的で　議席なんかどうでもいい

選挙を利用した　自分のためのパフォーマンスアートをしたいなら　自分で政党を立ち上げ　自分の仲間たちの（ママ）

これを「Twitter」に投稿した人は、何故、安冨さんがパフォーマンスという形で立候補したかの考察がなされていない。安冨さんは、選挙というシステムに対しての疑義を訴えたかったのだが、残念ながらこの投稿者は、安冨さんの真意を読み解いていない。だが、山本代表は、そんな安冨さんを候補者として受け入れたのだ。そこが、素晴らしい、と私は思っている。選挙の在り方への批判を抱いている候補者を受け入れたことが素晴らしいのだ。

今回の作品で、私は、言葉の持つ意味、ディティール、スペクタル性、表情などを見てみようと考えたわけだが、今回の作品ほど、登場人物たちの言葉を心地よく感じたことは初めてだった。候補者たちの絞り出す言葉に嘘がないな、と心から信頼できた。現場でカメラを回している原さん、始終ごきげんでしたよ、と数人の人から言われたが、いわゆる庶民と言われる私たちだが、所詮、国家と企業の儲けのために、人生をかき乱されるだけの存在にしか過ぎない。そんな政治に、せめて一矢を報いたいではないか。この人たちだったら、政治の場で、そんな私たちの思いを届けてくれるだろう、と私も思ったし、多くの人が思ったに違いないのだ。

ともかく、九人の候補者のインタビューも、そして私の今回の作品作りに対する思いも、こうして「製作ノート」という形で出版することで記録が末長く残ることになる。映画作りは決して監督一人の才能だけでできるものではなく、スタッフワークで作り上げるものであることは常々発言しているが、この本作りもスタッフワークで作り上げたものである。特に今回は、幸いに、れいわ新選組のファン、安冨さんのファン、各候補者のファンの方々が、文字起こしなどの作業を分担して頂いたことで、短期間で全作業がスムーズに進んだ。他に平嶋洋一さんにはお世話になった。忘れてならないのは、皓星社の晴山生菜さんだ。すっかり私たちのチームの一員かのような感覚だ。次回作もまた、同じ顔ぶれで作業ができることを祈って謝辞にかえたい。

二〇二〇年三月

1994年 『全身小説家』
A Dedicated Life

作家・井上光晴の生を描く長編ドキュメンタリー。約40年にわたって創作＝小説と格闘し、92年5月癌に散ったひとりの小説家の「虚構と真実」が、インタビューを中心とする従来通りの記録映画的な部分と「イメージ篇」と名付けられた一種のドラマを交えて綴られる。5年もの歳月を費やした意欲作で、埴谷雄高、瀬戸内寂聴などの作家が登場するのも興味深い。
＊日本映画批評家大賞　作品賞
＊報知映画賞　作品賞
＊毎日映画コンクール　日本映画大賞
＊日本アカデミー賞　特別賞
＊藤本賞　藤本賞・特別賞（小林佐智子）
＊キネマ旬報ベスト・テン　日本映画第1位、日本映画監督大賞
＊日本映画ペンクラブ　ベスト1位

2005年 『またの日の知華』
The Many Faces of Chika

原一男が手掛けた初の劇映画。激動の70年代を舞台に、吉本多香美、桃井かおりらがひとりのヒロイン・知華を演じ、4人の男たちとの愛を4つの章に分けて描き出す。

2017年 『ニッポン国VS泉南石綿村』
Sennan Asbestos Disaster

06年、大阪・泉南地域の石綿（アスベスト）工場の元労働者とその家族が、損害賠償を求め国を訴えた。石綿は肺に吸い込むと、長い潜伏期間の末、肺ガンや中皮腫を発症する。国が経済発展を優先し規制や対策を怠った結果、原告の多くは肺を患い、発症に怯え暮らしていた。原は裁判闘争や原告らの人間模様を8年にわたり記録。ささやかな幸せを願い戦う原告たちだが、国は控訴を繰り返し、長引く裁判は彼らの身体を確実に蝕んでいく。
＊釜山国際映画祭　メセナ賞（最優秀ドキュメンタリー）
＊山形国際ドキュメンタリー映画祭　市民賞
＊東京フィルメックス　観客賞
＊ピッツバーグ大学ドキュメンタリー映画賞　　グランプリ

原一男〈フィルモグラフィー／受賞歴〉

1972年　『さようならCP』

Goodbye CP

CP（脳性麻痺）者の急進的な団体「青い芝」の人々の生活と思想をカメラに収めた、原一男の第一作。障害者だからといって自ら片隅でこっそりする生き方は、障害者差別を容認することになると考え、その不自由な体を積極的に人前にさらしていく。

1974年　『極私的エロス・恋歌1974』

Extreme Private Eros: Love Song

「私にとって映画はコミュニケーションの方法」という原が、かつて一緒に暮らし子どもをなした女を追って沖縄へ行き、彼女が自力出産を行なうまでを捉えた作品。「極私」の極致へと到達した未踏のドキュメンタリーとして、原一男の名を一躍知らしめた問題作。

＊フランス・トノンレバン独立国際映画祭グランプリ受賞

1987年　『ゆきゆきて、神軍』

The Emperor's Naked Army Marches On

87年の日本映画界を震撼させた驚愕の作品。天皇の戦争責任に迫る過激なアナーキスト・奥崎謙三を追った衝撃のドキュメンタリー。神戸市で妻とバッテリー商を営む奥崎謙三は、たったひとりの「神軍平等兵」として、“神軍”の旗たなびく車に乗り、今日も日本列島を疾駆する。生き残った元兵士たちの口から戦後36年目にしてはじめて、驚くべき事件の真実と戦争の実態が明かされる。

＊日本映画監督協会　新人賞
＊ベルリン国際映画祭　カリガリ映画賞
＊毎日映画コンクール日本映画優秀賞、同監督賞、同録音賞
＊報知映画賞　最優秀監督賞
＊シネマ・デュ・レエル（パリ・ドキュメンタリー国際映画祭）大賞
＊日本映画ペンクラブベスト　1位
＊キネマ旬報ベストテン　2位（読者選出1位、読者選出監督賞）
＊ブルーリボン賞　監督賞
＊ヨコハマ映画祭ベストテン1位、同監督賞
＊おおさか映画祭　特別賞
＊くまもと映画祭　特別企画製作賞
＊映画芸術ベストテン1位

原一男［はら・かずお］

1945年6月、山口県宇部市生まれ。東京綜合写真専門学校中退後、養護学校の介助職員を経て72年、小林佐智子と共に疾走プロダクションを設立。同年、『さようならCP』で監督デビュー。74年、『極私的エロス・恋歌1974』を発表。セルフ・ドキュメンタリーの先駆的作品として高い評価を得る。87年、『ゆきゆきて、神軍』を発表。大ヒットし、日本映画監督協会新人賞、ベルリン映画祭カリガリ賞、パリ国際ドキュメンタリー映画祭グランプリなどを受賞。94年、小説家・井上光晴の虚実に迫る『全身小説家』を発表。キネマ旬報ベストテン日本映画第一位などを獲得。05年、初の劇映画『またの日の知華』を発表。18年、『ニッポン国VS泉南石綿村』を発表。釜山国際映画祭メセナ賞（最優秀ドキュメンタリー）などを受賞。

後進の育成にも力を注ぎ、日本映画学校（現・日本映画大学）、早稲田大学、大阪芸術大学などで教鞭をとったほか、私塾「CINEMA塾」「原一男のネットde CINEMA塾」などを不定期に開催。

風狂映画舎

2019年、原一男と島野千尋が設立。日本の“今”をいち早く世に問う作品に取り組むことをモットーとし、第1作が『れいわ一揆』である。

Special thanks to

小池美稀

高橋謙一郎

千葉泰博

毛塚　傑

青木遼真

平嶋洋一

れいわ一揆　製作ノート

2020年9月11日　初版第1刷発行
2020年9月30日　初版第2刷発行

編　著　　原一男＋風狂映画舎
発行所　　株式会社　皓星社
発行者　　晴山生菜
〒101-0051 東京都千代田区神田神保町3-10宝栄ビル6階
TEL 03-6272-9330　FAX 03-6272-9921
Mail book-order@libro-koseisha.co.jp
ウエブサイト　http://www.libro-koseisha.co.jp
装　幀　　川原樹芳（100KG）
印刷・製本　精文堂印刷株式会社

乱丁・落丁本はお取替えいたします。
 ISBN 978-4-7744-0726-5